사회복지실천기술론

사회복지실천기술론

이광재 · 이수영 · 금기윤 · 임정숙 공저

동 문 사

머리말

사회복지실천기술론은 사회복지사 자격증에 필요한 필수과목 중의 하나이다. 즉, 사회복지실천에 기반을 두고 개인, 가족, 집단 그리고 지역사회를 대상으로 현장에서 실제로 활용할 수 있는 전문적·임상적 지식과 기술에 관한 교과목이다. 이처럼 사회복지실천현장에서 실제로 활용되어야 할 지식과 기술을 제공하는 사회복지실천기술론은 최근에 들어와서 그 중요성이 더욱 강조되고 있다. 사회복지를 단지 전공만으로 그치는 것이 아니라 실천현장에서 세상을 이롭게 하고, 인간을 이롭게 하는 실천학문으로서의 자리매김이 더욱 요구되고 있으며, 사회문화적 측면에서도 본 교과목의 중요성이 충분히 인식되고 있기 때문일 것이다.

사회복지실천기술론은 총 4부 13장으로 구성되었다.

1장은 사회복지실천의 기초를 다루면서 이해를 돕기 위하여 사회복지실천의 개념, 사회복지실천의 현장, 사회복지실천의 전문적 기반, 사회복지실천의 전문직, 사회복지실천기술의 활용, 사회복지전문직의 가치와 윤리를 소개하였다. 2장은 의사소통기술과 면접기술을 소개하였고, 3장과 4장은 다양한 사회복지실천모델을 소개하였다. 정신역동모델, 해결중심모델, 인지행동모델, 권한부여(임파워먼트)모델, 클라이언트 중심모델, 과제중심모델, 사례관리, 위기개입모형, 심리사회모델, 교류분석모델 등이 그것이다.

5장은 개인사회복지실천기술을 다루었고, 6장과 7장은 집단사회복지실천기술의 이해를 높이기 위한 내용으로 구성하였으며, 현대사회는 가족의 기능이 그 어느 때보다 중요하다는 시대적 요청에 따라 8장과 9장은 가족사회복지실천기법을 다루었다. 10장과 11장은 지방분권화 시대를 맞이하여 지역사회의 중요성이 대두됨에 따른 지역사회복지실천기술, 끝으로 12장과 13장은 사회복지실천 기록기술과 평가기술로 마무리하였다.

집필진들 모두 대학 및 대학원에서 본 교과목을 가르치고 있기에 그동안 여러 차례 모여서 이론적으로도 이해하기 쉽고, 실천현장에서도 쉽게 접목할 수 있는 유용한 책을 만들기 위해 고심에 고심을 더하였다. 그럼에도 막상 탈고를 하고 나니 미진한 부분이 많이 눈에 띄고 여러 면에서 부족함이 드러난다. 향후 보완해 나갈 것을 독자 여러분께 약속드린다.

여러 가지 바쁜 사정에도 기꺼이 이 책의 출판을 맡아 주신 동문사 사장님을 비롯하여 편집부 직원들께 진심으로 감사드린다.

2019년 7월 저자 일동

차례

차 례

PART

01

사회복지실천 기초 이해

CHAPTER 01

사회복지실천기술의 이해

01 사회복지실천의 개념

사회복지는 인간의 삶의 영위에서 기회와 역할 기회를 제공하는 공평한 사회(equal opportunity), 결핍과 폭력의 탈피에 의한 안전 제공, 사회경제적으로 생산적인 사회의 구현을 한다(NASAW, 1996). 따라서 사회복지는 인간 사회에 적용되는 실천학문이라 할 수 있다.

사회복지를 실천하는 방법과 접근법의 개발로 전문사회복지실천활동에 이바지하여 클라이언트의 욕구와 사회적인 문제해결을 돕는 것은 클라이언트가 속한 가족과 집단 그리고 지역사회복지에 영향을 미칠 것이다.

한국사회복지사협회는 1998년 사회복지사업법을 개정하였고, 2003년부터 사회복지사 국가고시제도가 시행되었으며, 사회복지실천이라는 용어는 2000년부터 쓰기 시작하였다. 사회복지실천의 목표를 살펴보면 다음과 같다(김우호 외, 2019 : 12).

첫째, 개인과 집단으로 하여금 그와 환경 간에 불균형 상태가 일어났을 때 문제를 정확히 발견하여 그 정도를 경감, 해결할 수 있도록 도와주는 것이다.

둘째, 개인, 집단과 그 환경 간의 상호작용 과정에서 발생할 수 있는 잠재적인 문제를 확인함으로써 양자 간에 불균형 상태가 발생하는 것을 사전에 예방하는 것이다.

셋째, 개인, 집단, 지역사회 내의 잠재력을 찾아내고 확인하여 이를 강화시키는 것이다.

또한 사회복지실천의 목표를 살펴보면 다음과 같다(김우호 외, 2019 : 12).

첫째, 사람들의 문제해결, 대처 그리고 발달적인 능력을 신장시키는 것이다.

둘째, 사람들에게 자원과 서비스와 기회를 제공해주는 체계와 연결시켜 주는 것이다.

셋째, 사람들에게 자원과 서비스를 제공해주는 체계의 작동을 효과적이고 인간적으로 해주는 것이다.

넷째, 사회정책을 개발, 개선하는 것이다.

다섯째, 위험에 처한 집단에게 권능을 부여하며, 사회적, 경제적 정의를 증진시키는 것이다.

한편 사회복지실천의 주요 개념 및 특성을 살펴보면 다음과 같다(김우호 외, 2019 : 12~13).

첫째, 모든 사람들의 삶의 질 개선에 목적을 둔다.

둘째, 개인과 가족, 집단과 조직 및 지역사회 등 상호연관성을 지닌 다양한 수준의 인구 집단을 대상으로 한다.

셋째, 초점은 인간과 환경, 즉 인간과 환경의 상호관계에 있다.

넷째, 인간의 사회적 기능 향상을 위해서는 환경의 개선이 필요하다.

다섯째, 인간의 존엄, 개별화 및 자기결정의 가치 등 인도주의 이념을 전개한다.

02 사회복지실천의 현장

사회복지실천현장에 대한 분류는 사회복지 기능 혹은 목적에 따른 분류, 기관 설립주체 및 재원조달 방식에 따른 분류, 서비스 제공 방식에 따른 분류로 나누어 볼 수 있다(이태희, 2019 : 19~20).

(1) 개념

사회복지실천현장의 분류를 살펴보면 다음과 같다.

표 1-1 사회복지실천현장 분류

좁은 의미	넓은 의미
• 서비스가 이루어지는 구체적 장소이다. • 서비스를 제공하는 기관이다. • 종합사회복지관, 장애인복지관, 노인복지센터, 노인요양원 등이다.	• 서비스가 이루어지는 분야이다. • 서비스의 대상이 되는 문제, 클라이언트 등이다. • 의료(영역별), 장애인(대상별), 교도소(장소별), 약물남용(영역 혹은 문제별) 등이다.

자료: 이태희(2019). 사회복지실천기술론.

(2) 사회복지 기능 혹은 목적에 따른 분류

사회복지 기능 혹은 목적에 따른 분류는 다음과 같다.

표 1-2 사회복지 기능 혹은 목적에 따른 분류

사회복지실천 1차 현장	사회복지실천 2차 현장
• 서비스의 제공을 주된 목적으로 하는 기관으로 사회복지사 중심으로 활동한다. • 예를 들면, 아동양육시설, 지역아동센터, 종합사회복지관 등이다.	• 필요시 사회복지서비스를 제공하는 기관으로 사회복지서비스가 부분적으로 이뤄진다. • 예를 들면, 학교, 병원, 교정시설, 기업, 의료기관, 주민센터, 보건소, 보육시설 등이다.

자료: 이태희(2019). 사회복지실천기술론.

(3) 기관 설립주체나 재원이 조달되는 방식에 따른 분류

기관 설립주체나 재원조달의 방식에 따른 분류는 다음과 같다.

표 1-3 기관 설립주체 및 재원조달 방식에 따른 분류

공공기관	민간기관
• 사회복지서비스를 계획하고 관리 또는 지원하는 행정체계와 집행체계이다. • 예를 들면 읍·면·동 주민센터이다.	• 타 기관의 기부나 후원금, 재단 전입금, 기타 대상자들로부터 받는 서비스 이용료 등이 주요 재원이 되는 기관으로 서비스를 직접 제공하는 기관과 간접서비스나 행정지원을 위해 조직된 협의체 등으로 나뉜다. • 예를 들면, 사회복지법인, 재단법인, 사단법인, 종교단체, 시민사회단체, 개인 등이 있다.

자료: 이태희(2019). 사회복지실천기술론.

(4) 서비스 제공 방식에 따른 분류

서비스 제공 방식에 따른 분류는 다음과 같다.

표 1-4 서비스 제공 방식에 따른 분류

행정기관	서비스 기관
• 간접서비스를 제공하는 방식으로 사회복지서비스를 효율적으로 전달하기 위해 행정업무를 수행하고 기관 간 연계 및 협의 업무를 주로 담당한다. • 예를 들면, 보건복지부, 문화체육관광부 등이 있다. • 민간행정조직의 예를 들면 한국사회복지사협회, 한국사회복지관협회 등의 협의체 조직이 있다.	• 클라이언트에게 직접서비스를 제공하는 것으로 주요 대상이나 문제영역에 따라서 서비스기관이 분류된다. • 예를 들면, 아동상담소, 지역사회복지관, 보육시설 등이 있다.

자료: 이태희(2019). 사회복지실천기술론.

03 사회복지실천의 전문적 기반

1) 실천기술

사회복지실천은 미시적인 접근을 주로 포함한다고 볼 수 있다. 전문사회복지사가 클라이언트를 직접, 일대일로 만나서, 친밀한 상호작용을 기반으로, 사회복지의 가치와 전문적인 지식을 최대한 활용하여 적절하게 개입함으로써 클라이언트의 욕구와 문제를 해결하고, 적절하게 사회적 기능을 수행할 수 있게 원조하는 것을 말하고, 사회복지의 가치와 전문적인 지식을 최대한 활용하여 적절하게 개입하는 능력이 사회복지실천기술이다.

따라서 사회복지사는 사람-문제-상황의 특성과 욕구에 적합한 기술들을 선택하고 조합·적용할 수 있어야 하고, 사회복지실천은 사회복지에 대한 전문적 지식, 가치, 기술의 통합체이며 사회복지기술은 사회복지실천지식, 가치를 토대로 통합적으로 수행되는 행위라 정리할 수 있다. 사회복지현장에서의 사회복지실천기술을 명확히 구분하기에는 한계가 있으나 미국사회복지사협회(NASW, 1981)의 사회복지사(social workers)에게 요구되는 기술을 정리하면 다음과 같다(도광조, 2018 : 9~10).

❶ 전문가적 목적과 이해를 기초로 타인의 말을 경청하는 기술
❷ 사정을 위한 관련된 사실과 정보를 수집하는 능력
❸ 전문적 원조 관계의 형성과 유지하는 기술
❹ 언어적·비언어적인 행동의 관찰과 해석으로 관련 이론과 진단 방법을 활용
❺ 클라이언트와 초기 관계를 맺고 신뢰감을 형성
❻ 정서적으로 민감한 문제를 지지적 차원에서 다루는 기술
❼ 클라이언트의 욕구를 창의적으로 해결할 수 있는 방법을 모색
❽ 치료적 관계에서 종결의 시기와 방법을 결정하고 실행하는 기술
❾ 조사연구를 수행하거나 결과를 해석하고, 전문적 자료를 해석하는 기술
❿ 갈등적 상황에 놓인 당사자에 대한 중재와 협상시키는 기술
⓫ 조직 간의 협력적 서비스를 제공하는 기술
⓬ 후원자와 대중 그리고 입법관계자에게 사회적 욕구들을 전달하고 해석하는 기술

커노이어(Coumoyer)는 미국사회복지사협회(NASW, 1981)의 기술을 토대로 실천을 단계별로 구분하였다(도광조, 2018 : 16).

❶ **1단계 준비** : 사전검토, 사전탐색, 사전협의, 사전정리, 사전공감, 사전적 자기탐색, 집중적 자기관리, 사전 계획 및 기록
❷ **2단계 개입** : 사회복지사 소개하기, 클라이언트에게 소개 권유하기, 첫 만남의 목적을 설명하기, 클라이언트의 역할을 설명하기, 정책과 윤리적 요인에 대해 논의하기, 피드백 구하기
❸ **3단계 탐색** : 기술적 정보의 정리, 임시 사정하기
❹ **4단계 사정** : 기술적 정보의 정리, 임시 사정하기
❺ **5단계 계약하기** : 문제반영, 문제에 대한 사회복지사의 관점 공유, 문제 구체화하기, 목표설정, 접근방법 개발, 행동단계 밝히기, 평가계획, 계약의 요약

❻ 6단계 업무수행과 평가 : 행동 단계 연습, 행동 단계의 재검토, 평가, 교육, 조언하기, 대변하기, 즉시 반응하기, 재구성하기, 대치하기, 종결 예고하기, 진행기록

❼ 7단계 종결 : 과정 재검토, 최종 평가, 종결과 관련된 감정을 공유하고 작별하기, 사례종결 요약하기

앞의 내용과 더불어 커노이어(Coumoyer)는 사회복지사에게 요구되는 기술을 다음과 같이 언급하고 있다(도광조, 2018 : 17).

첫째, 일반적인 사회사업 실천의 기술(모든 단계와 과정을 적용)이 필요하다.

둘째, 자기이해로 원가족, 현재의 환경적 요인, 자존감, 타인에 대한 수용, 책임성 있는 자기주장, 자기통제, 사회복지 전문직에의 적성 기술이 필요하다.

셋째, 윤리적 결정으로 전문적 원조자의 법적 의무 이해하기, 사회복지의 기본 가치와 윤리에 대한 이해, 사회복지실천의 윤리적·법적 협의 파악하기, 윤리적 의사결정에 대한 기술이 필요하다.

넷째, 말하기와 경청하기 – 인간관계 기술의 기본으로 말소리, 말투, 언어, 신체적 언어, 경청하기로 듣기, 관찰하기, 격려하기, 기억하기, 적극적 경청하기 기술이 필요하다.

한편 국내 사회복지실천현장에 대해 사회복지사가 대면하는 클라이언트 집단과 업무특성 등을 고려하여 개별대상개입기술, 집단대상개입기술, 가족대상개입기술, 지역사회조직기술, 자원봉사자관리기술, 프로그램 개발 및 평가기술, 조직관리기술 등으로 주요 실천 기술의 영역을 구분하였고, 그 내용은 다음과 같다(엄명룡 외, 2005; 도광조, 2018 : 17~20).

❶ 개인대상개입기술

- 사정기술
  - 클라이언트의 문제를 다양한 각도에서 바라보는 기술
  - 클라이언트의 상황 파악을 위한 사회적 지지망 확인 기술
  - 클라이언트의 표현된 욕구를 정확히 파악하는 기술

- 감정개입기술
  - 클라이언트가 자신의 감정을 자유롭게 표현할 수 있도록 분위기를 마련해 주는 기술
  - 클라이언트의 문제를 잘 듣는 기술
- 의사소통기술
  - 클라이언트의 용어로 클라이언트가 한 말을 다시 표현하는 기술
  - 클라이언트가 한 말을 요약하는 기술
  - 사회복지사·클라이언트 간 의사소통이 정확한지 상호확인을 위한 질문기술
- 개입주도기술
  - 클라이언트의 공격적 행동에 대한 대처기술
  - 클라이언트의 요구를 거절하는 기술
  - 클라이언트를 설득하는 기술

❷ 가족대상개입기술

- 가족사정 및 자원연결기술
  - 가족과의 초기 면접에서 각각의 가족구성원들이 서로 다르게 인식하고 있는 다양한 문제를 파악하기 위한 질문기술
  - 가족관계 파악을 위해 가족들의 상호작용 패턴 확인기술
- 도구활용기술
  - 클라이언트 상황 파악을 위한 가계도 작성 기술

❸ 집단대상개입기술

- 집단 유대감 형성 및 촉진기술
  - 집단구성원이 참여하도록 격려하는 기술
  - 집단 내에서 신뢰적인 분위기를 조성하는 기술
  - 구성원에게 현실적이고 실행 가능한 개인적 목표를 설정하도록 돕는 기술

- 집단관리기술
  - 구성된 집단을 종결까지 유지시키는 기술
  - 세션 종결 시 그 세션의 내용들을 요약하여 정리하는 기술
- 집단역할 설정기술
  - 집단구성원에게 각각의 역할에 맞는 적절한 권한부여기술

❹ 지역사회조직기술

- 지역사회지원 섭외 및 파악기술
  - 지역사회자원 섭외기술
  - 지역사회자원 관리기술
- 사례관리기술
  - 개별 클라이언트의 복합적인 문제를 세분화된 서비스에 연결시켜 주는 기술
  - 사례발굴 및 확보기술

❺ 자원봉사자 관리기술

- 관계유지기술
  - 자원봉사자의 신뢰구축을 위한 공감, 수용 등 의사소통기술
- 자원봉사자 이해기술
  - 자원봉사자와 클라이언트의 갈등 해결기술
- 자원봉사자 교육기술
  - 자원봉사자 교육 시 과업수행방법 시범기술
- 자원봉사자 배치기술
  - 자원봉사자의 능력, 의도 등을 파악, 적절한 곳 배치기술

❻ 프로그램 개발 및 평가기술

- 프로포잘 작성기술
  - 프로포잘 작성을 위해 참신한 아이디어 발굴하는 기술
  - 프로포잘 작성을 위한 예산편성 기술
  - 프로포잘 작성 시 글을 잘 구성하는 기술

- 프로포잘 성과평가기술
  - 수집된 자료들을 평가의 목적에 맞추어서 적절하게 분석하는 기술
  - 평가를 위해 기존의 표준화된 도구 사용기술
  - 평가를 위해 필요한 자료들을 수집하는 기술
- 프로그램 구성기술
  - 프로그램 실시에 필요한 인적·물적·사회적 지원 검토기술
- 프로그램 홍보기술
  - 다양한 방법으로 프로그램에 관한 정보를 보급하는 기술

❼ 조직관리기술

- 인적자원 관리기술
  - 직원 간의 의사소통 네트워크를 개발하는 기술
  - 조직 내 동료와의 관계 형성 및 유지기술
  - 클라이언트의 문제로 소진해 있는 직원들 지지제공기술
- 실습생관리기술
  - 실습생 배치기술
- 예산관리기술
  - 예산 편성기술
- 문서관리기술
  - 공문서 작성기술

2) 전문지식

사회복지실천에 필요한 전문적 지식은 사정에 필요한 지식과 개입에 필요한 지식으로 분류할 수 있다. 먼저 '사정에 필요한 지식'은 개인의 욕구와 문제, 상황 등을 이해하기 위한 지식으로 사회복지사가 개입 이전에 클라이언트의 심리적·사회적·문화적 특징을 이해하고 클라이언트의 문제가 발생하는 상황적 맥락을 분석하는 데 필요하다. '개입에 필요한 지식'은 사회복지사가 개인이나 집단, 지역사회를 돕기 위한 실천과정에서 활용하는 실천이론과

개입방법에 관한 지식을 포함한다.

전문적 지식의 차원은 클라이언트 원조과정에서 실천에 영향을 주는 구체성의 정도에 따라 패러다임, 관점, 이론, 모델, 실천지혜로 구분되며 다음과 같다(김혜영 외, 2018 : 18~20).

❶ **패러다임** : 패러다임의 사전적 의미는 "어떤 한 시대 사람들의 견해나 사고를 근본적으로 규정하고 있는 테두리로서 인식의 체계 또는 사물에 대한 이론적인 틀이나 체계"이다. 그러므로 시대나 사회에 따라 패러다임은 변할 수 있고, 사회복지실천의 패러다임은 과거의 의료적 패러다임에서 생태체계적 패러다임으로 변화되어 왔다.

❷ **관점** : 관점의 사전적 의미는 "사물이나 현상을 관찰할 때 그 사람이 보고 생각하는 태도나 방향"을 의미한다. 사회복지실천에서의 관점은 실천에 대해 조망하는 방법으로 사회적 기능을 바라보는 개념적 렌즈로 카메라의 렌즈처럼 배경이 되는 현상과 특정 현상을 확대하거나 초점을 두게 한다. 사회복지실천 분야에서 대표적인 실천 관점으로 생태체계 관점, 일반사회복지실천 관점 등이 있다. 최근에는 강점 관점이 강조되고 있고, 그 밖에 다문화 관점, 페미니스트 관점 등 다양한 관점들이 있다.

❸ **이론** : 이론이란 관점보다 한 단계 더 구체화된 것으로서 특정 현상을 설명하기 위해 논리정연하게 일반화한 가설이나 개념을 의미하는 것으로, 사회복지실천에서의 이론은 어떤 행동이나 상황에 대한 설명을 제시하고, 어떻게 그런 행동이나 상황을 변화시킬 수 있을지에 대한 지침을 제공한다.

❹ **실천모델** : 이론이 추상적인 용어로 구성된 것에 비해 모델은 실천상황에서 사회복지사에게 보다 구체적인 실천방법을 알려주고 있다. 사회복지실천모델은 기초 심리이론에 기반을 둔 모델과 이론적 근거는 없지만 실천상황에서 적용할 수 있는 모델로 구분된다.

⑤ **실천지혜** : 실천지혜는 직관 또는 암묵적 지식으로 실천현장에서 널리 활용되는 지식의 종류로, 이들은 의식적으로 표현되거나 구체화될 수 없는 지식으로서 개인의 포괄적 가치체계와 개인적 경험으로부터 나온다. 즉, 실천현장에서 귀납적으로 만들어진 지식의 종류로서 실천을 통한 앎, 경험적으로 얻게 되는 지식이다.

앞의 내용과 더불어 전문적 지식의 범주에 대한 내용은 다음과 같다(Hepworth, Rooney, & Larsen; 2010).

첫째, 인간행동과 사회환경에 대한 이해이다. 개인이 생활하는 사회체계(가족, 집단조직, 지역사회) 영역에 대한 인간의 생리-심리-사회적 발달에 대한 지식은 사회복지사로서 효과적으로 업무를 수행하기 위해 필요하다. 인간의 발달단계에 따라 강조되는 과업을 이해하고 각각의 발달 시기에 관련된 욕구와 지원에 대해 알아야 한다.

둘째, 사회복지정책과 서비스에 대한 이해이다. 도움을 필요로 하는 대상자에게 서비스를 제공하는 전문가와 기관을 포함하여 전달체계에 관한 지식이 필요하다. 또한 사회정책이 변화해 온 역사적 맥락과 개인의 기능에 대한 사회정책의 영향력 및 사회정책을 발전시키기 위한 사회복지사의 역할 등에 관한 지식이 필요하다.

셋째, 사회복지실천 방법 중 미시수준의 실천은 사회복지사가 서비스를 제공하는 대상 집단은 개인, 부부, 가족들을 포함하는 다양한 클라이언트 체계를 포함한다. 이 수준에서 사회복지사는 클라이언트와 일대일로 접촉하면서 직접서비스를 전달하는 실천이다. 중 범위 수준의 실천은 가족생활보다는 덜 밀접하게 관련된 대인관계, 자조집단이나 지료집단의 구성원 관계를 포함한 학교나 직장, 이웃에서의 동료 간의 관계로 정의된다. 중 범위 수준의 상황은 개인과 그 개인에게 가장 가깝고 중요한 사람들의 만남이 이뤄지는 접점이다. 중 범위 수준에서 개입을 향상하는 것은 클라이언트에게 직접적 영향을 미치는 가족, 또래집단, 학급과 같은 체계를 변화시키는 것이다. 거시수준의 실천은 서비스를 직접 전달하는 것과는 거리가 먼 것으로 거시적 실천은 사회계획과 지역사회조직 과정을 포함하고, 이 수준에서 사회복지사는 사회문제를 다루기 위해 개인, 집단, 조직으로 구성된 지역사회 행동체계를 원조하는 전문적인 변화매개자로서의 역할을 한다.

넷째, 사회복지실천을 위한 지식의 형성과 실천현장에서의 서비스 전달을 평가하기 위해 과학적 분석적으로 접근하는 데 이해와 설명을 제공한다. 사회복지사는 조사연구에서 얻은 정보를 실천에 활용할 수 있어야 하는데, 이를 위해서는 조사 설계 지식과 경험적 자료에 기반을 둔 검증되지 않은 다른 결론을 구별하는 능력이 필요하다(김혜영 외, 2018 : 20~21).

04 사회복지실천의 전문직

1) 사회복지실천가의 자세

(1) 개인의 예술과 전문직의 과학을 조화하기

사회복지실천가는 클라이언트의 사회적 기능을 향상시키고 사회문제를 예방하기 위해서 자신의 사생활과 전문가적 생활을 적절히 조화시켜야 한다. 또한 자신의 개인적 특성, 창조적 능력, 사회적 관심을 전문적 지식과 결합시킬 수 있어야 할 것이다. 모든 개인은 사회복지실천의 예술적 요소를 나타내는 독특한 개인적 특성을 갖고 있다.

❶ 과학자로서의 사회복지실천가

전문직은 그 지식과 실천의 발전 속에서 과학적 방법을 활용할 때 과학적인 것으로 간주된다는 것이며, 과학적 방법은 현상을 연구하고 지식을 형성하기 위한 특정한 접근이다. 기본적으로 예술적 능력을 갖고 기초 지식을 끌어내고 다양한 기법을 활용하는 사회복지사는 학습을 하면서 전문가적 능력을 쌓아간다. 변화과정을 촉진하기 위해서 사회복지사는 사회적 조건과 사회문제, 사회정책과 사회적 프로그램, 사회적 현상, 사회복지전문직 그리고 다양한 사회복지실천을 위한 지식(실천관점, 이론, 모델)을 도출해야 한다(박병금 외, 2016 : 15).

사회복지실천가는 실천상황에서 문제해결의 방법을 과학적 기반과 결합시켜야 한다. 그러므로 과학적 기반을 위한 지식적 측면을 살펴보면 다음과 같다(나눔의집, 2018 : 20).

- 사회현상에 대한 지시
- 사회복지 전문직에 대한 지식
- 사회복지실천에 대한 지식
- 사회정책과 프로그램에 대한 지식
- 사회적 조건과 문제에 대한 지식
- 인간행동과 사회환경에 대한 지식

❷ 예술가로서의 사회복지실천가

능숙한 수행을 하는 데 필요한 특수한 기술로 학습만으로는 배울 수 없는 직관적인 능력을 발휘해야 하는 것을 말한다. 동정(compassion)과 인간의 고통에 직면할 수 있는 용기, 의미 있고 생산적인 원조관계를 수립할 수 있는 능력, 변화에 대한 장벽을 극복하는 창의성, 변화과정에 희망과 에너지를 불어넣는 능력, 건전한 판단력, 개인적 가치, 효과적인 전문가 스타일을 형성하는 것 등이 예술적 요소에 해당한다(박병금 외, 2016 : 15).

사회복지실천가는 실천상황에서 적절한 개입방법을 적용함에 있어서 창의성, 직관력과 같은 예술성이 필요하다. 그러므로 예술적 기반의 구성요소를 살펴보면 다음과 같다(나눔의집, 2018 : 21).

- 전문적 관계 형성
- 감정이입
- 희망
- 온화함
- 적절한 가치 기준
- 직관적 능력
- 융통성

- 진실성
- 상상력과 창의적 사고
- 건전한 판단력
- 인내심
- 동정심

(2) 제너럴리스트로서의 사회복지실천가

사회복지실천가는 자신의 활동분야에 있어서의 전문적 지식과 기술을 갖추고 있는 것은 당연한 일일 것이다. 사회가 복잡해지고 클라이언트가 당면하고 있는 문제들도 더욱 전문성을 요구하고 있기 때문이다. 스페셜리스트로서의 사회복지실천가는 특정 분야의 실천에 필요한 보다 전문적인 지식 및 기술은 자신의 실천적 역할을 수행하는 상황에서 채택할 수 있는 전문가이다. 그러므로 제너럴리스트 실천능력을 기반으로 하는 스페셜리스트가 요구되고 있다(박병금 외, 2016 : 16).

2) 사회복지사의 역할

사회복지실천현장에서 사회복지사가 수행해야 할 역할과 능력 중 사회복지사의 역할은 다음과 같다(서혜석 외, 2019 : 30~31).

- **아웃리치 워커**(outreach worker) : 욕구를 확인하기 위하여 지역사회로 찾아나가 서비스 기관에 의뢰한다.
- **중개자** : 이용 가능한 서비스를 알고 필요로 하는 서비스를 확인하여 적절한 서비스를 제공한다.
- **대변자** : 클라이언트가 거절당했을 때 서비스를 제공받을 수 있도록 돕고, 더 많은 욕구를 가진 사람을 도울 수 있게 서비스를 확장하도록 돕는다.
- **평가자** : 욕구와 지원을 평가하고, 욕구를 충족시키기 위한 대안을 마련하고 결정을 한다.
- **동원자** : 새로운 서비스를 개발하도록 돕는다.

- **교사** : 사실과 기술을 가르친다.
- **행동변화자** : 클라이언트의 특정한 행동을 변화시킨다.
- **자문가** : 서비스를 더욱 효과적으로 제공할 수 있도록 다른 전문가와 함께 일한다.
- **지역사회계획가** : 지역사회의 사회복지욕구충족을 위하여 지역사회 집단계획을 효과적으로 수행한다.
- **보호제공자** : 사람들이 문제를 충분히 해결할 수 없고, 자신의 욕구를 충족시킬 수 없을 때 지지서비스를 제공한다.
- **자료관리자** : 의사결정에 필요한 자료를 수집하고 분석한다.
- **행정가** : 서비스 프로그램을 계획하고 이행하는 데 필요한 활동을 수행한다.

미국의 사회복지사협회는 사회복지실천에 필요한 본질적 기술과 관련하여 다음과 같은 사회복지사의 능력을 제안했다(서혜석 외, 2019 : 30~31).

- 명백히 말하고 기록할 수 있는 능력
- 다른 사람을 가르칠 수 있는 능력
- 정서적 괴로움이나 위기상황에서 지지적으로 반응하는 능력
- 전문적 관계에서 역할모델을 제공하는 능력
- 복합적인 심리사회적 현상을 해석하는 능력
- 임명된 책임을 완수할 수 있게 업무부담을 조정하는 능력
- 다른 사람을 돕는 데 필요한 자원을 확인하고 얻는 능력
- 인간의 행동이나 감정을 사정하고 도움이나 자문을 활용할 능력
- 집단활동에 참여하고 지도할 능력
- 스트레스 상태에서 기능하는 능력
- 갈등상황이나 다투기 좋아하는 성격을 다루는 능력
- 사회적·심리적 이론을 실천상황에 관련짓는 능력
- 문제해결에 필요한 정보를 확인하는 능력
- 기관의 서비스나 자신의 실천에 관한 조사연구를 하는 능력

05 사회복지실천기술의 활용

1) 사회복지실천에 필요한 지식

사회복지실천에 필요한 지식은 다음과 같다(조휘일 외, 2000; 서혜석 외, 2019 : 33).

- 인간발달과 행동에 대한 지식
- 의사소통의 다양한 방법의 이해
- 집단과정의 이해
- 개인·집단·지역사회의 문화적 요인 이해
- 인간관계에 대한 이해
- 지역사회의 본질에 관한 이해
- 자기 자신에 대한 지식
- 개입과정에 관한 지식
- 조직행위와 기관의 행정적 과정에 대한 지식
- 조사방법과 평가에 대한 지식

2) 이론과 실천의 관계

사회복지실천현장의 환경 이해를 위해서는 사회복지의 교육과 학습의 방법이 중요하다. 이러한 이론과 실천 간의 논쟁점은 역량중심접근과 관련이 있다. 영국의 사회복지교육훈련협회에 따르면 사회복지사가 자격을 취득하기 위해 갖추어야 할 지식기초를 6가지로 분류하고 있다(서혜석 외, 2019 : 33).

- 의사소통과 계약
- 승진과 자격부여
- 계획
- 중재와 서비스 제공
- 조직 내에서의 활동
- 전문적 역량의 개발

이러한 역량중심접근의 중요한 이점은 결과와 실천에 관련된 지정된 기술의 적절한 활용과 효과성을 강조하는 데 있고, 이것은 학생과 사회복지사가 '계속적 학습과 개발을 위한 책임'을 가져야 한다는 것을 요구한다(CCETSW, 1995; 서혜석, 2019 : 35).

(1) 실천 방향

- 개인과의 활동(개인수준 실천)
- 가족과의 활동(가족수준 실천)
- 집단사회사업(집단수준 실천)
- 지역사회복지(지역사회수준 실천)

(2) 실천 접근

- 클라이언트 중심 접근(상담형태를 취함)
- 인지행동적 접근
- 위기중재
- 체계적 가족치료
- 정신역동적·심리사회적 접근

(3) 관점

- 사회체계적 관점
- 생태체계적 관점
- 강점 관점
- 반차별적 관점
- 반억압적 관점
- 반인종차별적 관점
- 페미니스트 관점

(4) 기술과 중재

- 면접을 위한 준비
- 전문적 관계수립
- 환영하는 기술
- 공감과 동정
- 자기지식과 직관
- 열린 질문
- 닫힌 질문
- '무엇'이라는 질문
- 순환질문
- 바꾸어 설명하기
- 명료화하기
- 요약하기
- 피드백 주고받기
- 면접의 핵심과 목적 고수하기
- 고취시키기(prompting)
- 검증하기
- 침묵에 대처하기
- 자기노출 이용하기
- 면접종결하기
- 사례종결하기
- 충고하기
- 정보제공하기
- 설명하기
- 격려하기
- 재보증하기
- 설득하기와 지시하기
- 물질적 원조학

- 지지하기
- 보호하기
- 지지하기
- 재구성하기
- 해석하기
- 적응(adaptation)
- 상담기술
- 불안 억누르기
- 권한부여(empowerment)
- 협상하기
- 연계하기(networking)
- 동반자관계에서 일하기
- 조정기술(mediation skills)
- 대변기술
- 주장기술
- 도전하기와 대결하기
- 적개심, 공격과 폭력 다루기
- 보호하고 통제하기
- 전문적 영역을 관리하기
- 기록유지기술
- 반영기술
- 지도감독

(5) 실천장면

- 직장
- 가정
- 사회복지시설
- 교도소와 주간보호센터

- 병원
- 학교
- 특수한 서비스 이용자에게 적절하고 자연적인 장면이나 상황

(6) 집중수준

- 비집중적 수준은 실천활동이 종결단계에 가까워지고, 사례가 끝날 무렵이거나 활동이 빠른 속도로 진행될 수 없는 경우이다. 서비스 이용자와의 접촉이 격주로 이루어지는 활동이다.
- 중간수준은 실천활동이 진행 중이고 서비스 이용자, 가족구성원, 그리고 다른 전문가들과도 적어도 일주일에 한 번 접촉하는 경우로 매주 클라이언트와 관계를 가지며 상담, 개인 또는 가족수준의 실천이 이 수준으로 이루어진다.
- 집중적 수준은 보다 적극적인 실천활동이 요구되며 제기된 문제가 다면적이고, 심각하고, 영속적이며 복잡한 경우이다. 서비스 이용자, 여러 가족구성원이나 다른 전문가들과 일주일에 두 번 이상의 접촉을 할 수 있다.

(7) 기간

- 단기(12주까지)
- 중기(12주~26주)
- 장기(26주 이상)

(8) 기술수준

- 기본 기술은 공감, 관계나 라포형성과 같은 대부분의 사회복지중재에서 요구되는 기술이다.
- 중간기술은 서비스 이용자와 계약하기가 쉽지 않고 반응을 하지 않는 어려운 상황을 다루는 데 요구되는 기술과 관련된다.
- 전문기술은 다면적이고 다루기 어려운 갈등, 적개심 또는 고도의 고통에 관여하는 상황에서 문제를 다룰 수 있는 전문지식을 요구하며 상담훈련기술이나 가족치료기술 등으로 활동하는 것과 관련이 있다.

(9) 실천강조

어떠한 부분의 실천을 강조해야 하는가는 활동에 따라 다양하다. 예를 들면, 초기단계에는 관계형성을 강조할 수 있고, 중기단계에는 관계강화와 신뢰감의 강화에 초점을 둘 수 있으며, 종결단계에서는 활동을 종결하고 계속 진전이 이루어질 수 있도록 가족구성원이나 이웃집단과 연계하는 데 초점을 두는 것을 의미할 수 있다.

(10) 지도감독, 자문, 훈련 및 지지구조

사회복지사가 실천활동에서 효과적 기술과 전문성을 개발하기 위하여 필요한 훈련, 자문, 지도감독을 시도하는 것을 의미한다.

06 사회복지 전문직의 가치와 윤리

1) 사회복지 전문직의 가치

가치는 구분하는 방식에 따라 다양한 분류가 가능하다. 하나의 가치가 하나의 영역에만 속하는 것은 아니며 물질적 가치, 정신적 가치, 도구적 가치, 본래적 가치로 분류해 볼 수 있다. 물질적 가치는 특정한 물질이나 사물이 지니는 가치와 이러한 것을 통해 느끼는 즐거움 (예) 의복, 음식, 주택 등이고, 정신적 가치는 정신적인 만족을 주는 가치로, 예를 들면 진(지적 가치), 선(도덕적 가치), 미(미적 가치), 성(종교적 가치)을 의미한다. 도구적 가치는 다른 목적을 위한 수단이 되는 가치로, 예를 들면 돈이 있다. 본래적 가치는 그 자체가 목적이 되는 가치로, 예를 들면 우정, 사랑, 생명, 인격 등이 있다(천재학습백과, https://koc.chunjae.co.kr). 사회복지실천에서의 가치는 본질적 가치와 사회복지 전문직의 가치로 분류할 수 있으며 그 내용은 다음과 같다.

본질적 가치는 인간존엄성 존중과 분배의 정의로 분류할 수 있다. 첫째, 인간은 누구나 가치 있는 존재로 인정받아야 한다는 전제하에 사회복지서비스가 이루어져야 하는 것으로써 사회복지실천의 가치인 수단적 가치와 직업윤리의 토대가 되는 클라이언트의 개별화, 자기결정권, 비밀보장을 준수해야 하는 인간존엄성 존중이다. 둘째, 개인의 발전을 위한 사회적 자원의 평등한 배분으로 사회의 책임성을 실현하는 분배의 정의이다.

레비(Levy)에 따르면 사회복지 전문직으로써의 가치는 사람중심의 가치와 결과중심의 가치 그리고 수단중심의 가치로 분류하고 있다.

첫째, 사람중심은 인간의 본성을 제시해 줄 수 있는 가치로 클라이언트를 개별화된 인간으로 보고 능력을 인정해 주며 그에 따라 권한을 인정해 주는 가치관이다. 예를 들면, 개인의 타고난 가치와 존엄성에 대한 믿음, 건설적 변화 의지와 능력에 대한 믿음, 상호적 책임, 소속의 욕구, 독특성, 일반적인 인간적 욕구 등을 인정하는 것을 말한다.

둘째, 결과중심은 사회가 개인의 발전을 위해 사회참여의 기회를 동등하게 제공해야 한다는 사회적 책임에 대한 믿음, 사람에 대해 서비스를 제공했을 때 초래되는 결과에 대한 가치로서 바람직한 결과 성취를 위해 가져야 하는 가치를 말한다. 예를 들면, 인간의 기본 욕구 충족, 부적절한 교육이나 주택 문제 등의 사회문제를 제거하는 것 등이 있다.

셋째, 수단중심은 서비스를 수행하는 방법과 수단, 도구에 대한 가치이다. 예를 들면, 사람은 존경과 존엄으로 다뤄져야 하고, 자기결정권을 가져야 하며, 사회변화에 동참하도록 촉진되며, 독특한 개인으로 인정되어야 하므로 비심판적 태도를 취해야 함을 강조한다(나눔의 집, 2018 : 52~53). 그러므로 사회복지실천의 가치는 인간행동에 관한 선택기준의 하나이며 사회복지실천의 방향성을 제시한다.

한편 리머(Reamer, 1999)는 사회복지실천 가치의 발달을 4단계로 나누어 설명하였다(김윤재 외, 2011 : 40~42).

❶ **제1단계**: 19세기 말에는 전문적 사회복지실천 태동기로서 자선조직협회가 활동하던 시기이며, 이때는 구제활동과 빈곤 대응이 가장 큰 일이었다. 사회복지실천은 전문직이나 실무자의 가치보다는 클라이언트의 도덕

성이 더 중요하였다. 클라이언트를 도덕적으로 교화시키는 것을 최고의 가치로 삼았으며, 인간의 기본적인 권리나 존엄성에 대한 가치는 찾아보기 힘들었다. 당시의 원조활동 기반은 간섭적 온정주의이며 활발한 활동을 했던 우애방문원의 활동 역시 간섭적 온정주의 영향이 컸다. 이들은 자신들에게 가난한 사람들의 삶에 직접 개입하여 그들을 교화시킬 권리와 의무가 동시에 있다고 생각하였다.

❷ 제2단계 : 20세기 초는 인보관운동이 시작되면서 태동기에서 진보기로 넘어가는 시기이다. 당시 사회복지실천의 목적과 가치는 빈곤한 자의 도덕성 교화에서 주택, 건강, 위생, 교육, 고용, 빈곤 등 광범위한 사회적 문제로 관심이 돌려졌다. 따라서 제2단계의 사회복지실천 가치는 진보주의의 성장과 함께 빈곤한 사람들의 도덕성 결여에 대한 교화에서 빈곤이 발생하게 되는 사회적·구조적 문제에 더 초점을 맞추게 되는 시기가 되었다.

❸ 제3단계 : 1950년대 초 사회복지실천의 초기 1단계에서는 클라이언트의 도덕성에 관심을 가지고, 최초의 사회복지사 원조격인 우애방문단은 스스로에 대한 도덕성에는 관심을 갖지 않았었다. 그러나 3단계로 넘어오면서 클라이언트보다 전문직과 실천가들의 도덕성이나 윤리문제에 더 관심을 두게 되었다. 제3단계는 전문직의 도덕적 차원에 대한 관심이 집중되는 시기이며, 사회복지 전문직의 가치와 윤리가 본격적으로 언급되는가 하면 전문가 윤리지침이 개발되기 시작하였다.

❹ 제4단계 : 1960년 전미사회복지사협회(NASW)는 첫 윤리강령을 공식적으로 채택하였다. 이로 인해 사회복지실천에 대한 전문직의 가치와 윤리에 대한 관심이 크게 증폭되었다. 이 시기는 사회적 평등, 인권, 복지권, 차별, 억압 등에 대한 가치적 관심이 급증하였고, 이러한 가치를 사회복지실천에 접목시켰다. 나아가 1976년 레비(Levy)의 「사회복지윤리학」 출간으로 가치나 윤리에 대한 관심은 더욱 높아졌다.

2) 사회복지 전문직의 윤리

사회복지 전문직(social welfare profession)의 개념이나 성립조건에 관한 연구를 정리해 보면 다음과 같이 7가지 조건이 유출된다. 즉, 고도의 이론적 체계, 전달 가능한 기술, 공이익과 복지목적, 전문직 단체의 조직화, 전문직으로서의 자율성과 그것을 지시하는 윤리강령, 전문직으로서의 하위문화 그리고 최종적으로 필요한 학력·시험 등으로 증명된 능력, 자격과 그에 대한 사회적 승인이다. 그러나 아직까지는 이와 같은 엄밀한 의미로서의 사회복지 전문직은 아직 성립되기 어렵고 자격의 법적근거도 직종에서 차이가 있다(이철수, 2009).

직업윤리(職業倫理, Vocational Ethics)는 어떤 직업을 수행하는 사람들에게 요구되는 행동규범을 의미한다. 예를 들면, 직업인에게 요구되는 직업윤리로는 각자 자기가 맡은 일에 투철한 사명감과 책임감을 가지고 일을 충실히 수행해야 하며, 도덕적이어야 한다는 것을 들 수 있다. 직업윤리는 개인이 사회와 직업을 보는 관점이 다르기 때문에 변화할 수 있다(한국기업교육학회, 2010). 그러므로 사회복지 전문가 윤리는 사회복지사가 자신의 전문적 가치를 실천적 행동으로 전환하도록 돕는 지침이 된다.

한편, 미국사회복지사협회 윤리강령의 윤리원칙은 다음과 같다(NASW윤리강령, 2008).

첫째, 사회복지사는 사회적 변화, 특히 취약하고 억압받는 개인이나 집단과 함께, 이들을 위해서 사회적 변화를 추구한다. 변화를 위한 사회복지사의 노력은 1차적으로 빈곤, 실업, 차별이나 기타 여러 형태의 사회적 불공평에 초점을 맞춘다. 이러한 활동은 억압이나 문화적, 인종적 다양성에 대한 민감성과 이에 관한 지식을 증진코자 한다.

둘째, 사회복지사는 필요한 정보, 서비스, 자원에 대한 접근, 기회의 균등 그리고 모든 사람들의 의사결정에 대한 실질적인 참여를 보장하려고 노력한다.

셋째, 사회복지사는 개인적인 차이나 문화적·윤리적 다양성에 유의하면서 관심과 존경의 자세로 모든 사람들을 대해야 한다. 사회복지사는 클라이언트가 사회적으로 책임있는 자기결정을 내리도록 도와야 한다. 사회복지사는 클라이언트 스스로 욕구를 변화시키며 해결할 수 있도록 그의 역량과 기회를 강화시키고자 한다. 사회복지사는 클라이언트와 사회 전반에 대한 이중적 책임을 인식해야 한다. 또한 클라이언트의 이익과 일반사회의 이익 간의 갈등을 가치관, 윤리 원칙 및 전문직의 윤리적 기준에 일치하는 사회적으로 책임 있는 자세로 해결하도록 힘쓴다.

넷째, 사회복지사는 두 사람 또는 여러 사람들 간의 관계가 변화의 중요 수단임을 이해한다. 사회복지사는 원조과정에 있는 모든 사람들과 파트너로서 관여한다. 사회복지사는 개인, 가족, 집단, 조직 및 지역사회의 복리를 증진, 회복, 유지 및 향상시키기 위해 의도적인 노력으로 인간관계를 강화하고자 힘쓴다.

다섯째, 사회복지사는 전문직의 사명, 가치관, 윤리 원칙, 윤리적 기준을 항상 숙지하여 이와 일치되게 실천을 한다. 사회복지사는 정직하고 책임 있게 행동하며, 자신들이 소속된 조직의 입장에서 윤리적 실천을 증진시킨다.

여섯째, 사회복지사는 전문적 지식이나 기술을 증진시키고 그것을 실천에 적용하고자 힘쓴다. 또한 전문직의 지식 기반에 이바지하도록 노력해야 한다.

한편, 윤리는 사람들이 추구하는 가치를 일관되게 행동하도록 지시하는 행동규범으로, 사회복지사가 윤리를 추구하는 작업은 미국에서 1970년대에 들어서 논의되었다. 인간의 존엄성, 정의, 공평 등의 가치를 추구하면서, 균등하고 차별 없는 서비스를 받을 클라이언트의 권리와 사회복지사 개인의 이익을 배제하고, 전문적인 지식과 기술 개발을 위해 계속해서 노력할 것과 팀워크, 전문인으로서의 책임성 등을 강조하는 윤리강령을 제시하였다. 윤리적 딜레마를 극복하기 위해 로웬버그(Lowenberg)와 돌거프(Dolgoff)는 윤리 원칙(1996) 우선순위 7가지(의사결정원칙)를 개발하였고, 그 내용을 바탕으로 한 체크리스트는 **표 1-5**와 다음과 같다(Lowenberg & Dolgoff, 1996).

표 1-5 윤리적 이슈의 우선순위 체크리스트

사회복지사는 어떤 선택, 행동 혹은 결정을 고려하고 있는가?
선택 A : ______________________________
선택 B : ______________________________
선택 C : ______________________________

예, 아니오 혹은 결정할 수 없음으로 확인한 각각의 선택에 대해 다음 질문에 답하라(주 : 가능하지만 일어날 것 같지 않은 행동의 광범위한 합의에 대해 너무 많은 가정을 피한다.)

1. 이 선택/행동이 생명, 신체적 안녕 혹은 생존 기회를 위협하는가?

선택 A	예	아니요	결정할 수 없음
선택 B	예	아니요	결정할 수 없음

2. 이 선택이 누군가를 기본적으로 부정의, 불공정, 불공평한 방식으로 다루거나 기본적 인권을 위반하였는가?

선택 A	예	아니요	결정할 수 없음
선택 B	예	아니요	결정할 수 없음

3. 이 선택이 주요하게 그리고 비합리적으로 누군가의 자기결정권, 자율성을 제한하는가?

선택 A	예	아니요	결정할 수 없음
선택 B	예	아니요	결정할 수 없음

4. 이 선택이 누군가의 중대한 개인적 고통 혹은 경제적 곤란을 야기하는가?

선택 A	예	아니요	결정할 수 없음
선택 B	예	아니요	결정할 수 없음

5. 이 선택이 이웃, 지역사회 혹은 전체 사회 사람들의 삶의 질을 감소시키는가?

선택 A	예	아니요	결정할 수 없음
선택 B	예	아니요	결정할 수 없음

6. 이 선택이 누군가의 사생활과 비밀보장 권리를 잃게 하는가?

선택 A	예	아니요	결정할 수 없음
선택 B	예	아니요	결정할 수 없음

7. 이 선택이 개인 혹은 지역사회의 진실을 왜곡하거나 철회하는 것을 포함하는가?

선택 A	예	아니요	결정할 수 없음
선택 B	예	아니요	결정할 수 없음

자료 : 김민경(2017). 사회복지실천기술론 pp. 29~30.

다음으로 사회복지사는 자기개방훈련을 통한 가치명료화 과정이 필요하다. 가치명료화란 효과적인 의사결정을 위하여 개인의 가가치를 뚜렷하고 분명하게 나타내도록 돕는 과정을 의미한다. 시몬과 호우(Simon & Howe) 등은 가치발달의 7단계를 다음과 같이 설명하고 있다(김민경, 2017 : 30).

표 1-6 가치발달 과정

과정	내용	단계
과정1	존중함	1단계 : 자유롭게 선택함 2단계 : 여러 가지 방향 또는 대안들 중에서 선택함 3단계 : 선택하기 전에 일어날 결과에 대해서 심사숙고한 다음에 선택함
과정2	존중함	4단계 : 자기가 선택한 바를 자랑스럽게 여기고 존중함 5단계 : 그 선택한 바를 공개적으로 확인함
과정3	실행함	6단계 : 선택한 바를 행동으로 나타냄 7단계 : 이를 반복함으로써 생활화함

자료: 김민경(2017). 사회복지실천기술론. pp. 30.

자기개방훈련은 두 사람씩 짝이 되어 수행하며 상위의 다섯 영역 중에서 각 해당 주제를 가지고, 두 사람이 자신의 생각 및 느낌을 표현하면 되는데, 먼저 한 사람이 묻고, 상대가 대답하는 형식을 취한다. 질문을 하는 역할과 대답을 하는 역할은 서로 번갈아 가면서 진행하고 각 주제의 내용은 각자가 가지는 관심영역에 따라 서로 다른 내용으로 융통성 있게 진행한다. 이때 중요한 것은 파트너와 서로 마주보고 앉아서 상대방의 언어적 행동뿐만 아니라, 비언어적 행동을 잘 관찰하는 것인데, 자신과 상대 파트너가 과연 얼마만큼 진실한 자기개방을 하였는지를 탐색하면서, 그 수준을 평가해 보고, 자기개방수준에 영향을 준 요인에 대해 분석하는 것이 옳은 방법이다. 가치명료화 활동을 위한 자기개방훈련을 살펴보면 다음과 같다(Simon & Howe, 1993; 김민경, 2017 : 32).

(1) 자기개방수준 평가를 위한 체크리스트

❶ 주제 1 : 나의 일반적 가치 인식

- 나의 직업 목표(career goal)는 ○○○이다.
- 내가 가장 좋아하지 않는 사람의 유형은 이다.

- 나는 ○○○때, 내 자신이 능력이 있다고 느껴진다.
- 나는 정말 ○○○할 수 있기를 원한다.
- 인생에서 가장 중요한 것은 ○○○이라고 생각한다.

❷ 주제 2 : 인간 태도와 가치 인식

- 사람들이 다른 사람을 돕는 진짜 이유는 ○○○라고 생각한다.
- 이제껏 내가 (시간을 내고 에너지를 쓰면서) 기꺼이 돕기를 원한 사람은 ○○○ 특성을 가진 사람이다.
- 아동을 성폭력 한 가해자에 대한 나의 느낌은 ○○○이다.
- 알코올중독자에 대한 나의 느낌은 ○○○이다.
- 교사에게 불손하게 대드는 학생에 대한 나의 느낌은 ○○○이다.

❸ 주제 3 : 감정 인식을 통한 가치 인식

- 나는 ○○○ 때, 가장 나 자신에 대해 긍지를 느낀다.
- 나는 상대편이 나에게 어떻게(○○○) 말할 때, 기분이 언짢다.
- 나는 ○○○ 때, 당혹스럽다.
- 나는 ○○○ 때, 자존심에 상처를 받는다.
- 나는 상대가 나에게 어떤(○○○) 말을 할 때 기분이 좋다.

❹ 주제 4 : 정체감

- 질문 : 나는 누구인가?

※ 이 질문에 대한 대답은 즉흥적으로 해야 하며, 의도적인 대답이 아닌 평소에 자신이 가진 생각을 그대로 반영한 대답이 필요하다.

❺ 주제5 : 강점 및 약점

※ 자신의 강점과 약점을 적어도 5개 이상 열거하시오.

현재 한국사회복지사 윤리강령은 2001년 개정되었으며, 전문에서는 사회복지의 이념과 사회복지사의 사명을 밝히고, 이를 달성하기 위해 사회복지사가 준수해야 할 준칙을 6개의 조문으로 명시하고 있다. 한국사회복지사 윤리강령은 전문가로서의 자세, 전문성 개발을 위한 노력, 경제적 이득에 대한 태도, 클라이언트와의 관계 등의 윤리 기준이 있고 그 내용은 다음과 같다(한국사회복지사 윤리강령은 2001년 개정).

(2) 한국의 사회복지사 윤리강령

❶ 사회복지사의 기본적 윤리기준

- 전문가로서의 자세
  - 사회복지사는 전문가로서의 품위와 자질을 유지하고, 자신이 맡고 있는 업무에 대해 책임을 진다.
  - 사회복지사는 클라이언트의 종교·인종·성·연령·국적·결혼상태·성 취향·경제적 지위·정치적 신념·정신, 신체적 장애·기타 개인적 선호, 특징, 조건, 지위를 이유로 차별 대우를 하지 않는다.
  - 사회복지사는 전문가로서 성실하고 공정하게 업무를 수행하며, 이 과정에서 어떠한 부당한 압력에도 타협하지 않는다.
  - 사회복지사는 사회정의 실현과 클라이언트의 복지 증진에 헌신하며, 이를 위한 환경 조성을 국가와 사회에 요구해야 한다.
  - 사회복지사는 전문적 가치와 판단에 따라 업무를 수행함에 있어, 기관 내외로부터 부당한 간섭이나 압력을 받지 않는다.
  - 사회복지사는 자신의 이익을 위해 사회복지 전문직의 가치와 권위를 훼손해서는 안 된다.
  - 사회복지사는 한국사회복지사협회 등 전문가단체 활동에 적극 참여하여, 사회정의 실현과 사회복지사의 권익옹호를 위해 노력해야 한다.
- 전문성 개발을 위한 노력
  - 사회복지사는 클라이언트에게 최상의 서비스를 제공하기 위해 지식과 기술을 개발하는 데 최선을 다하며 이를 활용하고 전파할 책임이 있다.
  - 클라이언트를 대상으로 연구하는 사회복지사는 저들의 권리를 보장하기 위해, 자발적이고 고지된 동의를 얻어야 한다.
  - 연구과정에서 얻은 정보는 비밀보장의 원칙에서 다루어져야 하고, 이 과정에서 클라이언트는 신체적, 정신적 불편이나 위험·위해 등으로부터 보호되어야 한다.

- 사회복지사는 전문성을 개발하기 위해 노력하되, 이를 이유로 서비스의 제공을 소홀히 해서는 안 된다.
- 사회복지사는 한국사회복지사협회 등이 실시하는 제반교육에 적극 참여하여야 한다.

• 경제적 이득에 대한 태도
- 사회복지사는 클라이언트의 지불능력에 상관없이 서비스를 제공해야 하며, 이를 이유로 차별대우를 해서는 안 된다.
- 사회복지사는 필요한 경우에 제공된 서비스에 대해 공정하고 합리적으로 이용료를 책정해야 한다.
- 사회복지사는 업무와 관련하여 정당하지 않은 방법으로 경제적 이득을 취하여서는 안 된다.

❷ 사회복지사의 동료에 대한 윤리기준

• 동 료
- 사회복지사는 존중과 신뢰로서 동료를 대하며, 전문가로서의 지위와 인격을 훼손하는 언행을 하지 않는다.
- 사회복지사는 사회복지 전문직의 이익과 권익을 증진시키기 위해 동료와 협력해야 한다.
- 사회복지사는 동료의 윤리적이고 전문적인 행위를 촉진시켜야 하며, 이에 반하는 경우에는 제반 법률규정이나 윤리기준에 따라 대처해야 한다.
- 사회복지사가 전문적인 판단과 실천이 미흡하여 문제를 야기시켰을 때에는, 적절한 조치를 취하여 클라이언트의 이익을 보호해야 한다.
- 사회복지사는 전문직 내 다른 구성원이 행한 비윤리적 행위에 대해, 제반 법률규정이나 윤리기준에 따라 조치를 취해야 한다.
- 사회복지사는 동료 및 타 전문직 동료의 직무 가치와 내용을 인정·이해하며, 상호간에 민주적인 직무관계를 이루도록 노력해야 한다.

- 수퍼바이저
  - 수퍼바이저는 개인적인 이익의 추구를 위해 자신의 지위를 이용해서는 안 된다.
  - 수퍼바이저는 전문적 기준에 의해 공정하게 책임을 수행하며, 사회복지사·수련생 및 실습생에 대한 평가는 저들과 공유해야 한다.
  - 사회복지사는 수퍼바이저의 전문적 지도와 조언을 존중해야 하며, 수퍼바이저는 사회복지사의 전문적 업무수행을 도와야 한다.
  - 수퍼바이저는 사회복지사·수련생 및 실습생에 대해 인격적·성적으로 수치심을 주는 행위를 해서는 안 된다.

❸ 사회복지사의 사회에 대한 윤리기준

- 사회복지사는 인권존중과 인간평등을 위해 헌신해야 하며, 사회적 약자를 옹호하고 대변하는 일을 주도해야 한다.
- 사회복지사는 필요한 사회서비스를 개발하기 위한 사회정책의 수립·발전·입법·집행에 적극적으로 참여하고 지원해야 한다.
- 사회복지사는 사회환경을 개선하고 사회정의를 증진시키기 위한 사회정책의 수립·발전·입법·집행을 요구하고 옹호해야 한다.
- 사회복지사는 자신이 일하는 지역사회의 문제를 이해하고, 그것을 해결하는 일에 적극적으로 참여해야 한다.

❹ 사회복지사의 클라이언트에 대한 윤리기준

- 클라이언트와의 관계
  - 사회복지사는 클라이언트의 권익옹호를 최우선의 가치로 삼고 행동한다.
  - 사회복지사는 클라이언트에 대하여 인간으로서의 존엄성을 존중해야 하며, 전문적 기술과 능력을 최대한 발휘한다.
  - 사회복지사는 클라이언트가 자기결정권을 최대한 행사할 수 있도록 도와야 하며, 저들의 이익을 최대한 대변해야 한다.

- 사회복지사는 클라이언트의 사생활을 존중하고 보호하며, 직무 수행과정에서 얻은 정보에 대해 철저하게 비밀을 유지해야 한다.
- 사회복지사는 클라이언트가 받는 서비스의 범위와 내용에 대해, 정확하고 충분한 정보를 제공함으로써 알 권리를 인정하고 존중해야 한다.
- 사회복지사는 문서·사진·컴퓨터 파일 등의 형태로 된 클라이언트의 정보에 대해 비밀보장의 한계·정보를 얻어야 하는 목적 및 활용에 대해 구체적으로 알려야 하며, 정보 공개 시에는 동의를 얻어야 한다.
- 사회복지사는 개인적 이익을 위해 클라이언트와의 전문적 관계를 이용하여서는 안 된다.
- 사회복지사는 어떠한 상황에서도 클라이언트와 부적절한 성적관계를 가져서는 안 된다.
- 사회복지사는 사회복지 증진을 위한 환경조성에 클라이언트를 동반자로 인정하고 함께 일해야 한다.

• 동료의 클라이언트와의 관계
  - 사회복지사는 적법하고도 적절한 논의 없이 동료 혹은 다른 기관의 클라이언트와 전문적 관계를 맺어서는 안 된다.
  - 사회복지사는 긴급한 사정으로 인해 동료의 클라이언트를 맡게 된 경우, 자신의 의뢰인처럼 관심을 갖고 서비스를 제공한다.

⑤ 사회복지사의 기관에 대한 윤리기준

• 사회복지사는 기관의 정책과 사업 목표의 달성·서비스의 효율성과 효과성의 증진을 위해 노력함으로써, 클라이언트에게 이익이 되도록 해야 한다.

• 사회복지사는 기관의 부당한 정책이나 요구에 대하여, 전문직의 가치와 지식을 근거로 이에 대응하고 즉시 사회복지윤리위원회에 보고해야 한다.

- 사회복지사는 소속기관 활동에 적극 참여함으로써 기관의 성장발전을 위해 노력해야 한다.

⑥ 사회복지윤리위원회의 구성과 운영

- 한국사회복지사협회는 사회복지윤리위원회를 구성하여 사회복지윤리실천의 질적인 향상을 도모하여야 한다.
- 사회복지윤리위원회는 윤리강령을 위배하거나 침해하는 행위를 접수받아 공식적인 절차를 통해 대처하여야 한다.
- 사회복지사는 한국사회복사협회의 윤리적 권고와 결정을 존중하여야 한다.

CHAPTER 02 의사소통기술과 면접기술

01 의사소통기술

1) 의사소통의 중요성 및 개념

사회복지사의 의사소통능력은 일반적 관계가 아닌 전문적 관계이고 공식적 관계이므로 더욱 중요하다. 적절한 의사소통의 기술과 말씨 그리고 예의가 포함된다. 전문가에게 어울리는 적절한 기술이 필요하므로 준비가 필요하다. 효과적인 의사소통을 위한 준비사항으로는 오해나 잘못된 의사소통을 최소화하여야 하고, 클라이언트와 사회복지사 모두 자신의 생각을 효율적으로 표현하는 의지가 필요하며, 다른 사람이 하는 말을 있는 그대로 듣기 위한 의지와 다른 사람의 말을 주의 깊게 듣는 자세가 중요하다(박병금 외, 2018 : 60). 사회복지사와 클라이언트 간의 중요한 도구이며, 통로가 되는 의사소통은 자신이 전하고자 하는 어떤 정보를 상대방에게 전달하는 과정이면서 타인이 표현하는 생각과 감정을 정확히 받아들이는 것이다. 사회복지의 실천과정에서 기본적인 의사소통을 살펴보면 다음과 같다(김우호 외, 2019 : 28~29).

(1) 언어적 의사소통

❶ 훌륭한 의사소통을 위한 태도

- 문제를 최소화하려는 자세
- 효율적으로 표현하고자 하는 의지
- 자신의 방어를 줄이고자 하는 의지

- 주의 깊게 들으려 하는 의지
- 책임지고자 하는 의지
- 충분한 시간을 가지려는 의지 등이 있다.

❷ 메시지를 전달할 때 규칙

- 명확하고 단순한 말 사용하고, 분명하고 너무 빠르지 않게 함
- 당신의 몸짓에 주의
- 너무 많은 정보로 수신자를 압도하지 않음
- 질문이나 코멘트 등 피드백 요구이다.

(2) 비언어적 의사소통

- **얼굴표정** : 효과적인 의사소통 수단
- **눈맞춤** : 중요한 의사소통 수단
- **목소리의 어조** : 감정을 나타내는 수단
- **손과 팔 등의 몸동작** : 중요한 의사소통 수단
- **몸의 자세** : 정중하게 대하는 수단
- **옷차림과 외모** : 비언어적 의사소통의 중요한 수단이다.

(3) 효과적인 의사소통기술

❶ 메시지를 계획하는 기술은 다음과 같다.

- 어느 정도의 시간을 메시지 전달에 사용하겠는가?
- 메시지의 핵심적인 내용은 무엇인가?
- 어떻게 조직할 것인가?
- 언제, 어디서 관심을 잘 기울일 것인가?
- 신뢰성과 지위를 가지고 있는가?
- 더욱 효과적일 것인가?

❷ 자신을 소개하는 기술에는 사회복지사 자신이 누구인지, 역할이 무엇인가를 간단하게 소개한다.

❸ 의사소통의 목적을 설명하는 기술에서는 메시지를 적절한 맥락에서 파악한다.

- 비언어적 의사소통을 따라가는 기술은 메시지를 혼란스러워 하거나 곤란한 표정일 때 하는 기술이다.
- 메시지를 수신 확인하는 기술에는 정확하게 반복해서 질문을 사용해야 한다.
- 자신의 메시지 수신을 확인하는 기술에서는 반복해서 질문을 사용해야 한다.
- 질문에 응답하는 기술에서는 질문의 내용을 정확하게 듣는 것이 중요하다.
- 단어의 의미를 확인하는 기술에서는 같은 의미로 생각하고 있는가를 확인한다.

사회복지의 실천과정에서 표현적 의사소통을 살펴보면 다음과 같다(김우호 외, 2019 : 30).

❶ **역할 및 기대의 명료화** : 자신의 관점에서 역할을 명료하게 설명하며, 기대감을 분명하게 함으로써 염려를 줄일 수 있도록 도와준다.

❷ **초점화** : 어떤 부분을 강조하거나 집중시킬 때 사용한다.

❸ **부분화** : 문제를 여러 개의 작은 부분으로 나누어 초점화한다.

❹ **정보공유** : 현재 상황과 관련이 있는 정보를 적절하게 제공한다.

❺ **직면** : 클라이언트의 자기 인식을 증진시키고 변화를 촉진하는 기술, 말과 행동 사이에 불일치하거나 모순일 때 지적한다.

2) 의사소통의 기술

의사소통의 몇 가지 경우와 기술을 소개하면 다음과 같다(박병금 외, 2018 : 61~63).

(1) 자신을 밝히는 기술

자신을 밝히는 기술은 의미 있는 의사소통의 중요한 첫 단계이다. 사회복지사에 관한 정보와 역할이나 책임이 무엇인지 묘사할 필요가 있다. 예를 들어, "지난번에 만났지만 제 소개부터 다시 할게요. 나는 ○○○입니다. 나는 ○○ 가족서비스센터의 사회복지사입니다. 저의 클라이언트가 당신에게 이런 것을 알아봐 달라고 부탁해서요."

(2) 의사소통의 목적을 설명하는 기술

의사소통의 목적을 설명하는 기술은 전달자가 메시지의 이유를 언급하는 것으로 이를 통해 수신자가 메시지를 적절한 맥락 안에서 파악할 수 있다. 예를 들어, "아시다시피 우리 기관에서 ○○을 위탁가정에 보냈습니다. 저는 당신이 언제 ○○○을 법원에서 증언하게 하려는지 알고 싶습니다. 학교에 결석을 사전 통보해야 하고, ○○○을 법원까지 데리고 올 교통편을 계획하기 위해 이 정보가 중요합니다."

(3) 방어적 의사소통에 대응하기

사회복지사는 클라이언트가 방어적 또는 자기 보호적이 되려는 욕구를 줄일 수 있도록 하기 위해 숙련되어야 한다. 클라이언트의 방어성을 증가시키는 행동으로는 지나치게 서두르는 것, 퉁명스럽게 대하는 것, 클라이언트의 감정에 민감하지 못한 것, 심판적인 언급을 하는 것, 설명 없이 전문용어나 기관의 규정을 적용하는 것, 클라이언트에게 낙인적인 명칭을 붙이거나 함부로 특정 범주에 포함시키는 것, 허락 없이 성인 클라이언트의 성을 생략하고 이름만 부르는 것, 권위적인 태도를 보이는 것, 대기기간이 길어지는 것 등이 있다(Sheator et al., 1997).

그러므로 회복지사는 의사소통에서 언어적 요소뿐만 아니라 비언어적 표현에도 세심한 주의를 기울여야 한다. 클라이언트의 언어적, 비언어적 표현과 신호를 잘 알아채야 할 것이지만, 동시에 자신의 의사소통의 표현도 잘 인식하고 있어야 한다. 클라이언트는 일반적으로 더 민감하고 쉽게 받아들이고 인식하게 된다. 언어적 의사소통과 비언어적 의사소통이 일치하지 않으면, 상대방에게 혼란을 주거나 불신의 요소가 되기 쉽고, 효과적인 의사소통은 신뢰감 있는 면접의 가장 기본이 되는 것이며, 특히 공식적인 관계에서는 매우 중요한 요소가 될 것이다.

3) 의사소통의 기본적 참여자세

신체적 표현은 비언어적으로 의사를 전달한다. 여기서는 다양한 대화참여자세로 여러 가지 다른 메시지를 전달할 수 있음을 익힌다(서혜석 외, 2019 : 54~55).

❶ SOLER : 대화에 진지하게 참여하는 기본자세는 간략히 SOLER로 요약할 수 있다.

- **ㄱ자로 앉기** : 어깨가 상대방의 어깨와 90도로 L－위치에서 마주 보고 앉는다.
- **열린 자세** : ○자세로 웅크리고 있는 것이 아니라 어깨를 편 자세로 다른 사람에게 당신이 방어적이 아니고 열려 있다는 것을 말해 준다.
- **앞으로 약간 기대기** : L자세로 상대방 쪽으로 자세를 약간 기울이는 것은 그 사람 말을 관심을 가지고 듣고 있으며, 함께하고 있다는 것을 강조하는 메시지를 전달한다.
- **시선 마주치기** : E자세로 응시하는 것이 아니고 부드럽게 시선을 마주치는 것은 상대방에게 관심이 있다는 것을 말해 준다.
- **편안한 자세** : R자세로 긴장이 풀린 상태로 상대방을 대하는 것은 상대방 또한 긴장을 풀도록 도와준다.

❷ **따뜻한 대화 분위기** : 따뜻한 대화 분위기는 원활한 의사소통의 중요 요소이다.

- 부드러운 말투
- 미소 짓기
- 반기는 몸짓
- 상대가 편안해하는 적절한 거리 유지

다음은 피드백 진술문의 예이다(서혜석 외, 2019 : 54~55).

- 너무 빠른 속도로 이야기하며 말을 듣고 있는 사람으로서 긴장감을 느꼈습니다.
- 이야기를 하는 내내 왼쪽 다리를 흔들었습니다.
- 대화를 나누는 동안 손을 무릎에 포갠 채 거의 움직임이 없었습니다.
- 대화 도중 여러 번 손등을 입에 넣어 보는 사람의 주의를 산만하게 했습니다.
- 아주 민감한 사항에 대해 이야기를 할 때 당신의 목소리는 매우 작았고, 점점 약해졌으며 말도 좀 더듬거렸습니다.
- 당신 자신에 대해 이야기를 할 때는 시선을 별로 맞추지 않았지만, 상대방의 이야기를 듣고 있을 때엔 진지하게 시선을 맞추었습니다.
- 상대방이 부끄러운 자신의 이야기를 할 때 당신은 뒤로 기대었으며 의자도 약간 뒤로 몰려 앉았습니다. 그건 마치 상대방에게 여유를 주는 것 같았습니다.

02 면접기술

면접이란 두 사람 이상이 특정한 목적을 달성하기 위해 함께 이야기를 나누는 것으로 언어적·비언어적 의사소통의 다양한 방식을 사용한다(이태희 외, 2019 : 56~57).

1) 면접의 구성요소

(1) 장소

면접은 공식적 장소에서 행해지기도 하지만 개인의 사생활을 보장하고, 안락하며, 조용하고 타인에 의해 방해를 받지 않는 곳에서 행해지기도 한다. 면접 시에는 채광, 조명, 적정 온도, 면접의 목적에 맞는 공간과 가구, 비밀이 보장되는 안전하고 독립적인 공간, 외부로부터 방해받지 않는 분위기 등이 필요하다.

(2) 면접자의 태도

옷차림과 행동은 기관의 조직문화나 클라이언트의 기대를 고려해야 하고, 클라이언트에 대한 관심과 염려 등을 표현할 수 있어야 하며, 면접 중 불필요한 행동을 통해 오해나 불쾌감이 발생하지 않도록 신중해야 한다. 또한 면접 시 눈을 감거나, 팔짱을 끼는 행위, 전화통화를 길게 하는 행위, 다른 곳을 주시하는 행위, 신체적 접촉의 정도 등에 있어서 신중해야 한다. 사회복지사에게 개인적인 질문을 하는 경우의 대처 시 주의사항을 살펴보면 다음과 같다.

❶ 일상적 질문은 간략히 직접적으로 대답하고 초점을 클라이언트에게로 옮긴다.
❷ 사회복지사의 자질을 묻는 질문의 경우 솔직하게 갖고 말한다.
❸ 사회복지사의 인간적 자질을 우려하는 질문의 경우 거짓으로 응대하지 말고 솔직하게 그 한계를 인식시킨다.
❹ 전문적 관계가 진행되는 동안 사적 관계에 대한 관리가 필요하다. 따라서 전화번호나 주소 등을 공개하지 않도록 명시적 규칙을 만들고 규칙을 알려주도록 한다.

2) 면접의 유형

자스트로(Zastrow, 2010)는 면접의 유형을 다음의 세 가지로 분류하고 있다 (도광조, 2018 : 81).

(1) 정보수집 또는 사회력 조사면접

정보수집 면접은 클라이언트의 개인적 혹은 사회적 문제에 대한 배경이나 생활력에 대한 자료를 얻기 위한 것으로, 클라이언트의 모든 것을 알고자 하는 목적보다는 제공할 서비스와 관련해 클라이언트를 더 잘 이해하기 위한 목적으로 객관적 사실과 주관적 감정이나 태도에 대한 정보를 얻는다. 클라이언트뿐 아니라 관계된 사람들이나 기관들도 면접대상이 된다.

(2) 사정면접

사정면접 또는 의사결정면접은 정보수집면접보다 좀 더 초점을 갖고 시행되는 면접으로, 주로 서비스에 대한 구체적인 결정을 내리기 위한 질문을 하게 된다. 예를 들어, 아동학대가 실제로 발행했는지를 판단하기 위해 조사하거나 보조금이나 서비스에 대한 수혜자격을 결정하기 위한 질문을 하게 된다. 또는 어떤 서비스가 더 적절할 것인지를 결정하기 위한 면접을 한다.

(3) 개입면접

개입면접은 클라이언트가 변화할 수 있도록 돕는, 클라이언트가 더 잘 기능하도록 주변 환경을 변화시키기 위한 면접이다. 예를 들어, 우울증 또는 자살충동을 느끼는 클라이언트가 자신의 문제를 더 잘 관리할 수 있도록 상담하게 되는 경우이다.

3) 비언어적 행동의 의미들

비언어적 행동의 의미들을 파악할 수 있는 내용을 살펴보면 다음과 같다(Hill, 주은선 역, 2012; 도광조, 2018 : 118).

(1) 시선을 맞추지 못하는 것

시선을 맞추지 못하는 것은 수줍음과 두려움, 진실성이나 흥미 결여 등을 의미할 수 있다. 눈을 마주하지 않고 아래로 늘어뜨리는 경우는 자신감이 없음을 의미한다.

(2) 실눈을 뜨는 것

대화 도중 눈에 손을 대거나 손으로 눈을 가리는 것, 눈을 오래 감고 있는 것은 부정적인 생각이나 감정의 표시이다.

(3) 다리를 꼬거나 팔장을 끼는 것

다리를 꼬거나 팔장을 끼는 등 신체의 엄격한 긴장은 방어적 태도를 나타낸다.

(4) 주먹을 쥐고 있거나 손발을 까딱이거나 다리를 떠는 것

주먹을 쥐고 있거나 손발을 까딱이거나 다리를 떠는 등의 안절부절 못하는 것은 불안을 나타내는 것이다.

(5) 손톱 물어뜯기 손을 비비는 경우

손톱을 물어뜯거나 손을 비비는 경우는 불안과 초조함을 나타낸다.

(6) 손은 머리 뒤로 하고 의자에 기대어 앉는 것

손은 머리 뒤로 하고 의자에 기대어 앉는 것은 자신감과 우월함을 나타낸다.

(7) 크고 힘 있는 어조

크고 힘 있는 어조는 공격성, 통제 그리고 힘을 나타낸다.

(8) 말하는 스타일

말하는 스타일은 정신건강상의 문제를 의미하기도 한다.

(9) 입술을 안으로 말아 감추거나, 혀로 핥거나, 깨무는 것

입술을 안으로 말아 감추거나, 혀로 핥거나, 깨물거나 하는 경우는 긴장, 초조함, 상대방 말에 동의하지 않음, 의문이 생김을 의미한다.

(10) 의자 끄트머리에 앉는 것

의자 끄트머리에 앉는 행동은 불안, 두려움을 나타낸다.

4) 면접구조의 과정

면접과정은 일반적으로 도입, 중기, 종결과정으로 나뉘어지며, 과정별로 구분하여 살펴보면 다음과 같다(이윤로, 2007; 이광재, 2019 : 187~188).

(1) 도입과정

면접의 도입단계는 인사를 나누고 친분을 맺으면서 면접과정을 개시하며, 상호간에 받아들일 수 있는 면접 목적을 결정하는 단계이다. 접촉 초기에는 긴장감이나 불안감을 느끼지 않도록 하는 사교적 의사소통이 도움이 된다. 면접의 초기 단계는 면접 기간 동안 관여할 클라이언트에게 목적을 명확하게 하고, 사회복지사는 그들의 욕구나 문제에 대해 표현하도록 격려하며, 관심과 공감을 보여 줌으로써 신뢰 관계를 형성한다.

(2) 중간과정

중간 단계에서 사회복지사는 면접과정에서 다음의 사항을 수행하는 데 세심한 균형을 기울여야 한다.

❶ 면담을 일방적으로 이끌어 나가는 데만 치중하지 말고 클라이언트가 자신의 이야기를 하도록 한다.
❷ 정보의 도출뿐만 아니라 감정의 반영에도 신경을 쓴다.
❸ 사회복지사에 의한 행동계획의 형성에만 신경쓰지 말고 사회복지사가 스스로 자신의 행동 대안을 개발하도록 유도한다.

(3) 종결과정

면접의 최종 과정은 종결이며, 이 종결을 위한 준비는 면접의 초기 단계부터 가시화된 것이다. 사회복지사는 면접에 할당한 제한 시간을 면접 초기에 클라이언트에게 명확히 알려 주었기 때문에 종결에 대해 공동의 인식이 있다. 따라서 목적이 달성되고 시간이 마감되었을 때 사회복지사는 종결하기 위해 준비해야 한다. 내용에 있어서 뿐만 아니라 감정의 수준에서도 종결의 준비가 되어 있어서 면접이 종결될 때 클라이언트의 마음이 정서적으로 편안해야 한다.

5) 면접기술

사회복지사는 클라이언트와의 면접을 효과적으로 실천하기 위해 관찰, 경청, 질문하기, 말하기, 요약과 해설 등의 기술을 활용할 수 있어야 한다(최은희 외, 2017; 이종복 외, 2015; 이광재, 2019 : 189~195).

(1) 관찰

관찰은 사회복지실천과정에서 가장 기본적이며 지속적으로 사용되는 기술 중 하나로, 사회복지사는 클라이언트의 눈맞춤, 옷차림과 외양 등으로 관찰하면서 정보를 수집하도록 한다.

(2) 경청

설진화(2013)는 적극적 경청을 위한 유의사항으로 충분히 오랫동안 적극적으로 경청해야 하고, 적극적 경청 이후 해결책을 제시해야 하며, 적극적 경청이 동의를 하는 것은 아니라고 주장하였다. 또한 사회복지사가 잘못 이해할 수도 있으므로 주의해야 하고, 사회복지사 자신의 비언어적 의사표현에 주의할 것등을 제시하고 있다(설진화, 2013 : 50).

(3) 질문

질문은 클라이언트로부터 필요한 정보를 얻기 위해 가장 많이 사용하는 면접기술로 사회복지사와 클라이언트 간 상호작용을 촉진하고 문제해결에 대한 정보를 효과적으로 얻을 수 있다. 질문유형의 예를 살펴보면 다음과 같다(이태희 외, 2019 : 60).

❶ 개방형 질문 : “그것에 대해서 어떻게 생각하세요?”
❷ 폐쇄형 질문 : “식사는 하셨나요?”

❸ **폭탄형 질문** : "그것에 대해서 당신은 어떻게 생각하세요? 또한 그런 생각이 들면 당신은 어떤 행동을 하나요?

❹ **유도형 질문** : 당신은 노는 것이 즐겁죠? 그렇죠?

❺ **"왜" 질문** : 당신은 왜 그것을 선택했나요?

기타 면접기술의 예를 들면 다음과 같다(이태희 외, 2019 : 64~66).

❶ **명료화** : 그렇게 하는 것이란 구체적으로 무엇을 말하는 것이죠?

❷ **직면** : 금연을 해야 한다고 말하면서도 계속해서 담배 사는 것을 보니 금연에 대한 솔직한 당신의 심정이 궁금해지네요.

❸ **요약하기** : 지금까지 당신이 한 이야기를 정리해 보니 ~~같군요. 내가 제대로 이해하고 있나요?

❹ **반영하기** : 그렇게 말하는 것을 보니 정말 그게 하고 싶다는 것이군요.

❺ **공감하기** : 이야기를 들어보니 그 상황에서 당신이 왜 화가 났는지 이해가 되면서 저도 화가 나는군요.

❻ **지지하기** : 그런 어려운 상황 속에서도 잘 감당한 것을 보니 참으로 성실하고 열심히 살았다는 것을 알겠네요.

PART 02

사회복지실천모델

03 CHAPTER 사회복지실천모델(1)

01 정신역동모델

정신역동모델은 인간행동의 원인을 마음 깊은 곳에서 일어나는 서로 다른 다양한 힘의 역동적인 상호작용으로 보며, 자유연상과 꿈의 해석 등을 통해 무의식 세계를 밝히고자 하는 프로이트와 그의 동료들의 정신분석 연구를 기반에 두고 있다. 이 모델은 인간행동의 동기가 되는 정신을 다양한 힘이 상호작용하는 에너지 체계로 보았으며, 정신이 행동을 자극하는 방식 그리고 정신과 행동이 인간의 사회환경으로부터 영향을 받는 방식을 강조하고 있어서 정신역동모델이라고 한다(박병금 외, 2016 : 114).

1) 기본개념

(1) 인간의 정신세계

프로이트는 정신분석학의 이론을 정립시키는 과정에서 지형학적인 모형을 가지고 성격의 구조를 설명하려고 하였는데, 인간의 정신을 의식(consciousness), 전의식(preconsciousness), 무의식(unconsciousness)의 세 가지 의식수준으로 구분할 수 있는 일종의 지도로 제시하며 가시화하였는데, 이것이 지형학적 모델이다(박병금 외, 2016 : 115~116).

❶ 의식

의식은 지각의 가장 앞부분을 차지하고 있으며 한 개인의 감각, 지각, 경험, 기억 등의 모든 것을 의미한다. 의식은 깨어 있는 동안 작용하여 우리가 자신에게 주의를 기울이는 바로 그 순간에 알아차릴 수 있는 경험과 감각을 의미한다.

❷ 전의식

전의식은 의식과 무의식 사이에 존재하는 정신세계로, 주의를 집중하고 노력하면 의식이 될 수 있는 정신세계로 전의식은 깨어 있고 활동하는 현재는 의식하지 못하고 있지만 조금만 회상하려고 노력하면 의식수준으로 가져올 수 있는 기억이나 지각, 생각을 의미한다.

❸ 무의식

무의식은 의식 밖에 존재하는 정신세계로 억압된 관념이나 감정, 충동 등이 잠재되어 있는 곳으로, 우리가 지각하지 못하는 경험과 기억으로 구성된 부분이다. 무의식은 욕구나 본능이 깊게 자리하고 있는 영역으로 인식할 수 없고, 직접적으로 확인할 수도 없는 접근 불가능한 영역이다. 무의식의 부분은 쉽게 바뀌지 않으며, 더 많은 부분의 정신 내용이 대부분 무의식에 해당되고 인간 행동의 동기가 된다.

(2) 성격구조 : Id(원초아), Ego(자아), Super ego(초자아)

❶ Id(원초아)

원초아는 성격의 가장 원시적인 체계로 무의식적이며, 동물적이며 조직되지 않은 것으로써 본능과 충동의 원천으로써 정신에너지의 저장고이다. 또한 긴장을 감소시키려는 쾌락의 원리를 따르므로 자신을 괴롭히는 모든 억압을 싫어하고 무시한다. 따라서 모든 행동은 충동적으로 행동하고 다른 사람에 대한 영향은 전혀 고려하지 않는다.

❷ Ego(자아)

자아는 외적세계의 직접적인 영향에 의해 수정된 본능의 일부이다. 성격의 조직적이고 합리적이며 현실지향적 체계로서, 성격의 집행자이며 경영자이다. 자아는 본능과 초자아 사이의 갈등을 조정하고 본능을 통제하는데 사용되게 된다. 즉, 자아는 원초아와 초자아를 동시에 부분적으로 만족시키려는 현실의 원리에 의해서 작용한다.

❸ Super ego(초자아)

초자아는 양심과 자아 이상으로 이루어진 정신구조의 최고 단계로 도덕이나 가치에 위배되는 원초아의 충돌들을 견제한다. 성격발달의 기제인 동일시 과정이 초자아를 형성해서 에너지를 공급하는 작용을 한다. 즉, 부모나 양육자의 말이나 행동 등에 담겨져 있는 가치, 신념, 행동 등을 내면화하는 과정에서 형성되는 것이다(김윤재 외, 2017 : 70~71).

(3) 심리성적 발달단계

프로이트는 성적 에너지인 리비도(libido)가 집중된 부위에 따라 단계를 나누었기 때문이며, 만약 특정발달단계에서 갈등을 완전히 해결하지 못하면 그 단계에 고착(固着, fixation)하게 된다. 프로이트는 성격구조를 구강기(oral stage), 항문기(anal stage), 남근기(phallic stage), 잠복기(latency stage), 생식기(genital stage)의 5단계로 구분했는데, 각 단계별 특징을 살펴보면 다음과 같다(박병금 외, 2016 : 117~120).

❶ 구강기(oral stage)

- 출생에서 약 18개월까지
- 젖먹이 시기로 구강에 의한 쾌감의 획득기
- 이 단계의 수유경험은 후기 발달에 중요한 역할을 함
- 이 시기에 고착되면 손가락 빨기, 손톱 깨물기, 과음 등의 행동이 나타날 수 있음

❷ 항문기(anal stage)

- 18개월에서 약 3세까지
- 리비도의 방향이 항문으로 이동하는 단계
- 배변 훈련을 통하여 만족을 증대시키는 방법을 배움
- 이 시기에 부모의 거칠거나 강압적인 배변 훈련에 의해서 항문보유적

성격이 될 수도 있음
- 이 시기에 고착되면 결벽증이나 인색함 등이 나타날 수 있음

❸ 남근기(phallic stage)
- 약 3~6세까지
- 자신의 성기를 만지고 자극하는 데서 쾌감을 느끼는 시기
- 남아는 오이디푸스 콤플레스(Oedipal complex), 여아는 남근선망(penis envy)을 경험
- 아동은 부모와의 동일시 및 적절한 역할습득을 통해 양심과 자아이상을 발달시키며 이 과정에서 초자아가 성립

❹ 잠복기(latency stage)
- 약 6~12세까지
- 성적인 관심은 약해지고, 지적 탐색이 활발하게 이루어지는 시기
- 리비도의 대상은 동성친구로 향함
- 심리성적 에너지가 학업과 동성의 또래와의 놀이와 같은 사회적으로 용인될 수 있는 활동에 돌려지는 조용한 시기

❺ 생식기(genital stage)
- 청소년기
- 이성에 대한 관심과 인식이 증가하며 성적 그리고 공격적 충동이 다시 나타나는 시기
- 이 시기에 2차 성징이 나타남

2) 주요개념

방어기제는 프로이트와 안나 프로이트에 의해 체계화되었고 그 내용은 다음과 같다(김윤재 외, 2011 : 74~76; 장수미 외, 2018 : 49~54).

(1) 방어기제

❶ 억압

억압은 불안에 대한 일차적인 방어기제이며 가장 흔하게 쓰는 방어로써 억압을 통해서 위협적인 충동, 감정, 소원, 환상, 기억 등이 의식되는 것을 막아준다. 억압이 성공적일 때 사회적, 도덕적으로 순응하고 잘 적응된 생활을 영위하게 된다. 예를 들면, 성학대를 받은 아동이 성학대 경험을 억압하고 여러 해가 지난 후에도 그러한 경험을 기억하지 않으려고 하는 경우이다. 또한 며느리가 자신을 괴롭히는 시어머니에 대한 분노를 느끼지 못하는 것이나 초등학생 시절 당했던 성폭행 사건을 기억하지 못하는 것을 들 수 있다. 심인성 기억상실증도 일종의 억압이다.

❷ 투사

사람들은 본능적이고 무의식적인 원초아의 욕구를 가지고 있지만, 현실적·도덕적으로 그 욕구를 다 충족시킬 수는 없다. 그렇게 되면 사람들에게는 현실불안, 도덕적 불안이 발생하게 되는데, 그런 불안을 해소하기 위해 자신에게서 발생한 문제를 남의 탓이나 환경의 탓으로 돌리면서 자신을 방어하려고 한다. 예를 들면, 이성에게 성희롱이나 성폭행을 일삼는 사람이 무의식적으로 상대방 때문에 자신이 유혹 당했다고 굳게 믿으면서 자신이 범법자이기보다는 희생자라고 생각하는 경우이다.

❸ 퇴행

불안을 회피하는 한 방법으로써 퇴행은 실패가능성이 있거나 불안한 상황 또는 좌절의 시기에 초기의 발달단계, 즉 어린 시절의 수준으로 후퇴하는 기제이다. 예를 들면, 부모의 사랑을 독차지하던 아이가 동생이 태어나 사랑을 빼앗기게 되면 부모의 주의를 더 많이 끌기 위해 그리고 부모가 자신을 소홀히 여길까 봐 두려워 그 대처방법으로 속옷에 오줌을 싸거나 손가락을 빠는 것과 같은 유아적인 행동을 보이는 경우이다.

❹ 반동형성

반동형성은 겉으로 나타나는 태도나 언행이 그 사람의 억압된, 용납될 수 없는 충동의 정반대인 경우의 심리기제를 말한다. 예를 들면, 아동에게 성적 매력을 느낀 사람이 그에 대한 '반동형성'으로 아동 성학대의 위험에 대해 강박적이 되거나 끊임없이 예방 프로그램 캠페인을 벌이는 경우이다. 또는 다른 사람에 대한 분노가 가득하여 그 사람을 때리고 싶은 바람이 있지만, 이런 자신의 감정을 부정하고 비폭력주의 철학을 엄격히 지지하며 모기조차 죽이는 것을 허용하지 않는 사람의 경우이다.

❺ 부정과 합리화

부정은 현실에서 일어났던 위협적이거나 외상적인 사건을 받아들이지 않고 거절하는 것으로, 의식화하기에는 불쾌한 생각이나 욕구, 충동, 현실 등을 무의식적으로 부정함으로써 불안으로부터 자신을 방어하는 것을 의미한다. 합리화는 어떤 일을 하고 나서 죄책감 또는 자책감에서 벗어나기 위해 그럴듯한 이유를 들어 자신의 입장을 정당화하려는 것이다. 예를 들면, 학대 부모가 '아이를 가르치기 위해서는 체벌을 해야 한다'는 신념에 기초해 신체적 학대를 정당화하는 것을 들 수 있다. '부정'을 방어기제로 사용하는 학대 부모의 이런 생각은 옳다고 할 수 없지만 그들의 입장에서 보면 반드시 거짓이라고 할 수 없다. 왜냐하면 부정과 합리화 유형이 습관적이기 때문에 의식적이고 의도적으로 거짓을 만들려고 한 것은 아니기 때문이다.

❻ 취소

죄책감을 느끼는 일을 하고 나서 안 한 것처럼 원상복귀라도 하듯이 또는 죄의식을 완화라도 하듯이 상징적인 행동이나 생각이 사용된다. 예를 들면, 미워하는 동생을 때리고는 뽀뽀하는 것, 외도 후 아내에게 고가의 선물을 하는 것이다.

❼ 승화

본능적 욕구나 참기 어려운 충동 에너지를 사회적으로 용납할 수 있는 형태로 바꾸어 사용하는 가장 건전하고 건설적인 방어기제이다. 승화는 다른 방어기제와는 달리 원초아를 반대하지 않으며 자아의 억압이 없고 충동에너지를 그대로 유용하게 전용하는 것이 특징이다. 예를 들면, 사회적으로 용인되는 방식으로 욕구나 충동 표현하기, 누군가 흠씬 패주고 싶은 욕구를 승화시켜 격투기 선수가 되는 것, 사람을 칼로 찌르고 싶은 욕구를 승화시켜 외과 의사나 주방장이나 정육점 주인이 되는 것, 사람을 향해 총을 쏘고 싶은 욕구를 승화시켜서 군인이 되는 것이다. 또한 범죄 피해자의 가족이 동일한 종류의 범죄 피해자 가족을 위하여 기부금을 내거나 적극적인 사회활동으로 헌신하는 경우가 있다.

⑧ 분리

자기와 남들의 이미지, 자기와 남들에 대한 태도가 '전적으로 좋은 것'과 '전적으로 나쁜 것'이라는 두 개의 상반된 것으로 분리되는 것이다. 경계선 장애 환자가 많이 쓴다. 예를 들면, "의사는 최고인데 간호사는 최악이야"라고 하는 것이다.

⑨ 신체화

심리적인 갈등이 신체를 통해 병이나 증상 등의 형태로 전환되어 나타난다. 예를 들면, 스트레스 상황에 머리가 아픈 것, 과민성대장증후군 등이 있다.

⑩ 이타주의(altruism)

자신의 욕구를 자제하고 타인의 욕구에 관심 갖기가 있다. 예를 들어, 불편하고 힘든 감정이나 생각이 자신을 장악하려고 할 때마다 봉사활동을 하는 것이다. 예를 들면, 타인을 도우면서 자아의 불안을 연소시키는 방법은 자신과 타인 모두에게 좋은 일이다.

⑪ 유머(humor)

난처하고 불편한 상황을 웃음으로 넘기기. 유머는 농담(joke)과는 다르다. 단순한 재미와 즐거움이 목적인 농담은 그 대상이 주로 타인이지만, 유머는 자신의 불편한 감정과 상황을 이겨내기 위한 것이다. 유머로 유명한 민족은 유대인이다. 이들의 역사는 고난과 역경의 연속이었다고 해도 과언이 아닐

정도인데, 이런 고통 속에서도 살아남을 수 있었던 것은 바로 유머 때문이었다고 한다. 예를 들면, 유대인들은 2차 세계대전의 홀로코스트를 경험하면서도 유머를 즐겼는데, 프랭클(Victor Frankl)은 자신의 저서 『죽음의 수용소에서(Man's Search for Meaning)』를 통해 죽음을 앞둔 유대인들을 붙잡아 주었던 것은 유머라고 했다.

⑫ 전치(displacement) 혹은 치환(substitution)

문제의 초점을 바꾸거나 대상 바꾸기. 에너지가 집중되어 있는 하나의 생각을 수용하기 쉬운 생각으로 바꾸는 것이다. 전이 역시 전치의 일종이라고 볼 수 있다. 예를 들어, 마음에 들지 않는 부하 직원이 작성한 기안문서에서 오탈자를 집중적으로 찾거나 넥타이를 비롯한 옷매무새를 지적한다. "종로에서 뺨맞고 한강에서 눈 흘긴다"라는 속담이 전치의 예로 자주 인용된다.

⑬ 감정 분리(emotional isolation)

자신의 경험에서 감정과 생각을 분리시키는 것이다. 예를 들면, 어린 시절에 부모에게 상처받았던 일을 누군가에게 이야기할 때 아무런 감정 없이 말하는 것이다. 마치 그런 일쯤은 이제 초월했거나 익숙하다는 듯이 말이다. 하지만 실은 감당할 수 없는 감정을 분리시켜 놓았을 뿐이다. 이지화도 감정분리의 효과가 있다.

⑭ 정서적 격리

바람직하지만 성과가 없을 것 같은 정서적 낭비를 억제하기 위해 사용하는 행동전략으로, 개인이 상실이나 이전의 고통과 실망을 되새기지 않고 자신을 보호하기 위해 방패를 만드는 것이다. 오랜 기간 동안 좌절을 겪은 사람이 기대와 노력을 포기하고 재빨리 그들의 상실과 고통에서 벗어나려고 하는 것으로 설명할 수 있다. 예를 들면, 위탁가정을 자주 옮겨 다닌 아동은 분리의 고통과 상실에 대한 방어로 정서적 격리의 사용을 학습한다. '정서적 격리'의 방어기제를 사용하는 아동은 이런 패턴을 성인이 될 때까지 지속하는데, 그때는 결혼한 배우자나 자신의 자녀를 정서적으로 격리시켜 애착을 발달시키지 못할 수도 있다.

⑮ 주지화

주지화는 정서적 고통으로 인해 자신의 자아에 거리를 두거나 감정을 피하는 수단으로 추상을 사용하는 것이다. 예를 들면, 자신이 원하는 많은 직업에서 구직 실패를 한 사람이 실망감을 회피하기 위해 이론적 설명과 상투적 용어로 경제체계와 고용 조건을 종종 비관하는 경우이다.

⑯ 전치

전체가 부분에 의해 표현되거나 부분이 전체로 표현되는 경우 또는 어떤 생각이나 감정이 표현해도 덜 위험한 대상에게 옮겨지는 것을 전치라고 한다. 적대감이나 다루기 힘든 정서와 폭력과 같은 공격적 행동을 덜 위협적이고 힘이 없는 사람이나 사물에게 이동시키는 것으로 설명할 수 있다. 예를 들면, 상사에게 화가 난 사람이 그러한 감정 때문에 개를 때리는 경우이다.

⑰ 동일시

동일시는 주로 부모와 형, 윗사람, 주위의 주요 인물의 태도와 행동을 닮은 것으로, 불안을 없애기 위해서 오히려 불안의 원인이 되는 그 사람과 똑같이 되려는 것을 말한다. 동일시와 유사한 방어기제로는 합리화, 함입, 내면화, 금지 대상과의 동일시, 병적 동일시, 감정이입, 동정 등이 있다. 예를 들면, 폭력적인 부모를 가진 아동이 학교에서 친구들에게 폭력적인 태도를 보이는 경우이다.

(2) 전이

전이는 과거의 인물에게 느꼈던 감정을 현재의 사람들에게 옮기는 현상이다. 정신분석에서 전이는 가장 중요한 고비이며, 사회복지사는 클라이언트에게 객관적이며 중립적인 자세로 임하면서 전이를 유도해야 한다. 클라이언트의 전이감정이 해소되면 클라이언트의 과거에도 영향을 주어 정서적 갈등까지 해결하는 계기가 될 수 있다.

(3) 저항

저항은 치료의 진전을 방해하고 사회복지사에게 상반되는 태도를 보이는 클라이언트의 무의식적 행동을 말한다. 저항이 나타나는 이유는 클라이언트 자신에게 일어나는 갈등과 불안으로부터 자아를 보호하기 위해서이다. 과거의 경험과 억압된 기억이나 감정을 떠올릴 때 클라이언트는 괴로움을 겪게 됨에도 불구하고 문제를 해결하기를 원하지만, 한편으로는 고통을 회피하고 치료를 거부하고 싶은 양가감정을 경험하여 저항이 발생하는 것이다. 저항은 클라이언트의 관계에서 발생하는 전이로 인해 문제해결이나 치료에 저항하는 전이적 저항과 방어기제가 저항의 형태로 재발하는 것이 원인이 되는 방어적 저항이 있다(Rosenthal, 1987, 서혜석 외, 2019 : 115).

3) 개입과정

(1) 모델의 적용

❶ 개입대상

정신역동모델로 접근할 대상은 규칙적으로 짜인 일련의 상담기간에 적극적으로 참여하고자 하고, 그렇게 할 능력이 있으며, 동기가 있고, 언어능력을 갖춘 클라이언트이다. 지적 능력이 제한되어 있거나 약물 의존적이거나 당장 해결이 필요한 사회적·경제적 문제로 인해 지나친 부담을 가진 클라이언트에게는 유용성이 떨어진다(장수미 외, 2018 : 45~46).

❷ 개입목표

정신역동모델의 개입목표는 클라이언트가 과거의 경험에서 갖게 된 불안한 감정이나 무의식적 갈등을 의식하여 그것들이 현재 자신의 행동에 영향을 주고 있는지를 통찰하도록 돕는 것이다(장수미 외, 2018 : 46).

(2) 개입과정

정신역동모델의 개입과정은 시작단계, 중간단계, 종결단계로 구분할 수 있다(김윤재 외, 2011 : 76~78).

❶ 시작단계

시작단계란 사회복지사가 클라이언트와 치료계약을 맺고 전이관계를 형성할 때까지를 말하는데, 시작단계 이전에 사회복지사는 클라이언트가 정신역동치료에 적합한 사람인지를 먼저 평가해야 한다. 그러기 위해서는 클라이언트에게 다음의 다섯 가지 능력이 있어야 한다. 첫째, 치료동맹을 맺을 수 있는 능력이 있어야 한다. 둘째, 치료 작업을 위한 충분한 시간과 경제 능력이 있어야 한다. 셋째, 치료적인 퇴행을 견딜 수 있는 능력과 퇴행으로 인한 불안을 극복할 능력이 있어야 한다. 넷째, 전이신경증을 형성할 수 있는 사람이어야 한다. 다섯째, 환상과 현실을 구별할 능력이 있어야 한다. 이러한 평가를 통해 클라이언트가 치료에 적절한 능력을 가졌다고 판단되면 사회복지사는 클라이언트와 치료를 시작하는 치료동맹을 맺게 된다.

❷ 중간단계

중간단계는 어떤 특정한 인물이나 일련의 체험 또는 갈등상황이 똑같은 형태의 자료로 오랜 시일을 두고 반복되는 가운데 서서히 이에 대한 환자의 감정적 반응이 변화되는 과정이다. 이러한 종류의 재구성 과정은 오랜 기간이 걸린다. 때문에 장기간 억압된 고통, 죄의식, 분노, 수치심, 비탄, 슬픔은 자아에 통합되기 위해 여러 번 표현되어야 한다. 이때 통찰력과 이해를 새로운 행동으로 옮기는 단계가 있는데, 이는 클라이언트가 덜 분노하고, 덜 두려워하고, 덜 상처를 입는다는 것을 느낌에 따라 기꺼이 새로운 행동을 하려고 하는 것이며, 클라이언트는 보다 자율적이 되고, 더 많은 대안을 알게 되며, 감정은 보다 생생하고 의식적으로 더 많은 경험을 하게 된다. 또한 클라이언트는 긴장, 양가감정, 모호성을 가지고 생활해 나갈 수 있다.

❸ 종결단계

정신역동모델은 클라이언트의 문제를 개인의 내적 정신세계에서 찾고, 클라이언트가 어려움을 해결하는 능력이 크게 흔들리고 있기 때문이라고 본다. 따라서 클라이언트의 특정 문제나 증상이 제거되면 과정을 종결시키게 되는데, 클라이언트가 그동안 고통받아왔던 감정과 행동양상에 대해 잘 이해하게 되고, 이용 가능한 더 많은 정서적 에너지를 가지고 새로운 시각을 형성할 수 있을 때 종결하게 된다. 이처럼 정신역동모델을 사용한 사회복지실천적 개입은 클라이언트의 무의식을 탐색하여 무의식적인 충동으로부터 의식적인 의지로 개인의 동기가 변화되도록 돕는 과정이다. 따라서 잘못된 심리성적발달로 인해 생겨난 성격적 갈등을 제거하고 훈습하여 자아의 능력을 강화시키는 성격재구성 과정은 매우 광범위하며 장기적인 시간이 요구되기도 한다.

4) 주요기법

프로이트의 정신분석의 주요기법에는 해석, 자유연상, 꿈의 분석이 있고, 그 내용은 다음과 같다(서혜석 외, 2019 : 44~46).

(1) 해석

내담자의 행동의 의미를 설명하고 가르치기도 하는 것으로, 행동에 대한 단순한 설명이 아닌 자아가 더 깊은 무의식의 자료를 탐색할 수 있도록 돕는 기능이다. 클라이언트가 자신에 대한 통찰을 갖도록 클라이어언트의 사고, 감정, 환상의 정신역동적 의미를 해석한다.

(2) 자유연상

내담자가 일상생활의 상념과 선입견을 제거하고 감정과 생각을 억압하지 않도록 하며, 마음에 떠오른 것이면 무엇이든 말하도록 하는 기법이다.

(3) 꿈의 분석

사회복지사는 자유연상을 통해 내담자의 꿈에 나타난 내적인 상징을 분석하여 무의식의 잠재적 의미를 해석한다.

(4) 저항의 분석과 해석

저항은 치료적 발전을 저해하고 내담자의 무의식적 욕구의 표출을 방해하는 것인데, 사회복지사는 이러한 저항을 지적, 해석함으로써 내담자의 이에 대한 통찰을 돕는다.

(5) 전이의 분석과 해석

전이는 내담자가 사회복지사에게 반응하는 것으로 과거 중요한 타인과의 미결사항의 부분을 사회복지사가 마치 과거의 주요 인물인 듯 사회복지사에게 투사하는 것이다.

(6) 경청과 감정이입

경청은 내담자의 언어적·비언어적 표현에 귀를 기울이는 것으로 의사소통의 숨겨진 의미를 이해하는 것이고, 감정이입은 내담자의 체험을 함께 느끼는 것이다.

(7) 버텨주기와 간직하기

버텨주기는 내담자의 경험 혹은 막연한 불안과 두려움을 사회복지사가 잘 알고 있다는 것을 전해주면서 클라이언트에게 큰 힘으로 의지가 되어주는 것을 말한다. 또한 간직하기는 내담자가 두려워하는 충동과 경험을 간직하여 완화시켜 주는 기법을 말한다.

(8) 직면

클라이언트에게 나타나는 저항이나 부적응적인 행동, 특정 현상에 주의를 기울이도록 하고, 이제까지 회피해 왔던 일에 대해 앞으로는 이해하는 문제로 인지하도록 도와준다.

(9) 명료화

클라이언트가 직면한 심리적 현상에 대해 예리하게 초점을 맞추거나 현상의 원인이 되는 중요한 과거력을 파헤쳐 나간다.

(10) 훈습

클라이언트가 인지한 저항이나 전이에 대해 반복, 심화, 확장함으로써 통합적으로 이해하도록 한다.

5) 정신분석이론의 평가

이 이론은 과거 성장기에 부모와의 문제나 부모의 결혼생활 문제, 기타 문제로 상처를 받았거나 보이지 않는 충성심에 얽매여서 벗어나지 못하는 가족들에게 효과가 있다고 밝혀졌다(엄명용 외, 2005; 김윤재 외, 2011 : 81~82). 심리 내적 상황에 대해 관심을 집중시켜 무의식의 존재에 관심을 가지게 하였다. 가족관계의 심리·성적인 측면을 중요시하고 특히 유아기 아동에 대한 영향을 강조하여 사회복지에 큰 영향을 주었다. 가족 내의 상호 인간관계에 대한 주의를 환기시킴으로써 특히 유아기의 가족경험이 개인행동의 중요한 결정요인이 됨을 인식시키고 있다. 사회복지사의 자기인식과 클라이언트와의 관계의 중요성을 인식하도록 하였다.

그러나 이 이론은 사회복지실천에 있어 단기간에 궁극적인 해답을 원하는 클라이언트에게는 권장하기 어렵다. 또한 접근비용이 비싸고 시간경계가 분명하지 않으며, 비자발적이고 공격적인 성향의 클라이언트에게는 지시 저항감과 반감을 일으킬 수 있다.

02 해결중심모델

해결중심실천모델에서는 문제나 문제의 원인보다는 해결중심의 입장을 지지하기 때문에 문제가 어떻게 발생했느냐 하는 원인에 대해서 거의 관심을 갖지 않는다. 이 모델은 임파워먼트의 개념을 많이 내포하고 있으면서 강점에 초점을 두는 관점이다. 또한 클라이언트의 자기결정권을 존중하며 클라이언트의 잠재적 향상과 독특성을 인정한다. 이는 이전의 병리적 모델을 탈피하는 것이다.

1) 기본개념

(1) 주요원칙

해결중심모델의 기본원리는 다음과 같은 구체적인 가정과 철학을 기초로 하여 만들어졌다(장수미 외, 2018 : 84~85).

❶ 클라이언트의 성공했던 경험에 일차적 초점을 둔다.

장점과 자원, 능력이 클라이언트의 결함이나 장애에 비하여 부각된다. 이는 상담자가 아닌 클라이언트에게 문제해결의 답이 있다는 것을 의미한다.

❷ 문제의 원인과 진행과정보다는 해결 방안의 구축과정에 초점을 둔다.

이미 클라이언트는 문제해결을 위해 필요한 것을 알고 있으며, 상담자는 클라이언트는 문제해결을 위해 필요한 것을 알고 있으며, 상담자는 클라이언트가 이미 가지고 있는 지식과 기술, 믿음, 동기, 개인적 특성, 강점, 사회적 지지망, 환경 등을 사용하여 해결 구축을 돕는다. 또한 문제 관련 정보수집에 오랜 시간이 걸리지 않아 개입 기간을 줄일 수 있는 이점이 있다.

❸ 탈이론적, 비규범적이며 클라이언트의 견해를 존중한다.

상담자는 클라이언트의 독특한 개성과 욕구에 충실해야 하며, 철저히 클라이언트 중심에서 해결책을 구축한다. 따라서 상담자와 클라이언트 사이에서 생길 수 있는 저항이 없다.

❹ 변화는 클라이언트의 삶의 일부이기 때문에 항상 일어나며, 그 변화는 막을 수가 없다.

어떠한 문제라도 발생하지 않을 때가 있다. 문제가 발생하지 않는 예외 상황에 대한 이유를 파악함으로써 클라이언트가 가진 장점을 파악한다.

❺ 변화는 연쇄적이다.

작은 변화는 큰 변화를 가져오고 해결을 위한 출발이 된다. 작은 변화는 큰 변화를 위한 출발이 되므로 상담자는 가장 단순하고 작은 것부터 시작한다.

❻ 과거보다는 현재와 미래를 강조한다.

클라이언트의 과거와 문제에 관여하는 관심이 적고 미래와 해결 방안 구축에 관심을 집중한다.

❼ 클라이언트에게 무엇을 하라고 지시하기보다는 질문을 한다.

질문은 의사소통 방법이며 개입수단이다. 상담자와 클라이언트가 함께 해결방안을 발견하고 구축하는 과정에서 목표 성취를 위해 클라이언트의 자율적인 협력을 중요시한다.

❽ 의미와 경험은 상호작용 속에서 만들어진다.

메시지가 전달하는 의미는 우리가 받는 반응인 것이고, 우리가 받는 반응은 메시지의 의미이다.

❾ 클라이언트는 자신의 문제와 해결을 위한 전문가이다.

클라이언트가 자신이 어떤 변화를 원하는지 답을 가지고 있으므로 치료 목적은 클라이언트가 원하는 것이어야 한다.

❿ 상담자는 무지의 자세를 취한다.

'현실'에 대해 클라이언트가 가지고 있는 신념과 의미들에 대해서 상담자가 알지 못함을 강조한다.

⓫ 해결책이 반드시 문제와 직접 관련되어 있지는 않다.

(2) 주요개념

해결중심모델의 기본 개념은 다음과 같다(김용환, 2016; 김우호 외, 2019 : 108~109).

❶ 병리적인 것 대신에 정신건강에 대한 강조

클라이언트의 성공적 경험에 초점을 두며 치료에 활용되어 결함이나 장애는 가능한 다루지 않는다. 무엇이 잘못되었는지보다는 무엇이 잘되었고 그것을 어떻게 활용하는가에 관심을 갖는다.

❷ 클라이언트의 강점, 자원, 건강한 특성을 발견하여 치료에 활용

클라이언트가 바라는 결과를 성취하기 위해 그가 이미 갖고 있는 자원, 지식, 믿음, 행동, 증상, 사회관계망, 환경, 개인적 특성 등을 활용한다.

❸ 탈이론적·비규범적 클라이언트 견해 존중

클라이언트가 경험하는 문제에 대한 어떤 가정도 하지 않는다. 대신에 클라이언트가 호소하는 독특한 불평에 기초하여 개별화된 해결책을 발견하고자 한다. 따라서 클라이언트의 견해는 액면 그대로 수용되어 진정한 클라이언트 중심의 치료 접근이 가능하다.

❹ 단순하고 솔직한 의미 추구

치료 목적을 달성하기 위해 지표방법의 경제성을 추구한다. 복잡한 문제라고 해서 반드시 방법이 복잡할 것이라는 가정은 잘못된 것이다. 작은 변화가 또 다른 변화를 가져오며 더 나아가서 큰 변화를 가져올 수 있다. 치료는 파급효과를 가져온다고 믿기 때문에 치료 개입은 가장 단순한 것에서부터 시작한다.

❺ 변화는 항상 일어나며 불가피한 것임

인간의 삶속에서 변화는 끊임없이 일어나고 있기 때문에 치료는 종종 자연스럽게 일어나는 변화를 단지 확인하고 그 변화를 해결책으로 활용하는 작업이 된다. 치료자의 역할은 긍정적인 변화가 일어나도록 돕고 이를 해결책의 구축을 이어지게 하는 것이다.

❻ 현재와 미래지향

해결중심치료는 과거를 깊이 연구하기보다는 클라이언트로 하여금 현재와 미래의 상황에 적응하도록 돕는 데 일차적인 관심을 갖는다. 치료 면담과정은 클라이언트로 하여금 과거의 문제로부터 멀어지게 하고 미래와 해결책을 지향하도록 한다.

❼ 치료와 클라이언트의 협력 관계

클라이언트가 자신의 문제에 관하여 가장 많이 안다는 것과 클라이언트의 변화 욕구를 인정하고 중요시하므로 클라이언트에게 좀 더 나은 해결 방안과 최선의 것을 탐색하고 선택할 수 있도록 협력하기 위해서 시종일관 의식적으로 노력한다.

(3) 주요가정

❶ 해결중심모델의 인간관

해결중심모델에서는 인간을 긍정적으로 바라본다. 인간은 자신의 문제를 충분히 인식하고, 해결해 나갈 수 있는 힘과 능력을 가진 존재이다. 따라서 클라이언트는 이미 문제해결을 위한 자원을 가지고 있고, 문제를 해결할 수 있는 능력을 소유하고 있다는 것을 전제한다. 클라이언트는 삶에서 무엇이 자신에게 유용한지 그렇지 않은지를 구분할 수 있는 능력을 가지고 있으며, 자신이 무엇을 원하고 삶에서 어떤 변화가 일어나기를 바라는지 가장 잘 알고 있는 전문가인 것이다. 따라서 클라이언트는 진정으로 변화하고 협조하기를 원한다고 보고 있다.

❷ 해결중심모델의 7가지 기본원리

해결중심모델의 7가지 기본원리는 다음과 같다(Berg · Miller, 가족치료연구모임 역, 1995; 도광조, 2018 : 199~200).

- 정신건강에 대한 강조이다.
- 활용의 원리이다.
- 탈이론적 · 탈규범적 클라이언트의 견해를 존중한다.
- 간략화, 인색 · 절감의 원리이다.
- 변화는 불가피하다는 것이다.
- 현재와 미래에 대한 지향원리이다.
- 클라이언트의 협력을 중요시한다는 것이다.

❸ 해결중심모델의 중심철학

- 망가지지 않았으면 고치지 마라. 클라이언트가 이미 가지고 있는 것이 잘 기능하고 있다면 사회복지사가 문제라고 생각할지라도 그것에 대하여 다루지 않는다. 클라이언트가 문제 삼지 않는다면, 사회복지

사가 먼저 고치려 하지 마라.

- 일단 무엇이 효과가 있는지를 안다면 그것을 더 많이 하라.
- 그것이 효과가 없다면 다시는 같은 방법을 사용하지 말고, 다른 방법을 시도하라. 클라이언트가 사용하고 있는 방법이 문제를 지속시킨다면 다른 방법을 모색해야 한다.

(4) 이론적 배경

이론적 배경은 사회구성주의(social constructivism)이다. 사회적 구성주의는 각 개인들이 상호작용한 결과를 가지고, 현실을 구성한다는 것으로 사회라는 집단에 속한 사람들과의 상호작용에 기반하여 현실 내지는 실체를 구성해 나간다는 것이다. 사회구성주의에 의하면 현실은 사회적 환경과 관련되어 있으며, 모든 사람에게 똑같이 적용될 수 있는 실천의 본질적 요소는 없는 것이다(김경호,2010; 도광조, 2018 : 202~203). 따라서 사회구성주의 이론을 바탕으로 하는 해결중심모델에서는 현실에 대한 클라이언트의 인식과 정의의 전환, 해결책 구축과정에서 클라이언트의 능력을 믿고 존중하며, 그들이 자신의 삶에서 원하는 바를 보다 많이 창조할 수 있도록 그들과 어떻게 대화를 이끌어 갈 것인가가 중요하다는 점을 강조한다(도광조, 2018 : 203).

2) 개입과정

보다 만족한 생활을 하기 위해서 현재 하고 있는 것과는 다른 것을 생각하도록 하면서 현재 가족의 현안을 해결코자 한다. 특히 변화하고자 하는 개입 구성요소로 첫째, 45분 내지 50분 간의 면접을 진행한다. 하지만 한 회기는 보통 60분인데 치료가 시작된지 약 45분이 지나면 상담치료자는 상담실을 나와 치료팀과 의논하는 시간을 가진다. 둘째, 5분 내지 10분 간 팀과 의논하고 치료에 대한 검토를 한 후 다시 돌아와 점검한다. 셋째, 내담자들에게 메시지를 전달하기 위하여 내용을 구성하되 주기별로 확인과정과 연결과정 그리고 과제주기과정을 구별하여 작성한다.

또한 해결중심적 가족치료는 가족과 상담치료자와의 관계유형 파악 그리고 해결지향적 질문하기와 해결중심적 개입의 과정을 거치면서 치료를 진행한다. 해결중심상담의 중요한 특징 중의 하나가 해결중심 가족치료자의 인간관이며, 일방경 뒤에 있는 팀과 상담 중간에 의논한다는 것이다. 팀 접근은 일방경 뒤에 있는 자문역할을 하는 팀과 상담자 사이에 연결된 인터폰을 이용하여 치료 도중에 상담치료자와 의사소통을 함으로써 치료에 동참하게 된다. 이때 상담치료자는 상담초기 내담자 가족에게 상담의 방향과 팀에 대해 소개하고, 일방경 사용과 녹화 등에 대하여 사전 승인을 받고도 팀의 조언을 받게 됨을 알려준다. 그러나 만약 팀이 없이 혼자 일하는 경우에도 휴지시간을 가질 것을 권장한다(김윤재 외, 2011 : 86~90).

(1) 면접

면접은 상호관계성을 나타내는 기본적인 인간관계 유형이다. 상담치료자는 내담자와 치료적 관계를 수립하면서 내담자와의 관계형성이 있어야 하며, 친밀관계 속에서 내담자의 동기수준을 파악하는 것이 매우 중요하다. 그리고 여러 질문을 통해 내담자가 바라는 해결방안과 목표가 무엇인가를 조사하고, 예외적 행동이 일어날 수 있는 경우가 있는지를 조사해본다. 이러한 예외적 상황이 의도적 노력에 의한 것인지 아니면 우연히 발생한 것인지도 가족사정도구를 통하여 조사한다. 또 예외적 상황과 문제상황 사이에 어떤 연관이 있으며 어떤 차이가 있는지를 조사한다. 내담자가 문제행동에 대한 예외적 상황을 발견하지 못하는 경우도 있을 수 있다. 기적에 관한 질문은 문제가 해결된 상황을 상상해 봄으로써 해결하기 원하는 것을 구체화하고 명료화하기 위한 질문기법이다.

이 질문은 문제와 분리하여 해결을 상상하게 하여 문제에 대한 집착으로부터 벗어나게 한다. 이러한 경험은 내담자에게 희망과 변화에 대한 가능성을 갖게 하고, 치료목표를 설정하는 데 도움이 된다. 각 단계마다 목표설정 여부와 예외적 상황에 따라서 내담자의 과제수행 의지 정도를 조사하고, 이에 따라 내담자를 구분하여 각각의 다른 과제를 계획하여야 한다.

(2) 팀과 의논

팀 접근 면접이란 일방경을 통하여 자문역할을 하는 치료팀이 치료의 전 과정에 함께 참여하도록 하는 것이다. 팀 접근법을 통해 상담자는 더욱 객관적으로 내담자의 문제를 다양한 관점에서 고찰할 수 있다. 즉, 해결에 다양한 관점을 제공해줄 수 있다는 생각에 근거하고 있다. 면접진행을 검토 분석하는데 있어서 매우 유용하며, 과제를 주는 데 있어서도 더욱 효과적인 방법과 새로운 관점을 찾아 종합할 수 있는 점이다. 또한 잠시 동안 팀이 의논할 때 내담자도 치료자와 팀의 피드백에 대한 기대감 및 호기심으로 치료자의 다음 메시지에 주의를 집중하게 되어 면접의 효과를 높이는 결과가 된다.

팀 없이 혼자 상담하는 경우에도 상담치료자는 정리를 위하여 상담치료자와 내담자와의 관계형성을 검토하기 위해 노력해야 하며, 내담자가 수용할 칭찬을 생각하고 연구하면서 내담자에게 알맞은 과제를 주기 위하여 휴식시간을 가짐으로써 스스로 치료 중간에 자문을 구하는 형태를 취한다.

(3) 메시지 주기

해결중심적 가족치료에서는 가족에게 전달하는 메시지를 매우 중요하게 다룬다. 이 메시지는 가족에게 칭찬과 인정, 이해, 공감, 지지, 동의 등을 하는 과정을 거치는데, 확인과정, 부과되는 과제가 필요한 이유를 설명하는 연결과정, 과제주기의 순서로 전달한다. 따라서 메시지는 확인과정과 연결과정, 과제주기과정을 포함한다.

❶ 확인과정은 칭찬과 인정으로 되어 있다.

칭찬하기는 내담자가 현재 하고 있는 일과 과거의 일 또는 여러 가지 좋은 생각과 열린 의사소통 등 자신과 다른 사람에게 도움이 되는 내용을 칭찬한다. 또 효과적이거나 바람직한 것이면 그 내용이 어떤 것이든 칭찬을 하여도 무방하다. 인정하기는 내담자의 상황과 감정 그리고 생각에 대해 이해와 공감을 표명하고 함께 생각을 나누는 동의 그리고 지지를 한다. 이러한 확인과정은 두 가지 효과를 기대한다. 즉, 내담자로 하여금 그들 자신에 대한 관점을 바꾸게 하여 부정적인 관점이 긍정적인 관점으로 변화되게 한다. 이렇게 하여 문제해결에 대한 자신감과 자기 확신을 높이게 한다. 또 하나는 내담자로 하여금 상담치료자의 말에 잘 협조하도록 한다. 상담치료자에게 인정받고 칭찬을 받게 되면 내담자는 쉽게 상담치료자의 의견에 동의하게 되어 제시하는 과제를 더 쉽게 받아들일 수 있게 된다.

❷ 어려움을 겪고 있는 문제를 일반화시키기와 교육시킨다.

이러한 과정은 가족에게 제시되는 과제에 대한 이해를 돕기 위함으로, 이때 과제를 주는 이유를 분명히 하면서 내담자의 장점과 자원에 대한 확인과정을 바탕으로 설명하는 것이다. 이 과정으로 실천의 가능성이 높아진다.

❸ 가족과의 관계유형을 고려하면서 과제 형태를 선정하여야 한다.

과제주기는 과제수행에 대한 의지와 현실적 능력 등을 참고하면서 치료자와 내담자의 관계성 유형에 따라 다른 과제를 주어야 한다. 방문형이라고 생각되는 가족에게는 칭찬만 하고 과제를 주지 않는다.

(4) 메시지의 7가지의 기본원칙

불평형의 가족에게는 무언가를 생각하고 관찰하라는 과제가 필요하다. 메시지의 7가지의 기본원칙을 살펴보면 다음과 같다.

❶ 내담자의 말에 동의하고 인정한다. 내담자의 말은 정직하며 진실하게 받아들인다.

❷ 내담자의 목표에 전적으로 동의하며 긍정적인 방법으로 목표를 설정한다.

❸ 내담자가 사용하는 단어와 똑같은 말을 사용함으로써 내담자에게 합류한다.

❹ 내담자가 목표를 실천하기 위하여 노력하고 애씀에 대하여 격려하고 칭찬한다.

❺ 내담자의 절박한 욕구를 우선순위로 다루며 목표성취는 쉽지 아니하고 어렵다는 것을 인식시킨다.

❻ 과제를 주는 이유와 논리적 근거를 설명하고 가족관계를 고려하여 과제를 선택한다.

❼ 상담자가 메시지를 전달할 때는 권위를 가지고 신중하게 말하고 치료적 윤리와 철학을 적용한다.

3) 모델의 적용

(1) 개입목표

해결중심모델의 개입목표는 다음과 같다(김우호 외, 2019 : 115~117).

❶ 클라이언트에게 중요한 것을 목표로 하기

목표의 성취는 직접 관찰이 가능한 것이어야 한다. 치료목표가 클라이언트에게 중요할 때 목표를 성취하기 위해 더 노력하게 된다. 클라이언트에게 중요한 것과 치료에서 성취하기를 원하는 것을 분명히 하는 것은 치료자에게 목표설정을 명확히 하는 데 도움이 된다.

❷ 작은 것을 목표로 하기

자존감이 낮기 때문에 성공했던 경험을 가지고 하는 것이 중요하며, 클라이언트가 성취할 수 있어야 한다. 작은 목표를 구체적으로 설명하면 목표가 성취된 것을 확인하기가 용이하다. 목표를 성취하는 것은 클라이언트에게 성공하고 있다는 감정을 주고 희망을 가지게 하며, 변화하고자 하는 동기를 증가시킨다.

❸ 구체적이고 명확하며, 행동적인 것을 목표로 하기

목표를 명확하게 설정했을 때 클라이언트와 치료자가 진행하고 있는 것을 쉽게 평가할 수 있다. 애매모호한 목표설정의 문제는 치료과정이 이루어졌는지를 파악하기가 불가능해진다. 분명하게 설정된 목표는 클라이언트가 목표를 성취하기 위하여 좀 더 필요한 것을 파악하는 데 도움이 된다.

❹ 없는 것보다는 있는 것에 관심을 두기

클라이언트는 문제가 제거되거나 해방되기를 원한다. 목표는 클라이언트가 하지 말아야 하는 것 대신에 해야 하는 것에 관하여 긍정적이고 보호적으로 설정되어야 한다.

❺ 목표를 중시하기보다는 시작으로 간주하기

목표는 클라이언트가 성취하고자 하는 처음의 작은 시작단계를 설명하여야 한다. 클라이언트는 처음 치료를 받으러 올 때 자신이 성취하고자 희망하는 최종의 결과를 목표로 이야기한다. 치료자는 클라이언트의 목표를 수용하면서 원하는 결과를 성취하기 위하여 처음 단계에서 필요한 것을 명확하고 구체적으로 설명해야 한다.

❻ 클라이언트 생활에서 현실적이고 성취 가능한 것을 목표로 하기

치료자가 클라이언트의 생활환경에서 어떠한 것이 현실적이고 비현실적인지 혹은 성취가 가능한지 아닌지에 대해 목표를 설정하는 것은 어렵지만, 대부분의 클라이언트 자신이 가장 중요한 자원이 된다.

❼ 목표수행은 힘든 일이라고 인식시키기

목표수행은 "힘든 일"이라고 인식시켜야 한다. 변화를 위해 노력하는 것은 힘든 일이라는 것을 생각하게 한다. 클라이언트가 변화하는 것이 힘들다는 것을 아는 것은 매우 중요한 기능을 한다.

(2) 개입기술

❶ 주요기법

De Shazer는 치료과정에서 언어의 사용과 클라이언트가 부여하는 의미에 관심을 두고 언어게임의 개념을 기초로 해결중심 과정을 설명한다. 언어게임은 언어적인 실행이며 규칙이나 관습적인 것의 영향을 받는다. 또한 매우 다양한 측면을 가지고 있으며, 모든 언어는 현실을 만들어 내는 게임을 하는데 사용된다고 본다. 언어게임은 날마다의 생활과 관련이 있으며, 세상에 존재하는 많고 다양한 방법으로 상호작용하는 모든 것을 포함한다. 언어게임의 특징은 다음과 같다(장수미 외, 2018 : 87).

- 질문 자체가 개입방법이다.
- 질문은 잠재적인 해석, 능력, 자원 등을 발견하게 한다.

- 질문은 새로운 가능성을 만들어 낼 수 있다.
- 질문은 주제, 내용, 의미 등 대화의 초점을 바꿀 수 있다.

위와 같이 언어게임의 특징을 활용한 활동의 예는 협력언어 사용하기, 알고자 하는 자세 취하기, 질문기법, 과제주기 등이 있다.

❷ 해결중심모델의 주요 실천기법

또한 해결중심모델의 주요 실천기법은 다음과 같다(김우호 외, 2019 : 109~112).

- **보고식 질문**

  보고식 질문은 문제가 무엇인가를 밝히기 위한 질문이며, 치료자로 하여금 클라이언트의 현재 상황에 관한 이해를 돕도록 하는 질문이다. 질문의 초점은 과거와 현재에 있다.

- **개별적 질문**

  개별적 질문은 클라이언트 개인의 현재와 과거에 대한 생각을 질문하는 것이다.

  예를 들면, "언제부터 문제라고 생각했습니까?"

  "왜 오늘 상담을 받아야겠다고 결심했습니까?

- **체계적 질문**

  체계적 질문은 클라이언트와 관계된 다른 사람은 문제에 대하여 어떻게 생각하는가를 알아보기 위해 질문하는 것이다. 이러한 질문을 통하여 불평의 패턴과 반복되는 행동에 관한 이해를 할 수 있다.

  "아버지가 ○○이를 때리면 어머니는 어떻게 하십니까?"

  "남편이 이 자리에 있으면 남편은 무엇이 문제라고 하겠습니까?

- **구조적 질문**

  구조적 질문은 해결에 초점을 둔 질문이고 목표와 해결에 초점을 둔 미래지향적인 질문이며, 클라이언트로 하여금 긍정적인 변화에 대한 기대감을 갖게 한다.

  – 구조적 질문에 있어서 개별적인 질문

    "상황이 좋아지면, 더 좋아진 것을 어떻게 알 수 있겠습니까?"

"남편에게 더 이상 화를 안 낸다면 무엇이 달라질까요?"

- 구조적 질문에 있어서 체계적인 질문

  "당신이 ○○을 덜 한다면, 누가 제일 좋아할까요?"

  "싸움을 줄이려면, 어떻게 하여야 된다고 당신의 아이들은 생각합니까?"

- 예외질문

  예외란 클라이언트가 일시적으로나마 문제를 나타내지 않고 있는 시기를 가리키는 용어로, 클라이언트의 성공적인 문제해결 기술을 토대로 삼게 하기 위해 예외에 초점을 맞춘다(금기윤 외, 2013).

  "문제가 발생하지 않을 때가 언제입니까?"

  "문제가 발생하는 상황과 발생하지 않는 상황의 차이점은 무엇입니까?"

- 척도질문

  예외를 확인하고 긍정적인 마음가짐을 형성하기 위해 척도질문을 사용한다. 클라이언트가 어떻게 그들의 문제를 해결하고 싶은지, 문제가 얼마나 나쁜지, 지난 회기 때보다 얼마나 더 좋아졌는지 등에 대해 1에서 10까지의 척도질문을 한다. 척도질문은 문제의 심각성을 사정하는데 사용될 수 있으며, 치료에서 얼마나 개선되었는지에 대한 평가는 치료 전반에 걸쳐 계속되어야 한다.

- 기적질문

  문제 자체를 제거시키거나 감소시키지 않고 문제와 떨어져서 해결책을 상상하게 하는 것이다(금기윤 외, 2013). 클라이언트가 목표와 가능한 해결책을 찾을 수 있도록 돕기 위해 기적질문을 사용한다.

  "밤에 잠자는 동안 기적이 일어나 지금 염려하는 문제가 다 해결되었다고 상상합시다."

  "당신에게 변화가 일어난 것을 다른 가족들은 무엇을 보고 알 수 있을까요?"

- 적응적인 질문

  적응적 질문은 클라이언트가 아무런 예외적인 상황을 발견할 수 없다고 하며, 부정적인 말만 계속하는 경우에 사용하는 질문이다.
예를 들면, "문제가 심각한 것 같은데 어떻게 상황이 더 나빠지지 않았습니까?"
"상황이 더 심각해지는 것을 막기 위해 무엇을 하셨나요?"

- 대처질문

대처질문은 클라이언트가 힘든 상황에서 어떻게 대처해왔는지를 물음으로써, 클라이언트가 약간의 성공을 느끼고 자신의 능력을 확인하여 계속해야 하는 해결방법을 구축할 수 있게 한다(금기윤 외, 2013; 김우환 외, 2019 : 112).

예를 들면, "저는 놀랐습니다. 이런 상황에서 당신이 어떻게 견뎌왔는지 놀랄 뿐입니다. 어떻게 하고 계십니까? 매 순간을 어떻게 견디고 계십니까?"

- 관계성 질문

다른 사람의 입장에서 객관적으로 보는 시각을 갖게 한다. 이것은 클라이언트에게 일어나는 어떤 변화라도 다른 사람과의 관계에 영향을 미쳐 클라이언트가 원하는 방향으로 변하게 할 수 있다는 인식에서 출발한다(김우호 외, 2019 : 112).

"아버님께서 아드님에게 더 이상 화를 내며 야단치지 않는다면 아드님은 그 대신 아버님이 어떻게 행동하시는 것을 보게 될까요?"

4) 해결중심실천모델의 평가

해결중심치료모델은 인간을 병리적으로 보지 않고 강점관점에서 바라보며, 문제보다 해결을 지향하는 단기치료라는 점에서 다른 치료모델보다 경제적이며, 치료 효과 또한 높다고 할 수 있다. 개입과정에서 전문가가 아니라 클라이언트 중심의 관계 및 협조를 활용하고 클라이언트가 무엇을 할 수 없는가 보다 무엇을 할 수 있는가에 초점을 맞춰서 강점을 파악한다. 해결중심모델은 다른 모델에 비해 철학적 접근 방법이 잘 구조화되어 있다기보다는 여러 기법의 배합 혹은 절충주의적 접근법처럼 보이기도 한다. 이론 활용 시

비용 효과성에 대해서 비현실적인 기대를 갖고 있으며, 이 이론을 적용하는 데 많은 시간과 노력이 필요하다. 또한 클라이언트가 추후 상담과 종결을 결정하기 때문에 사회복지사의 업무 일정을 계획하고 실행하는 데 어려움을 경험할 수 있다.

이 모델의 철학과 원리를 이해하고 숙달하지 못한 채 질문기법을 사용하는 것은 클라이언트에 대한 수용과 존중, 문제해결에 궁극적으로 도움이 될 수 없으므로 해결중심모델을 사회복지실천현장에서 사용하려면 많은 훈련과 실습이 필요하다고 볼 수 있다(김우호 외, 2019 : 118~119).

한편, 해결중심적 실천모델은 병리적인 것에 초점을 두는 모델과는 다른 용어를 사용하므로 다른 전문가와 협력하는 것이 쉽지 않다. 클라이언트가 추후 상담과 종결을 결정하기 때문에 사회복지사의 업무일정을 계획하고 실행하는 데 어려움을 경험할 수 있다. 또한 이 이론을 활용하면 단시간에 더 효과적인 문제해결을 가져올 것이라고 기대하지만, 실제로 이 이론을 적용하는 데는 많은 시간과 노력이 필요하다. 그리고 이 이론에서는 클라이언트가 추후 상담과 종결을 결정하기 때문에 클라이언트에 따라 상담하러 오는 시간 간격이 다르므로, 사회복지사의 업무일정을 계획하고 실행하는 데 어려움을 경험할 수 있다(Peller & Walter, 1998).

03 인지행동모델[엘리스(Ellis)의 합리정서행동주의치료]

미국에서 1950년대와 1960년대 행동주의이론이 크게 발달했고, 행동주의는 인간의 신념, 동기, 의지, 사고, 감정과 같은 내면적 요소를 설명해 주지 못함으로써 인간행동 이해의 한계에 대한 비판이 제기되었다. 따라서 행동주의이론은 1970년대 인지심리학이 발전하면서 인지의 중요성에 대한 이론적 기초를 제공받아, 관찰 가능한 행동뿐 아니라 개인의 경험과 사고를 포함하는 인지행동이론으로 발전하게 되었다. 이러한 인지행동이론 중 가장 먼저 출현하고 가장 널리 알려진 것이 엘리스(Ellis)의 합리적 정서치료(Emotive Behavior Therapy :

REBT)이다. 주요개념은 '합리적 사고'와 '비합리적 사고'이다. 즉, 사람들이 정서적 문제를 겪는 이유는 일상생활에서 겪는 구체적인 사건들 때문이 아니라 그 사건을 합리적이지 못한 방식으로 지각하고 받아들이기 때문이다(도광조, 2018 : 168).

1) 기본개념

(1) 주요 특성

인지행동모델은 다음과 같은 특성을 갖는다(도광조, 2018 : 169~171).

❶ '환경속의 인간' 관점지향

인지행동모델에서 인간은 심리적 특성에 의해서만 좌우되는 것도, 전적으로 환경에 의해서만 행동하는 것도 아니며, 개인의 행동은 외적 환경의 자극과 개인의 인지적 과정이 상호작용한 결과 형성되는 것이다(양옥경 외, 2009; 도광조, 2018 : 169).

❷ 클라이언트의 자각을 강조

인지행동모델에 기반한 사회복지실천에서는 인지와 정서, 행동의 상호작용에 대한 클라이언트의 이해를 돕고, 교육을 통해 왜곡된 상황해석 방식을 변화시키거나 기능적인 차원으로 해석하는 방식을 배울 수 있도록 하고, 관찰학습을 통해 새로운 기능적인 행동을 학습하고, 행동주의적 강화를 통해 행동변화를 유지시켜 인지의 변화와 행동의 변화를 도모한다(도광조, 2018 : 170).

❸ 지금-여기에 초점

인지행동모델은 '지금-여기'에 초점을 두어 클라이언트들이 호소해 오는 실생활의 문제들을 개념화한다(정순돌 외, 2011; 도광조, 2018 : 170).

❹ 구조화되고 체계적인 개입과정

인지행동모델은 구조화된 접근과 체계적인 개입과정으로 인해 클라이언트와 사회복지사 모두에게 쉽게 받아들여지는 모델이며, 사례에 대한 적용 가능성이 높기 때문에 인지행동모델에서 제공하는 실천기술은 사회복지실천기술 가운데 가장 많이 활용되고 있다(도광조, 2018 : 170).

❺ 사회복지사-클라이언트의 협력적 관계 중시

인지행동모델은 개입에 있어 구조화되고 체계적인 절차를 가짐으로써 사회복지실천에서 아주 중요한 사회복지사-클라이언트의 라포관계를 경시하고 기술만을 강조하는 것처럼 보일 수 있고, 실제로 이로 인해 많은 비판을 받아온 것도 사실이다. 그러나 인지행동모델에서는 클라이언트의 자각, 즉 인간과 환경 간의 상호결정 및 상호작용 관계나 인지와 행동, 정서의 상호작용 관계에 대한 스스로의 자각을 강조하고, 과제를 부여하는 등 클라이언트의 적극적인 참여와 협조가 전제되지 않으면 수행하기 어려운 과정들을 가지고 있다.

(2) 주요 가정

인지이론에서 인간은 주관적 존재로 개인이 의미를 부여하는 주관적 현실만 존재한다고 보고, 왜곡된 사고나 신념이 반복적인 활용에 의해서 자동적인 사고와 신념으로 이어져 역기능적 정서가 된다고 본다. 인지행동모델의 주요 가정은 다음과 같다(이태희 외, 2019 : 93~94).

❶ 인간은 심리 내적인 힘이나 외부 환경 및 자극에 의해서 반응하는 수동적인 존재가 아니라 환경과 상호작용하면서 행동하는 존재이다.

❷ 인간의 행동은 보상과 처벌에 의해 형성되는 것이 아니라 환경이 끊임없이 인간에게 제공하는 정보와 개인의 의지적 과정이 상호작용한 결과이다.

❸ 인간은 자신의 인생을 어떻게 살아 나갈지를 결정할 수 있는 창조적 존재이다.

❹ 인간은 고유한 인지과정을 통해 환경에서 자신의 주관적인 경험을 해석하고 행동하며, 행동의 결과는 다시 주위 반응에 영향을 받는 순환적인 상호과정이다.

❺ 인지활동은 행동에 영향을 주기 때문에 인지를 변화시킴으로써 행동변화가 가능하다.
❻ 인지활동을 모니터하고 바꿀 수 있다.

또한 양옥경(2000)은 치료자는 논박과 도전을 통해 부정적이고 자기패배적인 사고와 감정을 가진 클라이언트의 비합리적 지각과 사고를 논리적이고 합리적인 사고와 감정으로 변화하도록 도울 수 있다고 가정한다(김윤재 외, 2011 : 96).

❶ 인간은 이성적인 동시에 비이성적이다.
❷ 정서적인 혹은 심리적인 장애행동은 비합리적이고, 비논리적인 사고의 결과이다.
❸ 비합리적 사고는 생물학적 경향성을 띠고 있으며, 부모와 그 문화에서 특별하게 획득한 초기의 비논리적 학습에 기원한다.
❹ 인간은 언어적 동물이며 사고는 보통 기호나 언어의 사용을 통해 일어난다.
❺ 자기언어화의 결과로써 계속되는 정서장애 상태는 외부환경이나 사건에 의해서가 아니라 내재화된 문장으로 구체화되는 사건에 관한 지각과 태도에 의해 결정된다.
❻ 부정적이고 자기패배적인 사고와 정서는 비논리적이고 비합리적인 것보다는 논리적, 이성적인 사고를 하도록 사고와 지각을 재구성하는 방법으로 해결해야 한다.

(3) 주요 개념

인지행동모델의 주요 개념은 다음과 같다(도광조, 2018 : 174).

❶ 강화와 처벌

강화는 행동을 더 하도록 하는 것으로, 강화에는 정적 강화와 부적 강화가 있다. 정적 강화는 보상을 제시하여 행동을 증가시키는 것이며, 부적 강화는 불쾌한 자극을 면해주거나 감해주어 반응행동을 증가시키는 것을 말한다. 처벌은 행동을 덜 하도록 하는 것으로, 정적 처벌과 부적 처벌이 있다. 정적 처벌은 어떤 행동의 결과로 불쾌한 자극이 주어지면서 그 행동을 감소시키는 것을 말하고, 부적 처벌은 행동의 결과로 인하여 유쾌한 것을 제거시킴으로써 행동을 감소시키는 것이다.

❷ 소거

소거는 정적 강화에 의해서 유지되는 행동과 관련되는데, 강화물이 중단되면 행동이 일시적으로 강화되나 점차 줄어들면서 궁극적으로 완전히 소멸하게 됨을 의미하는 것이다.

❸ 강화스케줄

강화스케줄은 강화를 지속적이고 간헐적으로 할 것인가, 강화간격과 비율에 대한 스케줄을 말한다. 강화스케줄은 행동이 일어날 때마다 강화해주는 지속적 강화와 매번 강화해 주지 않고 간헐적으로 강화해주는 간헐적 강화가 있다.

❹ 자동적 사고

자동적 사고란 어떤 사건에 당면하여 자동적으로 떠오르는 생각이다. 이러한 자동적 사고가 부정적일수록 심리적인 문제로 이어진다. 따라서 사람들이 경험하는 심리적인 문제는 어떤 사건 자체가 아니라 그 사건을 대하면서 자동적으로 떠올리게 되는 부정적인 생각이다. 예컨대, 우울증을 경험하는 사람들의 자동적 사고를 살펴보면 크게 세 가지 내용으로 구성되어 있다. 첫째, 자기에 대한 비관적인 생각, 둘째, 미래에 대한 염세주의적인 생각, 셋째, 세상에 대한 부정적인 생각 등이다.

❺ 인지도식

인지도식이란 사람이 살아가면서 나름대로 발달시키는 자기와 세상을 이해하는 틀을 말한다. 그런데 사람은 일단 도식이 활성화되면 그것은 인지적 오류가 포함된 정보처리를 유발하며, 그 결과는 자동적 사고로 표현된다. 도식이 좀 더 강력해져서 사고의 체계적인 오류와 현실에 대한 왜곡된 해석이 심해질 때, 개인은 자신의 부정적 해석이 잘못되었다는 생각을 받아들이기 어려워진다. 이와 같이 역기능적 인지도식이란 한 개인의 기본적인 생각의 틀과 내용이 현실적응에 도움이 되지 않는 것을 의미한다. 즉, 한 개인이 오랜 경험을 통해서 가지게 된 믿음의 내용이 부정적인 성질의 것들로 채워진 경우를 역기능적 인지도식이라 한다.

부정적인 내용의 자동적 사고를 활성화하는 것은 바로 역기능적 인지도식의 내용들이다. 역기능적 인지도식을 가지고 있는 사람이 환경적 스트레스와 부정적 생활환경에 처하게 되면 자기도 모르게 부정적인 내용의 자동적 사고를 떠올리게 되어 심리적 문제가 발생한다(김윤재 외, 2011 : 102).

❻ 인지적 오류

인지적 오류란 어떤 경험이나 사건을 해석하고 받아들이는 과정에서 생기는 추론 혹은 판단의 오류를 말한다. 정서적인 문제를 가지고 있는 사람은 논리적으로 오류가 있는 도식을 활용하여 정보를 처리하게 되고, 결과적으로 현실을 부정적으로 왜곡한다. 벡(Beck)은 정서문제를 생활사건에 대한 왜곡된 사고나 비현실적인 인지적 평가의 결과로 설명하면서 다음과 같이 인지적 오류를 제시했다(양옥경 외, 2000; 도광조, 2018 : 178~181).

- **임의적 추론** : 임의적 추론이란 취업을 위한 면접에서 질문에 제대로 답변을 못한 뒤 '이제 다 끝났어, 다 틀렸어'라고 결론을 내리는 경우처럼 결론을 내리기에 충분한 근거가 없는데도 불구하고 최종적인 결론을 성급히 내려버리는 경우를 말한다.
- **선택적 관심** : 선택적 관심이란 상황이나 사건의 주된 내용은 무시하고 특정한 일부 정보에만 주의를 기울여 전체의 의미를 해석하는 오류이다.
- **과잉 일반화** : 과잉 일반화란 한두 번의 사건에 근거하여 일반적인 결론을 내리고 무관한 상황에도 그 결론을 적용시키는 오류이다.
- **확대와 축소** : 확대와 축소란 사건의 의미나 크기를 지나치게 과소평가하거나 과대평가하는 것을 말한다.
- **개인화** : 자신과 무관한 사건을 자신과 관련된 것으로 잘못 해석하는 오류를 말한다.

- **독심술** : 독심술의 오류는 충분한 근거 없이 다른 사람의 마음을 마음대로 추측하고 단정하는 것을 말한다.
- **예언자적 오류** : 충분한 근거 없이 미래에 일어날 일을 단정하고 확신하는 오류이다.
- **외적 통제소** : 스스로의 삶에 대한 통제권이 없다고 생각하는 경향, 즉 다른 사람이 자신의 삶을 통제한다고 믿으며, 어떤 일이 일어나는가는 운명의 문제라고 믿는다.
- **자신, 타인, 세상에 대한 부정적인 믿음** : 자신을 포함한 모든 사물이나 사람이 나쁘고, 변화되지 않으며, 희망이 없다는 지속적이고 부정적인 믿음을 고수한다.
- **흑백 논리, 이분법적 사고** : 이분법적 오류로서, 어떤 일의 성과를 성공이냐 실패냐의 이분법적으로만 평가하는 경우이다.
- **선택적 추상화** : 중요한 요소를 무시한 채 사소한 부분에 근거하여 전체를 이해하는 오류로, 발표를 할 때, 강의할 때 전체적으로는 반응이 긍정적이었지만, 몇몇 사람이 졸거나 엉뚱한 짓을 하는 데만 선택적으로 주의를 기울여 실패했다고 단정짓는 경우를 종종 볼 수 있다.

⑦ 비합리적 신념

비합리적 신념은 우리의 안정된 삶을 방해하고 많은 정서적·사회적 문제를 야기한다. 이러한 신념들은 주로 어린 시절부터 부모나 문화로부터 영향을 받아 형성된 것이다. 여기에는 항상 남으로부터 사랑과 인정을 받아야 하고, 자신은 언제나 성공적이어야 하며, 어떤 위험과 위협도 있어서는 안 된다는 식의 신념들이 여기에 해당된다. 이러한 신념들은 대부분 깨어지기 쉽고 그에 따라 여러 가지 정서적·행동적 문제를 야기한다. 엘리스의 11가지 비합리적 사고를 살펴보면 다음과 같다.

- 사람관계
  - 알고 있는 모든 중요한 사람들로부터 사랑받고, 인정받고, 이해받아야만 가치 있는 사람이다.

- 우리는 다른 사람에게 의지해야만 하고 의지할 만한 강한 누군가가 있어야만 한다.
- 타인의 문제나 혼란스러움에 함께 괴로워하고 속상해야만 한다.
- 어떤 사람들은 나쁘고 사악하며 따라서 비난받고 처벌받아야만 한다.

• 세상일

- 완벽한 능력이 있고, 사교적이고 성공을 해야만 가치 있는 사람이다.
- 일이 뜻대로 진행되지 않는다면 이는 무시무시하고 끔찍한 일이다.
- 인간의 문제에는 완벽한 해결책이 있고 만약 그 해결책을 발견할 수 없다면 이는 끔찍한 일이다.

• 운명

- 행복이란 외부 사건들에 의해 결정되며 우리는 통제할 수 없다.
- 인생에서 어려움을 부딪치기보다 피해가는 것이 편하다.
- 위험하거나 두려운 일이 일어날 가능성에 대해 늘 생각하고 있어야 한다.
- 과거의 일들이 현재의 행동을 결정한다.

2) 주요 개입 전략

인지행동모델의 주요 개입 전략은 다음과 같다(손광훈, 2009; 김윤재 외, 2011 : 105~106).

(1) 인지적 전략

❶ 클라이언트의 의미체계를 이해한다.

❷ 처음에는 클라이언트 개인적 견해와 내적인 타당성을 수용하고, 환경적 반응, 개인적 행동, 정서적 반응이 그러한 견해를 유지시키는 방법을 이해한다.

❸ 똑같은 사실이나 상황을 다른 개념이나 감정에 연결시킴으로써 또는 다양한 반응, 감정, 견해를 우연히 제공해줌으로써 클라이언트가 다른 가능한 의미를 고려할 수 있는 능력을 점차로 신장시켜 준다.

❹ 인지적 평가, 감정, 행동, 대인적 반응 사이의 관계와 자신의 평가가 부적절할 수도 있다는 가능성을 클라이언트가 인식하도록 한다.

❺ 클라이언트 관심의 초점을 사건에 대한 자신의 기대와 해석에 둔다. 클라이언트의 자기조정은 자신의 인식을 증대시키는 데, 자신의 생각이 절대적인 사실이라기보다는 하나의 자료에 불과하다는 인식을 증대시키는 데 유용하다. 부드럽게 질문하고, 문답식으로 대화하는 것 또한 클라이언트 자신의 결론을 이끌어 내고, 자신의 의견에 대한 정면 공격에 저항하지 않도록 하는 데 도움이 된다.

❻ 클라이언트가 건설적인 대안, 즉 보다 적합한 의미와 기대를 갖도록 원조한다. 이 단계는 종종 행위의 기준을 개정하는 작업이 수반된다.

❼ 변화된 클라이언트의 견해를 지지해주는 새로운 경험을 제공한다. 이때 과업할당과 행동실험이 유용하게 이용될 수 있다.

(2) 행동적 전략

❶ 행동변화의 일반적 원칙을 설명해 준다.

❷ 클라이언트의 학습목표를 성취 가능한 과업으로 조직한다.

❸ 각 과업에 상응하는 행동규칙들을 구체적으로 설명한다.

❹ 클라이언트의 행동연습을 가르치고 격려하며, 성공을 확신시켜 주고 실수를 교정하는 것에 대한 적절한 제안을 준다.

❺ 일단 클라이언트가 사회복지사의 원조 아래 실천세팅에서 필요한 행동을 습득, 수행할 수 있게 되면, 사회복지사의 원조 없이도 다른 상황에서 보다 힘들고 독립된 행동을 수행할 수 있는 기회를 줄 수 있다.

❻ 환경과 클라이언트의 신념체계에서 행동수행에 장애가 되는 것에 관심을 둔 클라이언트는 최소한 판단을 유보하고 일단 한 번 시도해 보도록 격려받는다. 다른 사람의 협동이 필요할 때에는 외적 개입을 유도할 수도 있다.

❼ 클라이언트는 자신의 실제 환경 속에서 새로이 획득한 기술을 시험해 볼 수 있다.

(3) 정서적 전략

❶ 클라이언트가 자신의 감정을 객관적으로 인식하기 위해서는 그러한 감정이 일어난 상황을 한 번 떨어져서 관찰해 볼 필요가 있다. 분리된 인식(detached awareness)은 자신의 감정을 칭찬이나 비난 없이 관찰가능하게 하고, 그러한 감정에의 몰두가 적응적 기능에 어떻게 방해가 되었는지를 깨닫게 한다.

❷ 클라이언트에게 숨을 깊이 들이쉬고 근육을 이완시키는 법을 가르치는 것이다. 불안과 관련된 문제에 대해서 적극적인 전략으로써 이완될 수 있다.

(4) 사회환경적 전략

모든 문제를 개인의 대처 노력 결과·반응이라고 가정하는 것은 잘못이다. 사회복지사는 고립되어 존재하는 개인들을 함께 모아 고통의 공통된 출처를 발견하게 하고, 사회적 지지를 확대하며, 때에 따라서는 집단적 행동을 유도하는 것이다. 집단행동을 이끌어내는 것은 중요한 개입전략이다. 왜냐하면 문제를 초래한 사회적 원인에 대해 영향력을 행사하는 것이 필요하며, 집단행동이 개인적 능력을 가장 강력하게 전달해 줄 수 있기 때문이다. 억압적 상황을 변경시키려는 조직적·교육적·정치적 노력에 사회복지사가 관여할 필요성을 제시해 준다.

3) 주요 기법

인지행동모델의 주요 개입 기법은 다음과 같다(손광훈, 2009; 김윤재 외, 2011 : 107~110).

(1) 내적 의사소통의 명료화

클라이언트 스스로 자신에 대해 독백하고 사고하는 것으로 이에 대해 사회복지사가 피드백을 주어, 자신의 생각과 이야기 속에 숨겨진 인지적 오류와 비합리적 신념에 대한 통찰력을 발전시키고 이해할 수 있도록 도움을 주기 때문에 효과적이다.

(2) 설명

클라이언트의 정서가 엘리스가 제시한 ABC 모델(촉발사건 · Activating → 신념 · Belief → 정서적 결과 · Consequences)에서 어떻게 작용하는가를 가르쳐 주는 일련의 치료기술이다.

(3) 과제기록

❶ 과제는 클라이언트가 자신의 문제에 대한 인식을 향상시킬 뿐만 아니라 새로운 행동을 획득하거나 과거의 반응을 제거할 수 있도록 돕는다.

❷ 클라이언트로 하여금 정서에 대한 엘리스의 ABC 모델을 활용하는 방법에 대해 읽고 기록할 수 있도록 양식을 제공한다.

(4) 경험적 학습

❶ 클라이언트에게 자신의 인지적 오류에 부합하지 않는 특정한 행동을 하도록 함으로써 클라이언트가 자신의 인지적 오류를 발견하고 수정하도록 한다.

❷ 인지불일치 원리(cognitive dissonance principle)로 설명되며, 자기주장훈련, 모델링, 역할극, 사회기술훈련, 심리극(psychodrama) 등을 활용할 수 있다.

(5) 역설적 의도

❶ 특정 행동에 대한 클라이언트의 불안이 그 행동을 유발할 때, 클라이언트가 두려워하는 행동을 하도록 지시(이중구속적인 메시지 전달)함으로써 클라이언트의 인지적 오류에 도전하고 불안을 감소시킨다.

❷ **주의** : 자해 혹은 타해의 위험이 있는 클라이언트에게는 절대로 사용해서는 안 되며, 문제의 원인이 신체적인 것에 기인하고 있는 증상일 때도 이 기술은 사용할 수 없다. 클라이언트에게 치료기술에 대해 충분히 이해시킨 후 동의한 경우에만 사용한다.

(6) 역동적·실존적 반영

객관적이고 물질적인 세계에 초점을 두고 실제적인 문제에 대한 답을 찾아가는 것에 강조를 두는 역동적 반영과 삶에 대한 의미와 잠재적 의미에 대해 숙고하는 실존적 반영을 통해 인지 재구조화를 촉진시킨다.

(7) 이완훈련

근육의 수축과 이완, 깊고 규칙적인 호흡, 즐거운 사고나 심상 등을 훈련함으로써 일상생활에서 유발되는 스트레스에 대처할 수 있도록 가르친다.

(8) 생각중지 기법

부적응적인 신념과 이에 동반하는 정서적·신체적 감각의 경험을 생각해보게 하고, 이러한 생각을 긍정적인 생각의 틀이나 자기지시 기법으로 대체하는 것을 의미한다.

(9) 인지 재구조화

클라이언트의 역기능적 사고와 관념을 인식하고 이를 현실적인 사고와 관념으로 대치하고 순기능적일 수 있도록 돕는 절차는 다음과 같다.

❶ 클라이언트는 생활사건에 대한 자신의 정서적 반응을 매개할 가정이나 신념을 갖고 있다. 따라서 사회복지사는 클라이언트가 이점을 수용할 수 있도록 돕는다.

❷ 클라이언트가 문제에 내재해 있는 역기능적인 신념과 사고과정의 유형을 파악할 수 있도록 돕는다.

❸ 클라이언트가 자신의 역기능적 인지를 유발한 상황을 파악할 수 있도록 돕는다.

❹ 클라이언트가 자학적인 인식을 대치할 만한 긍정적이고 순기능적인 대안적인 자기진술(self statement)로 대체할 수 있도록 돕는다.

❺ 클라이언트의 성공적인 대처 노력을 클라이언트 스스로 보상할 수 있도록 돕는다.

(10) 모델링

관찰학습과정을 통해 클라이언트가 시행착오 학습을 거치지 않고 원하는 행동을 학습할 수 있도록 하는 것이며, 즉석 모델링(live modeling), 상징적 모델링(symbolic modeling), 복합 모델링(multiple modeling), 참여자 모델링(participant modeling)이 있다.

❶ 구성요소

- 변화를 필요로 하는 구체적인 행동을 파악한다.
- 모델을 제시한다.
- 클라이언트가 모델링에 주의와 관심을 갖도록 한다.
- 모델행동을 따라하도록 한다.
- 따라한 행동을 강화한다.

(11) 시연

발달시키고자 하는 행동을 반복적으로 연습함으로써 행동으로 숙달되도록 하는 것이다. 이 기술은 집단상담을 통해 여러 사람의 피드백을 동시에 받을 수 있다는 점이 매우 효용가치가 높다.

❶ 숨겨진 시연 : 원하는 반응에 대해 속으로 상상해 보고 반영한다.
❷ 명백한 시연 : 원하는 행동을 역할극에서 실제로 말로 표현해보고 행동으로 나타내는 것이다.

(12) 침투적 생각의 외현화

부정적인 사고를 글로 쓰거나, 누군가에게 말하거나, 녹음하는 방법 등을 통해 외부적으로 표현하는 것을 의미한다.

(13) 체계적 둔감법

클라이언트에게 가장 덜 위협적인 상황에서 가장 위협적인 상황까지 상황을 순서대로 제시하면서, 불안자극과 불안반응 간의 연결이 없어질 때까지 불안을 일으키는 자극들을 반복적으로 이완상태와 짝짓는 것이다. 이를 통해 실제 위협적인 상황에서는 불안을 경험하지 않는다.

(14) 자기지시기술

목표선택, 목적행동 형성, 자기탐지, 계획의 실천 등의 과정을 통해 자신이 통제하거나 변화시키기를 원하는 구체적인 행동에 대한 지침과 계획을 세우는 것으로, 자기 언어화(self verbalization)를 활용한다. 이 기술의 5단계는 다음과 같다.

❶ 사회복지사는 과제에 대한 수행방법을 모델로 제시하면서 큰 소리로 자기 자신에게 말한다(인지적 모델링).

❷ 클라이언트는 사회복지사로부터 언어적 도움(verbal guidance)을 받으면서 똑같은 과제를 수행한다(명백한, 외부적인 도움).

❸ 클라이언트는 과제를 수행하면서 자기 자신에게 큰 소리로 지시한다(명백한, 자기도움).

❹ 클라이언트는 지시를 속삭이듯이 말하면서 과제를 수행한다(감소한, 명백한 자기도움).

❺ 클라이언트는 자기 자신에게 속으로 말하면서 과제를 수행한다(숨겨진 자기지시).

(15) 코칭

클라이언트가 그날 일과 중 가장 힘든 일을 미루면서 부정적인 생각이 증가하도록 두기보다는 이러한 일을 가장 먼저 하는 것을 의미한다.

(16) 자기대화(self-talk)관리훈련의 과정과 기법

자기대화란 스스로에게 주는 메시지를 말하며, 자기대화의 왜곡을 수정하도록 도움으로써 습관적인 사고방식을 변화시켜, 문제가 되는 감정이나 행동을 좀 더 효과적으로 통제할 수 있다. 자기대화의 5단계는 다음과 같다.

❶ 지금 바로 자신의 생각과 느낌이 무엇인지 명확히 한다.

❷ 스스로 자기대화를 되뇌어 본다.

❸ 자신의 상황을 객관적인 현실로 살펴본다.

❹ 당신이 사실을 직시하고 부적절한 단어의 사용을 피할 때, 당신은 다르게 느끼게 되고, 상황이 전처럼 나쁘지 않다는 것을 알게 되는 것이다.

❺ 상황에 대한 사실을 명심하고, 할 수 있는 것이 무엇인가를 고려한다.

(17) 이미지 안내

❶ 자신의 잠재의식과 긴밀하게 관계할 수 있도록 돕고, 어떻게 새로운 신념, 기대, 습관을 잘 형성해 나갈 수 있을 것인가를 가르쳐 준다.

❷ **방법** : 최면유도, 명상, 머리부터 발끝까지 하는 근육체계의 점진적 이완, 조용하고, 유쾌하며, 편안한 상황을 상상하는 것, 호흡에 집중하거나 다른 생각을 떨쳐버리고 "나는 편안하다"라는 말에 집중하는 것, 근사한 휴양지 혹은 지난 기억을 회상하는 것 등이다.

(18) 대처카드(coping out)의 활용과 기법

❶ 가로와 세로가 3 × 5인치 정도 되는 카드로 클라이언트의 손이 쉽게 닿는 곳에 붙이거나 보관하며, 이를 규칙적으로 읽을 뿐 아니라 필요할 때마다 읽게 한다.

❷ 특정 행동을 도와주는 자기지시 등의 내용을 기록하여 늘 참고함으로써 괴로움을 주는 사고를 평가하고 대처할 수 있게 도와준다.

4) 개입과정

(1) 인지치료 절차

벡(Beck)의 인지치료 절차는 다음과 같다(김윤재 외, 2011 : 104).

❶ 상담목표를 정하기 위하여 클라이언트가 호소하는 심리적 문제를 구체화한다.

❷ 인지치료의 기본 원리를 설득력 있게 설명하여 심리적 문제에 인지적 요인이 관련되어 있음을 납득시킨다.

❸ 클라이언트에게 심리적 문제를 일으키는 환경적 자극과 자동적 사고를 클라이언트와 함께 탐색하고 조사한다.

❹ 환경적 자극과 자동적 사고에 대한 클라이언트의 해석 내용을 살펴본다.

❺ 환경적 자극에 대한 보다 객관적이고 타당한 대안적 해석을 탐색해본다. 그리고 이를 기존의 부정적인 자동적 사고와 대치한다.

❻ 환경적 자극을 왜곡되게 지각하도록 만드는 클라이언트의 역기능적 인지도식의 내용들을 탐색하고 확인한다.

❼ 역기능적 인지도식의 내용을 현실성, 합리성, 유용성 측면에서 검토한다.

❽ 역기능적 인지도식의 내용을 현실적이고 합리적이며, 유용한 인지로 내면화할 수 있도록 유도한다.

(2) 우울증 클라이언트에 대한 인지행동적 실천과정

인지행동모델은 모든 심리적 장애에서 왜곡되고 역기능적 사고가 공통적이며, 이러한 역기능적 사고는 클라이언트의 기분과 행동에 영향을 미친다고 가정하는 인지이론과 기능적 행동은 학습을 통해 습득될 수 있다고 가정하는 행동주의이론의 영향을 받는다. **표 3-1**은 우울증 클라이언트에 대한 인지행동적 실천과정을 기술하였다.

표 3-1 우울증 클라이언트에 대한 인지행동적 실천과정

단계	내용	적용방법
기초 단계	• 라포 형성 • 클라이언트 평가나 진단 • 인지행동치료에 대한 교육 • 사례의 개념화	• 클라이언트가 편안한 상태에서 치료자에게 신뢰를 가지고 대화할 수 있도록 하고 정확한 평가를 한다. • 인지행동치료의 원리와 치료과정에 대한 설명을 하고, 소책자나 책을 활용하기도 한다. • 클라이언트의 역기능적 가정이나 신념체계를 파악한다.

<table>
<tr><td rowspan="2">초기
단계</td><td>행동기법</td><td>• 주간활동계획표 사용하기
• 즐거움을 주는 활동 증가하기
• 점진적 과제 부여
• 다양한 행동기법활동</td><td>• 인지변화를 일으키기 위한 준비 단계로 행동기법을 사용한다.
• 행동을 통한 기분변화를 기록하여 자신의 즐거움과 기분변화를 확인한다.
• 확실히 달성할 수 있는 과제부터 단계적으로 실시하여 성공 경험을 강화한다.
• 자동적 사고를 클라이언트의 행동을 통해 검증해 본다.</td></tr>
<tr><td>인지기법</td><td>• 자동적 사고 파악하기
• 인지적 오류 점검
• 자동적 사고 현실 검증</td><td>• 특정 상황에 자동적으로 떠오르는 심상을 통해 자동적 사고를 파악한다.
• 자동적 사고에 나타난 인지적 오류를 검토한다.
• 소크라테스식 대화를 통해 자신의 자동적 사고에 대해 스스로 평가할 수 있게 한다.</td></tr>
<tr><td rowspan="2">중간
단계</td><td>역기능적
가정이나
핵심믿음
발견하기</td><td>• 자동적 사고를 통한 유추하기
• 하향식 화살표기법 사용하기</td><td>• 자주 나타나는 특정 자동적 사고를 통해 역기능적 가정이나 핵심 믿음을 파악할 수 있다.
• '이것이 나에게 무엇을 의미하는가?'라는 질문을 계속하고, 자동적 사고 기저의 핵심을 파악한다.</td></tr>
<tr><td>역기능적
가정이나
핵심믿음
재구성하기</td><td>• 역기능적 가정이나 핵심 믿음을 검증하기
• 행동실험을 통한 검증
• 대안적 가정이나 핵심 찾기</td><td>• 클라이언트의 일상생활사건을 통해 핵심 믿음이 맞는지 틀린지 검증하는 증거를 수집한다.
• 검증할 가정인 신념을 정하여 이 생각을 검증하기 위한 행동실험을 한다.
• 핵심 믿음을 지지하는 증거와 지지하지 않는 증거를 모으다 보면 이전 핵심 믿음보다 덜 절대적이고 덜 부정적인 대안적 신념을 발견할 수 있다.</td></tr>
<tr><td colspan="2">종결
단계</td><td>• 치료자 역할 연습하기
• 재발 및 예상되는 어려움 다루기
• 종결에 대한 감정, 태도 다루기</td><td>• 종결 후 클라이언트 스스로 치료자 역할을 하면서 역기능적 신념을 극복할 수 있도록 연습한다.
• 앞으로 나타날 수 있는 문제를 어떻게 극복할지 대처방법을 연습해 본다.
• 종결과 관련된 불안과 원망 등에 대한 감정을 표현하게 하여 다루어 준다.
• 사례의 개념화</td></tr>
</table>

자료: 김민경(2017). 사회복지실천기술론 pp. 74~75.

5) 인지행동 프로그램의 예

클라이언트의 인지적 재구조화를 통한 프로그램의 예를 살펴보면 다음과 같다(김현호 외, 2017; 김민경, 2017 : 77~78).

표 3-2 인지행동 프로그램의 예

회기	주제	목표	내용
1	지금 여기서 시작해요!	• 집단원 간 신뢰감과 친밀감 형성 • 프로그램의 성격, 목적, 활동에 대한 이해 • 명상호흡을 통한 긴장 이완과 심신 안정	• 환영인사, 집단구성원 소개, 프로그램 성격 등 소개하기
2	내가 되고 싶은 것은?	• 공동체의 친밀감 강화와 자기개방의 구체화 • 별칭 짓기를 통한 욕구 파악 • 비합리적인 신념과 언어를 스스로 인식하기	• 별칭짓기, 명찰달기 등
3	나의 감정 들여다보기	• 과제를 통해 감정의 변화와 긍정적인 사고 이끌어 내기 • 폭력과 관련하여 구체적 경험 나누기와 감정 탐색하기	• 결혼생활에서 참고 억제하는 삶 속에서 잃어버린 나의 감정 찾아보기 • 폭력과 관련된 경험 나누기
4	화가 나요!	• 대인관계 반응 패턴에 대한 방어기제 탐색 • 감정 인식과 표출 • 정서적 조절능력 향상	• 대인관계 시 반응탐색
5	나는 소중해요!	• 척도질문을 통한 남편에 대한 감정 탐색 • 긍정적인 자아상 확립 및 자존감 향상	• 예전에 자상하고 가정적인 남편이었는데 술 때문인 것 같아요 • 부부관계 비디오시청 • 칭찬 프로그램 도입
6	마음의 소리에 귀를 기울여봐요!	• 왜곡된 사고의 비합리적인 신념 탐색 • 긍정적인 사고로 전환 • 역할극을 통한 의사소통 훈련	• 생각전환활동, 의사소통 프로그램, 역할극을 통한 치료
7	용서로의 여행!	• 용서의 의미를 알고 선택 • 용서를 통한 참 자유 경험 • 타인 수용 능력 향상	• 역할극을 통한 치료 • 나의 감정을 나타내며 감정을 긍정적인 방향으로 변화하기 • 과제(5명 이상 주변인과 대화하기)
8	주위를 보세요!	• 경청의 방법 습득과 긍정적인 해결 방안 모색 • 주변 사람들로부터 지지를 통한 역량강화	• 사례별 문제 의뢰 • 당신은 소중해요 • 내가 인지하는 주변인, 주변인이 인지하는 나에 대해 알아보기
9	다시 태어난 나를 위해	• 인생에 대한 책임감과 삶에 대한 소중함 • 미래에 대한 준비 • 삶에 대한 목표 제시 • 의사소통 훈련 습득	• 나의 인생설계 • 의사소통 프로그램 • 자존감 회복과 인생설계
10	이제부터 시작이야!	• 긍정적이고 감사하는 삶 • 자신의 변화와 성장에 대한 인식과 의지강화 • 정리와 평가	• 나에게 편지 쓰기 • 관계자 및 동료의 칭찬 파도 • 정리와 평가, 사후관리

자료: 김현호 외(2017). 사회복지실천기술론.

6) 인지행동치료의 평가

인지행동모델은 경험적 원리에 의해서 만들어졌고 개입방법이 구체적이고 기술 습득에 중점을 두기 때문에 클라이언트의 저항이 낮고, 클라이언트가 빨리 배우며 다른 접근법과 절충적 사용이 가능하다는 장점이 있지만, 인지행동모델이 기본적으로 잘못된 인지나 신념을 변화시키는 데 초점을 맞추고 있고, 인지와 정서 그리고 행동의 관계에 대해 클라이언트 스스로 자각하고, 교육을 필요로 한다는 점에서 인지이론에서와 마찬가지로 일정한 교육수준 혹은 지적 능력을 가진 클라이언트에게 더 잘 적용될 수 있다는 한계를 가진다(김경호, 2010; 도광조, 2019 : 191).

04 권한부여(임파워먼트)모델

1) 권한부여(임파워먼트)모델의 역사

권한부여모델은 사회복지에 오랜 세월 내재되어 왔던 강점중심모델의 일환으로, 클라이언트를 위한 문제중심적 접근이 아니라 강점중심으로 간주하여 클라이언트에게 잠재되어 있는 자원을 인정해 주고 클라이언트의 삶의 질을 보다 향상시킬 수 있도록 권한을 부여하는 것을 의미한다. 권한부여모델에서는 다양한 클라이언트들에게 효과를 나타낸 모델로써 특히 중증 환자들에 대한 실천모델로서 가장 잘 개발되어 왔다고 볼 수 있다. 클라이언트에 대한 병리적 현상에 치중하기보다는 클라이언트가 갖고 있는 강점과 자기 결정에 대한 부분을 강조하면서 학습과 성장과 변화를 유도해 내는 모델이라고 할 수 있다(박병금 외, 2016 : 190).

(1) 역사적 기원

권한부여(임파워먼트)모델의 역사적 기원의 내용을 살펴보면 다음과 같다(김민경, 2017 : 103~104).

❶ 인보관운동

존 아담스(Jane Addams)는 원인을 규명해서 기능을 향상하는 실천법을 활용하여 사회적 평등과 정의, 사회개혁에 대한 열정과 존중 그리고 다양한 문화에 대한 수용, 세계관 등을 통하여 권한부여(임파워먼트)의 역사를 이루었고, 이 모델의 개념을 사회복지가 발생한 최초부터 지속되어 왔다. 권한부여모델은 1970년대 중반 등의 학자들에 의해서 탄생되었고,변화를 유도해 내는 모델이라고 할 수 있다.

❷ 미국 흑인 여성단체들

20세기 경, 흑인들은 불평등한 사회체계에 불만을 품기 시작하였다. 따라서 대부분의 흑인 여성운동가들은 사회개혁의 차원에서 추진하는 일들을 계획할 때 인보관운동이 기본 바탕이 되었다고 볼 수 있고, 집회, 정치적 이벤트나 언론을 통해 사회개혁운동을 펼쳐나갔다. 그 후 각 지역 내 조직체들을 설립하게 되었고, 여성모임들은 인보관 프로그램과 비슷한 서비스들을 제공하기 시작했다.

❸ 버타와 레이놀드(Berths C. Reynolds)의 활동

레이놀드(Reynolds)는 중재자의 역할을 진행하는 사회복지사로서 사회경제적 문제에 대해서 사회복지실천을 최대 한도로 시민참여와 결부하여 자원을 배분하는 등 평등을 지향할 것을 주장하였다.

(2) 발달과정

권한부여(임파워먼트)모델의 발달과정은 다음과 같다(김민경, 2017 : 105~106).

❶ 발달초기의 사회복지 전문직의 등장(1893~1917)

임파워먼트모델의 중요한 의미는 다음과 같다. 첫째, 구체적 사회적 지지를 제공했다. 둘째, 일상적인 도심에서 필요한 기술들을 학습하도록 하는 것이다. 셋째, 참여자로서의 클라이언트를 실천상황에 그대로 관련시키는 것이다. 넷째, 기관의 자료를 일반인들도 사용 가능하도록 한 것이다.

❷ 실천도전기(1917~1970)

사회복지 문헌에 임파워먼트의 재등장 시기가 1970년대이므로 실천도전기가 길었다. 임파워먼트 관점을 가진 사회복지사는 다양한 방법으로 클라이언트의 자기결정권을 촉진시켰다.

❸ 권한부여(임파워먼트) 개념의 재부각기(1971~1989)

1970년대 이후 소개되어 소외되고 억압된 사람들이 그의 삶의 영향에 자신의 의사결정에 참여하는 것을 강조하게 되었고, 이는 생태체계이론이 나오게 되면서 강점지향, 해결중심 접근의 중요성을 깨닫게 되는 계기를 마련했다. 관심이 재부각된 시기는 1976년에 솔로몬(solomon)의 저서에서 임파워먼트에 대한 개념이 처음 등장하게 되었다.

❹ 실천적 접근기 및 발전기(1990~현재)

우리나라에서는 1990년 이후 임파워먼트의 개념에 대하여 권한부여, 역량강화 등의 의미로 소개되었고, 사회복지실천현장에 광범위하게 사용되기 시작하였다.

2) 이론적 배경

권한부여(임파워먼트)모델의 이론적 배경은 다음과 같다(박병금 외, 2016 : 191~194).

(1) 생태체계적 관점

인간행동에 대한 다양한 이론들을 통합하고 있는 생태체계적 관점의 이론은 인간과 환경 사이의 상호교환을 기반으로 하고 있다. 인간과 환경은 서로 분리되어 있는 것이 아니라고 보는 입장으로 인간과 상호작용과정, 자원의 상호보충적 교환과정으로 이해할 것을 주장하고 있어 사정과 계획단계에 활용하는 것이 바람직하다.

❶ 인간관

인간에 대한 낙관론적 이론으로 인간이 환경과 상호작용하면서 지속적 상호교환을 통해 영향력을 미치고 있는 호혜적인 관계를 유지하는 것을 의미하는 것으로써, 환경 속의 인간이라는 전체적 인간관을 갖도록 한다.

❷ 행동과 부적응의 관점

모든 인간의 행동들은 내적인 욕구라든지 환경적인 욕구 간의 조화를 발견하기 위하여 적응하려는 과정으로 볼 수 있으며, 어떠한 행동에도 부적응적 행동으로 규정짓지 않는 것을 의미한다. 그러므로 생태체계 관점의 부적응은 있을 수 없고, 부적응의 결과나 수용하기 어렵다고 판단되는 행동들에 대해서도 그 환경 내부에서는 적응적인 것으로 간주하며, 모든 행동들은 그 내부 안에서 나름대로 의미가 있다고 보는 것을 의미한다.

❸ 변화의 관점

사회복지사가 클라이언트의 개인적 체계에 한하여 클라이언트의 문제를 바라보지 않으며, 더 확장된 체계로 역동성이 있는 상호작용들에 관한 이해를 바탕으로 하여 거시적인 체계에서 클라이언트의 문제들을 사정한다든지 개입에 대한 틀을 제공하는 것이 바람직하다. 따라서 생태체계적인 관점에서 사회복지사는 모든 수준의 체계에 대해 클라이언트 체계의 변화를 위한 목표달성을 고려하여 모든 것을 선택할 수 있음을 의미한다.

❹ 사회체계의 관점

생태체계의 관점에서 살펴보면 개인과 연관이 있는 것을 강조하는 것으로 이런 다양한 체계 수준은 생태학적 환경으로 규정할 수 있고 체계 간에는 위계질서를 내포하고 있으며, 서로 다른 체게는 4체계, 즉 미시체계, 중간체계, 외체계, 거시체계로 구성되어 있다.

(2) 강점관점

❶ 정의

강점관점은 인간의 존엄성과 사회정의의 두 가지 기본적인 가치를 갖고 있다. 강점관점은 사회복지의 전문적 가치 실현에 필수적이고, 이는 인간의 존엄성과 가치 그리고 자기결정의 증진에 사회복지의 가치가 클라이언트의 잠재력과 강점 등의 인지에 의해 이를 실현하도록 하는 강점관점의 가치와 일치하며, 이런 관점을 지향하는 사회복지사의 가정은 다음과 같다(박병금 외, 2016 : 193~194).

- 인간은 성장과 동시에 변화를 위해 개별적 잠재능력을 갖고 있다.
- 클라이언트 체계의 변화를 이끌어 내기 위해 자원과 역량을 이미 갖고 있음을 인정한다.
- 새로운 자원의 구축을 위해 현재의 강점을 바탕으로 한 상호작용과 협력이 필요함을 의미한다.
- 긍정적인 변화를 위해 미래의 희망 또는 가능성을 기반으로 한다.
- 클라이언트의 체계는 자신들의 상황에 대해 가장 잘 이해하고 있으며, 선택의 기회가 주어진다면 자신들의 상황을 이해하고 해결하고자 할 때 가장 잘 해결할 수 있다는 믿음을 주는 것이다.
- 체계 자체의 결점보다 체계 간의 상호교류에 관심이 집중되고 있는 이슈들에 관한 인지와 도전을 가장 의미 있게 여긴다.

❷ 강점관점 대 병리관점

- 강점관점의 특징
  - 개인을 사례, 즉 진단에 따른 증상을 가진 자로 규정한다.
  - 치료의 초점이 문제에 있다고 본다.
  - 클라이언트의 진술은 전문가에 의해 재해석되어 진단에 활용한다.
  - 사회복지사는 클라이언트의 진술에 회의적이다.
  - 어떤 시절 상처는 성인기의 병리를 예측할 수 있는 전조이다.
  - 치료의 핵심은 실무자에 의해 고안된 치료계획이다.
  - 사회복지사는 클라이언트의 삶의 전문가이다.

- 개인적 발전은 병리에 의해 제한된다.
- 변화를 위한 자원은 전문가의 지식과 기술이다.
- 돕는 목적은 행동, 감정, 사고, 관계의 부정적인 개인적이고 사회적인 결과와 중심의 영향을 감소시키는 것이다.

• 병리관점의 특징

- 개인을 독특한 존재로 강점과 기질 그리고 재능과 자원을 가진 자로 규정한다.
- 치료의 초점은 가능성이다.
- 클라이언트의 진술은 그 사람을 알아가고 평가하는 중요한 방법의 하나이다.
- 사회복지사는 클라이언트의 진술을 인정한다.
- 어린 시절의 상처는 개인을 약하게 할 수도 있으며 강하게 할 수도 있다.
- 치료의 핵심은 개인과 가족 그리고 지역사회의 참여이다.
- 개인이나 가족 그리고 지역사회가 클라이언트 삶의 전문가이다.
- 개인적 발전은 항상 가능성이 있다.
- 변화를 위한 자원은 개인이나 가족 그리고 지역사회의 장점과 능력, 적응기술이다.
- 돕는 목적은 그 사람의 삶에 함께 하며 가치를 확고히 하는 것이다.

3) 주요 개념과 실천원칙

(1) 주요 개념

❶ 권한부여

권한부여는 사전적 의미로 권력의 공유와 하위계층 구성원들에게 권한이나 권력을 위임하는 현상을 임파워먼트라고 한다. 조직 내의 하위계층에게 권력과 권한을 위임함으로써 하위계층이 좀 더 자유롭게 직무를 수행할 수 있도록 하는 것을 의미하며, 이는 조직 구성원들의 동기부여에 긍정적으로 작용한다(신현기 외, 2012).

개인차원의 권한부여는 개인이 갖고 있는 역량이라든지 강점과 변화능력 등을 의미하는 것으로, 자신의 삶에 관한 통제를 의미하고, 그 자체로서 자기가치에 관한 생각이라든지 개인이 느끼고 있는 외부세계와 차별화할 수 있는 수준 등을 의미한다. 반면, 대인관계 차원의 권한부여는 다른 사람들에 관한 영향력을 의미하는 것으로, 대인관계에서 어느 일방적인 것에 의해서 준다거나 받는 것을 의미하는 것이 아니라 상호교환하여 평형을 이루는 관계를 의미한다.

❷ 협력과 파트너십

사회복지사와 클라이언트 간의 상호협력 관계의 파트너십을 의미하는 것으로, 이러한 협력이 갖는 장점을 살펴보면 클라이언트와 전문가가 서로의 자원에 대하여 상호협력하여 활용하므로 문제해결을 위한 자원의 범위가 넓어짐을 의미하며, 파트너십을 바탕으로 하여 상호책임성에 기반을 두는 것으로 변화에 대한 책임에 전문가로서 부담을 약화시키는 것으로 볼 수 있다.

❸ 역량

역량이란 주위의 환경과 상호작용하면서 체계가 소유하는 지식이나 기술의 질로 볼 수 있으며, 역량은 개인적인 특성이나 상호관계 그리고 사회나 물리적인 환경에서 오는 차원이 서로 잘 기능하도록 각 개인적인 환경에 대한 대처 능력이 향상되는 것을 의미한다.

그러므로 권한부여는 삶 속에서 역동성으로 발생되는 것으로 이런 모든 일련의 과정은 사회복지사와 클라이언트의 파트너십을 향상시키고 협력적 관계를 통하여 이루어져야 한다. 더불어 클라이언트의 역량 강화를 위한 노력이 뒷받침되어야 하며, 일상 속에서의 대처기술에 대한 향상으로까지 이어져야 할 것이다.

❹ 소비자

오늘날 권한부여모델은 클라이언트 수혜자와 환자들 그리고 도움을 필요로 하는 사람이라는 스티그마(낙인)로부터 소비자의 개념으로 시각변화를 일으키게 되었다. 이는 클라이언트의 자기결정권에 대한 보호차원과 활동에 대한 역할을 강조하는 것을 의미한다.

(2) 실천원칙

권한부여모델의 실천원칙과 방법은 다음과 같다(Parsons, 1991).

❶ 원조관계의 기초는 협력과 신뢰 그리고 파워의 공유를 원칙으로 한다.
❷ 집단행동을 활용한다.
❸ 클라이언트가 정의한 문제의 수용이다.
❹ 클라이언트의 강점을 확인하고 이용한다.
❺ 계급이나 힘에 관한 이슈에 대해 클라이언트의 의식을 향상시킨다.
❻ 클라이언트의 변화과정에 참여시킨다.
❼ 특정 기술을 습득하게 한다.
❽ 상호 관계에 있어 지지해주거나 자조의 네트워크와 그룹 활동을 지향한다.
❾ 개인이 갖고 있는 힘을 느낄 수 있도록 한다.
❿ 클라이언트를 위한 자원 동원이나 그의 권리에 대한 옹호를 원칙으로 한다.

4) 실천과정

실천과정은 크게 대화단계, 발견단계, 발달단계 세 가지로 나누어 볼 수 있다(박병금 외, 2016 : 198).

(1) 대화단계

대화단계의 활동은 공유하기로 전략적 차원에서 살펴보면, 클라이언트가 기존에 가지고 있는 역량 및 자원을 구체화하는 것을 의미한다. 대화단계에서의 과업은 다음과 같다.

❶ 상호협력적인 관계 확립
❷ 관계를 위한 계약하기와 사정에 동의하기
❸ 기존 지식의 명확화
❹ 클라이언트가 이미 가지고 있는 것 확인
❺ 초기방향 설정

(2) 발견단계

발견단계의 활동은 찾기로 전략적 차원에서 살펴보면, 클라이언트가 모르고 있는 자원을 탐색하는 것을 의미한다. 발견단계에서의 과업은 다음과 같다.

❶ 쉽게 드러나지 않지만 클라이언트가 가지고 있는 것 확인하기
❷ 부가적 정보와 사실에 대한 경험과 사고 연결하기
❸ 감정을 사정, 확인, 표현하기
❹ 대인, 상호적인 정보 연결하기
❺ 자원체계 탐색하기
❻ 그밖에 클라이언트 체계의 욕구 결정하기
❼ 해결로 이끌어주는 계획 개발하기
❽ 변화를 위한 계약하기

(3) 발달단계

발달단계의 활동은 강화하기로 전략적 차원에서 살펴보면, 클라이언트의 체계가 아직 활용하지 않은 부가적인 자원과 역량 사정 및 확립을 의미한다. 발달단계에서의 과업은 다음과 같다.

❶ 클라이언트의 욕구 구체화하기
❷ 클라이언트가 사용하지 않으나 존재하는 자원 사정하기
❸ 새로운 자원과 기회 만들기
❹ 결론을 위한 계약으로 이끌어 가기

5) 권한부여(임파워먼트)의 접근 활용성과 사회복지사의 역할

권한부여(임파워먼트)의 접근 활용성과 사회복지사의 역할은 다음과 같다(김민경, 2017 : 109~110).

(1) 권한부여(임파워먼트)의 접근 활용성

❶ 자기효능감의 향상을 목적으로 하고, 자기생활에 있어서 실질적 활용이

가능한 일 등을 창출하거나 통제하는 능력이 자기 자신에게 내재되어 있음을 인식시킨다.

❷ 집단의식의 발달을 통해 정치적 구조가 개인 혹은 집단에 어떻게 영향력을 행사하는가를 깨닫게 하고, 사회적 비판을 가지게 하며 클라이언트 주변의 사람들과 운명을 공유하고 있다는 점을 강조한다.

❸ 자기비난을 감소시키고 자신의 상황을 변화시키며 소신을 강조한다.

❹ 자신의 문제에 대한 책임을 받아들이도록 하고, 여러 가지 변화들이 동시적으로 서로 강화해 나가면서 진전된다는 사실을 인지하도록 한다.

(2) 사회복지사의 역할

❶ 클라이언트의 사고를 촉진하는 기능적 차원에서 인간활동과 사회환경의 상호작용에 관한 사고나 문제의 해결을 촉진한다.

❷ 동기화를 지지하는 차원에서 클라이언트가 자신의 문제를 언어적 표현으로 할 수 있도록 지지하며, 경험에 대한 변화의 희망을 갖도록 하기 위해 억압된 상황에 대처하는 적절한 자기폭로의 기능을 수행한다.

❸ 정신적 안녕과 자존감 유지를 위한 기능으로 클라이언트가 억압받는 것을 통하여, 자기비난을 감소시키도록 억압의 원천을 객관화시키며 자조집단의 활용을 도모한다.

❹ 개인의 문제뿐 아니라 개인과 정치적 차원에서 상호 관련성이 있는 억압문제해결에 대해 생각하며 협동하도록 클라이언트를 원조한다.

❺ 지역사회에서 힘을 받도록 하고 아울러 개인의 문제가 정치적 문제라는 통합된 관점에서 사회변화의 촉진을 유도하는 기능이 요구되고, 사회복지사는 이를 위해 구체적 자원이나 정보 수집을 위해 클라이언트의 권리를 보호해야 할 의무와 책임이 있다.

6) 권한부여(임파워먼트)모델의 한계점

사회복지사의 책임과 역할에 대한 한계점이 모호할 수 있고, 더욱이 이 모델은 클라이언트 자신의 잠재력에 대한 발휘의 문제를 해결하도록 상황이 일괄적으로 작용할 때 적용이 수월하지 않을 수도 있고, 사람들은 저마다 다른 역량과 이해관계가 상이한 점 때문에 정치적 힘겨루기 상황으로만 전락해버릴 수 있는 점에 유의해야 한다(김민경, 2017 : 110).

05 클라이언트중심모델

1) 클라이언트중심모델의 개념

클라이언트중심모델은 실존주의이론, 형태치료와 같이 실존주의철학에 그 기원을 두고 있다. 사회복지사의 공감적 이해, 무조건적인 긍정적 관심과 진실성을 바탕으로 한 사회복지사와 클라이언트 간의 관계를 중시하는 모델이다. 1940년대 초 미국의 심리학자 칼 로저스를 통해 처음 소개된 이 모델은 인간의 성장과 변화에 대한 접근법으로, 핵심사항은 사회복지사가 클라이언트에게 지시, 설득, 등을 통해 감정이입적 반응과 무조건적 긍정적 관심과 수용, 등을 표현하면서 클라이언트에게 긍정적이고 건설적인 변화가 발생한다는 것이다(이재선 외, 2018 : 82~88).

2) 기본철학과 등장배경

클라이언트는 독특한 존재이며, 자아실현의 능력을 지녔고, 최근 조직이나 학교 등 인간관까지 이뤄지는 상황에서 여러 분야에서 자기실현 촉진을 위한 방법이 활용되며 사회복지실천에 클라이언트와 사회복지사간 관계의 질의 중요성을 강조하고 있다.

클라이언트중심모델의 등장배경은 다음과 같다.

❶ 인간중심접근법이라고도 한다.

❷ 인간성장과 변화에 대한 접근법이라고도 한다.

❸ 모델의 시초는 뉴욕 로체스터의 '아동범죄를 예방하는 모임'이다.

④ 1928년부터 10년간 연구 활동을 하였고, 랭크(Rank)를 만나 그 후 랭크 이론을 전수받음

⑤ 랭크이론의 정리

- 과거의 경험보다 현실에 초점을 둔다.
- 자유로운 감정표현을 긍정적으로 발달시킨다.
- 클라이언트의 성장과 의지에 초점을 둔다.
- 치료자의 권위적 태도를 배격한다.

3) 주요 개념과 주요 가정

(1) 주요 개념

클라이언트중심모델의 주요 개념은 다음과 같다.

❶ 실현화 경향

실현화 경향은 인간은 선천적으로 성취하는 방향으로 생산적으로 성장하는 존재로 자율성을 발달시키고 유기체 본래의 자아실현 욕구를 성취하고자 하는 동기를 갖고 있다.

❷ 자아실현 욕구

자아실현의 욕구는 실현화 경향의 하위체계이자 산물이 곧 자아실현으로 볼 수 있고, 자아가 형성되면 일부 실현화 경향이 자아실현으로 표현된다.

❸ 긍정적 관심

자아가 발달하며 인간은 선천적으로 사랑과 인정을 갈구한다. 긍정적 관심을 받기 위해서 인간은 점차 자기보다는 다른 사람이 평가한 것에 맞춰 행동하게 된다.

❹ 조건부 가치

중요한 타인의 긍정적 관심에서 볼 때 인간의 어떤 부분은 존중받지만, 그렇지 못하다고 느낄 때 인간은 조건부 가치를 느낀다.

(2) 주요 가정

클라이언트중심 접근에서 가정하는 인간관은 다음과 같다.

- 모든 인간은 자신이 중심이 되어 있는 끊임없이 변화하는 경험의 장에서 존재한다.
- 유기체는 경험되고 지각되는 장에 대해 반응한다.
- 유기체는 현상의 장에서 조직된 전체로서 반응한다.
- 인간의 행동은 현상의 장 속에서 경험되는 유기체의 욕구를 만족하려는 목적지향적인 것이다.
- 이런 행동에는 정서가 수반되고 그 정서의 강도는 유기체를 유지하는 행동적 지각된 중요성과 관련이 있다.
- 인간의 행동을 이해하는 중요 수단은 개인 자체의 내적 참조의 틀을 이해하는 것이다.
- 환경, 특히 타인과 상호작용 속에서 개인의 자기 구조가 형성된다.
- 유기체에 의해 적용되는 행동의 대부분 방식은 자기의 개념과 일치한다.
- 심리적 부적응이란 유기체가 중요한 자신의 감각적 경험들을 수용하지 못하고, 결국 이를 자기 구조의 틀 속에서 상징화, 조직화할 수 없을 때 발생한다.

4) 개입과정과 개입기법

(1) 개입과정 7단계

❶ 제1단계

이 단계는 클라이언트 자신에 문제를 인식 못하거나 자기 문제를 외부의 것으로 보아 자기와 의사소통하는 것을 싫어한다.

❷ 제2단계

첫 단계에서 클라이언트 자신이 충분히 수용되고 있음을 경험하게 되면, 2단계에 이르게 된다. 이 단계에서는 클라이언트는 자기 자신이 아닌 문제들에 대해 말하기 시작한다.

❸ 제3단계

2단계에서 약간 느슨해지고 유동적 태도의 변화가 방해받지 않고, 계속 자신이 수용되고 있다고 느낄 수 있게 되면, 보다 많은 감정들과 사적인 표현들을 한다.

❹ 제4단계

3단계에서 여러 가지 경험을 갖고 있는 클라이언트가 여전히 있는 그대로의 자신이 수용되고 이해되고 있다고 느낄 때, 보다 자유로운 감정의 흐름이 가능해진다.

❺ 제5단계

4단계에서 클라이언트가 자신이 있는 그대로 수용되고 있다고 느낄 때 클라이언트의 유기체적 유동성의 자유가 증가하며, 감정들을 자신의 것으로 수용한다.

❻ 제6단계

이전에는 부인되었던 감정들이 이제는 즉각적이고 수용적으로 경험된다. 이런 경험들은 부인되거나 두려움을 일으키거나 혹은 맞서 싸워야 할 어떤 것이 아니라 있는 그대로 받아들인다.

❼ 제7단계

개입과정이 연속체상의 최상위 단계로 이동함에 따라 자신의 감정이 일어나는 그대로 표현할 수 있다.

(2) 개입기법

❶ 진실성

진실성은 사회복지사가 진실하다는 의미로 치료기간동안에 사회복지사는 완전히 신뢰할 만하다는 의미이다.

❷ 무조건적 긍정적 관심

사회복지사가 클라이언트의 방어적인 태도에 상관없이 무조건적·긍정적 관심으로 일관되게 수용할 때 클라이언트는 다른 사람에게 진정한 관심을 받고 있음을 확인함으로써 변화하는 새로운 자기에 대해 긍정적 수용을 하게 된다.

❸ 공감

공감은 클라이언트의 경험과 감정을 민감하고 정확하게 하는 능력으로 이 과정에서 클라이언트의 감정에 휘말리지 않고 이해하는 것이 중요하다.

5) 클라이언트중심모델의 장점과 단점

(1) 장점

❶ 실천방법이나 기법 등에 있어 독단적이지 않다.
❷ 사회복지사가 자신의 실천 스타일을 개발해 나간다.
❸ 경청 또는 반영 등의 기법에만 의존하지 않는다.
❹ 사회복지사의 관계형성 태도에 기초를 두고 있다.
❺ 다른 어떤 것보다 사회복지사의 진실함이 실천관계의 힘을 결정한다.
❻ 상담심리학이나 성격역동성 등에 관한 배경 정보가 부족한 클라이언트에 대해서도 안전하게 접근할 수 있다.

(2) 단점

❶ 인간을 너무 단편적 측면에서 보는 경향이 있다.
❷ 사회복지실천대상자의 비자발적인 클라이언트이거나 협조를 거부하는 클라이언트일 수 있고, 자발적으로 사회복지사의 도움을 요청하더라도 자신을 표현할 수 없는 사람이 많다.
❸ 사회복지사가 클라이언트의 중심적 입장의 태도를 잘못 해석하거나 단순화할 수 있다.
❹ 클라이언트중심이 되어 자신의 인간성과 독자성을 잃어버릴 수 있다.

CHAPTER 04

사회복지실천모델(2)

01 과제중심모델

과제중심모델은 1970년대 초 시카고대학의 문제해결에 대한 단기적 시간제한적 치료접근으로 리드와 엡스타인(Reid & Epstein)에 의해 개발된 모델이다. 이것은 특정 심리사회적 문제를 가진 개인이나 가족을 도우려고 계획된 단기형태 또는 시간제한적 형태이다. 즉, 기존의 장기적 치료가 비용의 문제와 중도포기의 문제, 사회복지사의 업무담당 등으로 인하여 단기치료에 대한 관심이 고조되면서 보다 집중적인 구조화된 개입형태를 바라는 경향에서 나온 결과이다. 일반적으로 서비스는 2~3개월의 기간 내에서 8~12회 정도까지 제공한다. 클라이언트의 문제에 관해 클라이언트와 사회복지사가 협력해서 발전시키는 과제 또는 문제해결활동을 조직하며, 사회복지사는 클라이언트가 이러한 과제를 수행하도록 돕는 데 그의 노력을 집중하면서 통찰력을 키우고 강화에 이르기까지 절충적 중재를 활용한다(전재일 외, 2006; 서혜석 외, 2019 : 133).

1) 과제중심모델의 특성

과제중심모델의 실천적 요소로써의 특성은 계획된 단기성, 치료초점의 특정화, 고도의 구조성, 클라이언트 활동에의 강조, 경험적인 방향의 일곱 가지를 들고 있다(Reid & L. Epstein, 1977; 김윤재 외, 2011 : 113~114).

첫째, 가치적 요소이다. 가장 중요한 가치는 클라이언트의 표현된 욕구를 강조하는 것, 즉 클라이언트 자신이 문제가 무엇인지, 성공적인 해결책이 무엇인지를 가장 잘 알고 있다고 가정하는 것이다. 또 하나 중요한 것은 현재와 미래에 대한 가치지향성이다. 과거에 집착하기보다는 현재와 미래에 대하여 더 많은 관심을 표현한다.

둘째, 계획된 단기성이다. 과제중심모델은 상대적으로 짧은 시간 동안에 치료를 제한한다는 워커와 클라이언트 사이의 초기 상호동의를 필요로 한다. 정상적인 상황에서 계약은 문제가 결정된지 2~3개월간 6~12회기 동안에 이행된다.

셋째, 치료초점의 특정화이다. 과제중심적 실천은 심리내적 구조의 재조직과 행동수정의 가운데 존재하며, 단기치료이므로 문제와 목표의 특수화를 추진하여 포괄적이고 비조직적인 문제로 인한 클라이언트의 포기를 막는다.

넷째, 계약을 사용한다. 계약은 표적문제, 목표, 서비스의 지속시간에 관한 동의를 포함하며, 보통 2회기까지는 체결된다. 과제중심실천에서 계약의 핵심요소는 표적문제와 목표와 클라이언트-워커의 상호동의에 있어서의 명확성을 기하는 데 있다. 명확성은 클라이언트의 혼동과 그 결과로 발생하는 혼란, 빈약한 성과 등을 감소시켜준다.

다섯째, 고도의 구조성이다. 구조성은 하나의 모델이 개입과정을 조직하는 절차, 단계, 규칙들을 제공하는 정도를 말한다. 과제중심모델은 구조성이 높다고 할 수 있다.

여섯째, 클라이언트 활동에의 강조로써 과제중심적 실천의 중요한 전제이자 전략은 문제가 활동과 행위를 통하여 해결될 수 있다고 보는 점이다. 다른 모델들보다 워커의 활동이 많고 직접적 지시도 더 많다고 볼 수 있다. 또한 여기서 '과제'라는 핵심적 개념의 특징이 나타난다.

일곱째, 경험지향성이다. 이 모델은 계속하여 모델을 검증하고 이것에 기초하여 발전시켜 나가는 것이다. 개입절차에서 사용되는 각종 자료와 절차들은 추론이 아닌 객관적인 것이어야 하며, 정상적인 실천과정의 일부로서 조사연구절차가 사용된다.

2) 주요 개념

과제중심모델이란 대인관계와 사회적 관계의 어려움, 역할수행의 어려움, 정서적 고통 등 생활상의 문제들을 다루기 위해 고안된 모델이다. 문제를 가진 개인이나 가족들을 돕는데 있어서 단기간의 심리적·사회적 접근이 보다 효율적이라는 차원에서 종합적이며 효과적인 단기치료모델을 개발하였다. 과제중심모델에서의 과제는 클라이언트와 사회복지사 간의 동의에 의해 계획된 특정 유형의 문제해결활동을 의미하며, 면접 안에서 뿐 아니라 면접 밖에서도 이루어지는 활동을 말한다. 따라서 클라이언트의 문제는 표적문제를 감소하기 위해 면접하는 동안 클라이언트의 입장에서 사회복지사가 수행하는 활동을 말하며 클라이언트의 활동을 보완하고 클라이언트의 작업을 촉진하는 일을 행한다(임은희, 2004; 서혜석 외, 2019 : 135).

(1) 과제계획

❶ 표적문제선정

일단 클라이언트의 문제가 어느 영역에 속하는 것인지를 알고 나면 개입의 대상이 될 문제를 선정해야 한다.

❷ 표적문제상황

문제를 만들어 내는 진짜 상황으로, 중요한 인간 상호관계, 역할수행 상의 어려움, 재정적 곤란 또는 사회환경의 다른 여러 가지 특성이다.

❸ 계약

전통적 사회복지실천에서 개입의 가장 기초적인 요소인 클라이언트와 사회복지사 간의 동의를 현대적 형태로 나타낸 것이며, 계약은 개입에 대한 동의로 클라이언트의 자기결정권이 강조된다.

(2) 과제의 기본유형

❶ 일반적 과제

일반적 과제는 행동의 방향만 제시하고 구체적으로 무엇을 해야 하는지 제시하지 않는다. 일반적 과제는 클라이언트의 목표를 내포한다. 즉, 클라이언트가 수행해야 할 과제와 클라이언트의 목표가 같음을 의미한다.

예를 들면 "A는 자기주장훈련 프로그램에 등록해야 한다"와 같은 것이다.

❷ 조작적 과제

클라이언트가 수행해야 할 구체적 과제를 말하는 것으로 다음과 같다(이준우 외, 2004; 서혜석 외, 2019 : 136).

- 유일과제 : 한 번 수행하는 것
- 되풀이과제 : 반복적으로 수행하는 것
- 단일과제 : 여러 단계가 있는 하나의 활동
- 개인과제 : 한 사람이 수행하는 것
- 상호과제 : 연관되어 있지만 둘 이상의 사람이 구분되어 수행하는 것
- 공유과제 : 둘 이상의 사람이 함께 수행하는 것
- 인지과제 : 정신적 활동을 검토해서 명확하게 하는 것

3) 개입과정

과제중심모델의 개입전략은 클라이언트의 표현된 욕구나 문제에 기반하여 구체적 목표와 표적을 추출하고 이를 과제로 형성하며, 서비스의 기간에 대해서 클라이언트와 계약을 수행한 후 클라이언트의 과제수행을 원조하는 것으로 이루어진다(엄명용 외, 2007; 김혜란 외, 2001; 임상록 외, 2010; 김윤재 외, 2011 : 116~124).

(1) 초기단계

❶ 1단계 : 시작단계

초기단계는 클라이언트가 표현하는 다양한 문제의 유형과 원인을 탐색하고 표적문제를 선정하는 과정이다. 이 단계에서 사회복지사는 클라이언트가 표현하는 다양한 문제를 모두 탐색하면서 어떠한 문제가 가장 우선적으로 표적문제인지를 설정한다. 문제의 탐색은 클라이언트의 과거사나 감정적인 반응에 치중하기보다는 클라이언트를 의뢰한 기관의 목표나 클라이언트가 현재 처해 있는 상황적 맥락에서 탐색해야 한다. 문제에 대한 탐색이 끝나면 사회복지사는 클라이언트가 해결하기를 동의하는 표적문제를 우선순위를 정

하여 최대 3개까지 선정하고 클라이언트와 구두나 서면으로 계약을 맺는다. 클라이언트와 계약을 맺을 때는 표적문제, 치료목표, 치료기간, 면접시간과 장소 등을 명확히 명시해야 한다.

❷ 문제규명(Problem Identification)

과제중심모델의 전체 과정에서 문제의 규정은 가장 핵심적인 작업이다. 왜냐하면 대개의 클라이언트는 면접에서 문제를 인지하기까지 억압된 감정상태, 사회복지사에 대한 불안, 도움에 대한 불확실성 때문에 문제를 노출하지 않는 경향이 있으므로 표적문제를 구체적으로 규정해야 무엇이 변화해야 하는지, 또 변화를 가져오기 위해 무엇을 해야 하는지 등이 명확해지기 때문이다. 표적문제를 설정하는 과정에서 사회복지사는 클라이언트의 견해를 최대한 반영해야 하며, 설정한 표적문제가 무엇인지 사회복지사와 클라이언트 모두가 분명하게 이해하고 있어야 한다. 간혹 클라이언트와 사회복지사의 견해에 차이가 있는 경우, 사회복지사는 클라이언트의 관심과 사회복지사 자신의 전문적 판단을 최대한 반영할 수 있는 방향으로 협의해야 한다. 표적문제가 결정되면 클라이언트 주체로 개입의 우선순위를 정해야 한다. 우선순위를 결정하기 위해 사회복지사는 문제목록에서부터 출발하여 사회복지사의 제안을 소개하고 문제를 분류한다. 분류 시에는 행동적·상황적 특성을 기준으로 하거나 기대되는 결과를 기준으로 분류한 후 클라이언트가 가장 중요하게 생각하고 있으며, 현실적으로 변화의 가능성이 높은 것부터 우선순위를 결정한다.

❸ 계약(Contracting)단계

계약은 사회복지사와 클라이언트의 동의를 형식화하는 것으로 사회복지실천에서 개입의 기본 요소가 되며, 계획단계의 결정체라고 할 수 있다.

계약서의 형식은 기관의 목적, 클라이언트의 욕구, 계약의 목적에 따라 다르지만, 계약의 목표를 명료화해야 한다. 이때 계약은 클라이언트의 자기결정권과 문제해결 의지를 최대한 반영하기 위해 서면 또는 구두계약으로 이루어진다. 구두계약은 서면계약과 근본적으로는 같지만 구두로 계약한다는 점에서 차이가 있다. 서면계약과 비교할 때 신속하고 쉽게, 특히 클라이언트가 불신하거나 저항할 경우 유용하다. 그러나 합의 내용을 잊거나 부정할 수 있기 때문에 간단한 내용은 기록해 두는 것이 좋다. 서면계약은 가장 공식적인 형태로써 사회복지사, 클라이언트, 그 외에 관련이 있는 사람들이 동의한 사실을 서면으로 작성한다. 서면계약을 하게 되면 클라이언트가 개입의 내용이나 결과에 대해 잘못 이해하는 것을 예방할 수 있고, 클라이언트의 책임을 분명히 할 수 있다. 또한 클라이언트는 서면계약을 하면서 의지를 더 강하게 할 수 있고, 필요한 경우 언제라도 계약 내용을 검토할 수 있다는 장점이 있다. 따라서 오해 가능성을 최대한 줄일 수 있다. 계약단계에서 워커와 클라이언트는 표적문제들을 구체적으로 규정하며 주어와 서술어 형식으로 서술한다. 일반적으로 하나의 문제에 대하여 하나의 목표를 설정하며, 목표들 역시 주어와 서술어 형식으로 클라이언트 입장에서 서술하되, 성취여부에 의문이 제기되지 않도록 해야 한다. 계약의 내용은 다음과 같다.

- 우선 문제
- 구체화된 목표
- 클라이언트와 워커의 과업
- 개입 및 면접 계획
- 과정에 참여하는 사람 그리고
- 면접이 이루어지는 장소 등 구체적으로 정해야 한다.

④ 개입계획의 진술

개입계획에서 사회복지사는 각 단계마다 어떤 개입이 필요하고 어떤 효과를 기대할 수 있는지 등 개입의 타당성에 대한 클라이언트의 동의를 얻을 수 있는 계획을 제시해야 한다.

- 과제의 계획

  과제는 과제중심모델에서의 문제를 해결하기 위한 중심 활동이다. 또한 클라이언트의 과제는 표적문제를 완화해 나가기 위해 클라이언트가 수행해야 할 활동이다. 그러므로 과제를 계획할 때의 기준은 표적문제를 완화시키기 위해 클라이언트 자신이 할 수 있다고 생각하는 것 그리고 사회복지사의 전문적 지식과 경험이 된다. 만약 개입이 진행되는 동안 표적문제의 향상이 이루어지지 않는다면 과제를 바꾸어야 한다. 또 그 과제가 다 수행되었거나 전혀 수행되지 않았거나, 수행될 수 없을 때에는 다른 과제로 수정해주어야 한다.

- 면접에 대한 계획

계약서에는 면접에 대한 계획이 포함되어야 하는데 면접시간, 계약의 빈도, 계약 지속기간이나 시간제한에 대한 계획 등이다. 시간제한을 표시함으로써 클라이언트와 사회복지사는 목표달성을 위해 에너지를 조직화할 수 있고, 클라이언트의 불필요한 의존을 막을 수 있다. 대개 과제중심모델을 이용한 개입은 6~12회의 면접이 3~4개월 안에 이루어지는 것이 보통이다.

(2) 중기단계(실행단계)

중기단계에서는 문제해결 활동을 수행하는 단계로 과제수행을 통해 문제가 감소되고 해결되는 단계이다. 전체를 8회로 계획한 개입계획에서 2~7회 정도의 세션이 중간단계에 해당될 정도로 중심적인 단계이며, 사정, 문제해결, 개입전략의 개선 등이 주요한 과업이 된다. 과제중심모델에서 문제를 해결하는 주요 수단은 첫째, 효과적인 문제해결을 위하여 자원을 제공하는 것이며, 둘째, 사회기술과 문제해결기술을 습득하도록 돕는 것이며, 셋째는 과제를 수행하는 것이다. 또한 워커들이 주로 사용하는 기법들은 인간행동을 설명하는 특정이론에 기초하기보다는 표적문제를 해결하는데 효과적인 다양한 기법들을 포함한다.

❶ 사정

실행단계는 초기단계에서의 사정을 보다 정교화하여 기초선 설정, 사회적 맥락에서 인지·정서적 상황에 대한 사정이 이루어진다. 과제중심모델에서의 사정은 활동을 위한 요구 사항 및 활동하는 데 예견되는 장애물 등을 확인하고자 하는 것이다. 사회적 맥락은 클라이언트의 물리적 환경, 사회적 관계망, 사회경제적 조건, 문화, 지역사회 등을 말하는 것으로 이런 사회적 맥락이 클라이언트의 문제를 촉진하고 유지시키는 역할을 할 수도 있기 때문에 중요하다. 또한 심리검사나 정신의학적인 조사는 클라이언트의 인지적·정서적 상황에 대한 사정을 하는 데 유용하며, 이를 통해 사회복지사는 클라이언트의 성격, 특징, 생활방식, 대인관계 양상, 문제해결, 인지능력 등이 문제에 어떤 영향을 미치는지 그리고 클라이언트의 잠재력과 한계는 어떠한지를 이해하는 데 도움을 얻게 된다.

❷ 문제해결과정

중기단계에서는 클라이언트와 사회복지사 모두를 포함하고, 다른 사람이나 조직과도 적극적으로 합의하여 과제수행에 도움이 되게 해야 한다. 사회복지사는 먼저 클라이언트로 하여금 과제를 이해할 수 있도록 동기유발을 시켜야 한다. 또한 사회복지사는 과제수행을 지지하기 위한 적절한 지역사회자원을 선택하고 클라이언트와 연결하여 이용하도록 하며, 과제수행에 방해가 되는 장애요인을 찾아서 수정해야 한다. 과제를 개발하고 수립하는 과정은 다음과 같다.

- **가능한 과제의 제시** : 과제를 계획하는 첫 단계는 클라이언트가 실행할 수 있는 가능한 과제에 관한 아이디어들을 생성해내는 것이다.
- **동기 형성** : 클라이언트로 하여금 과제를 잘 수행할 수 있도록 치료자는 동기부여를 해야 한다. 그래야 클라이언트가 자신의 노력이 가치 있는 것이며 과제를 잘 마무리할 수 있도록 노력을 지속할 수 있게 해준다.
- **과제수행의 계획** : 계획은 치료자가 클라이언트에게 어떤 방식으로 과제를 달성할 것인지를 질문하면서 이끌어낼 수 있다.
- **예견되는 장애물의 규명과 해결** : 과제달성을 위한 활동에서 예견되는 장애물을 규명하고, 이러한 장애물을 극복하기 위한 대안들을 탐색해야 한다.
- **모의실험, 예행연습** : 대부분의 과제계획은 과제수행 행동을 가상해보기 위해 역할극을 사용하여 세션 내에서 리허설을 해 볼 수 있다.

- **과제동의** : 치료자는 과제를 부여하기 전에 클라이언트의 동의를 얻어야 한다. 명백한 동의는 과제의 시도를 인정한다는 의미에서 계약을 완성시킨다고 볼 수 있다.
- **과제계획의 요약** : 회기를 끝내기 전에 사회복지사는 클라이언트에게 과제계획에 대한 요점을 숙지시켜야 한다.

(3) 종결단계

과제중심모델은 단기치료이므로 어느 정도 초기단계에서 종결단계가 명시된다. 이에 종료단계에서 이별과 관련된 감정을 경험하게 되는데, 이때 치료자는 개입과정을 통해 성취한 것에 대해 점검하고 필요한 경우 연장하거나 사후 지도한다.

❶ 종결단계에서 점검해야 할 과제

구체적으로 이 과정에서 점검해야 할 과제는 다음과 같다.

첫째, 종결단계에서 핵심적 과제 중의 하나는 합의된 목표가 성취되었는지 여부이다. 종결은 희망하는 결과가 발생하였을 때 혹은 더 이상의 진전이 가능하지 않을 때 이루어진다.

둘째, 사회복지사와 클라이언트 체계가 원조과정에서 성취한 바는 종결 이후에도 유지되어야 한다.

셋째, 종결에 대한 반응은 슬픔, 상실감에서 자유로움까지 여러 방식으로 경험될 수 있다. 사회복지사와 클라이언트는 모두 정서적 반응을 나타낼 수 있으며, 이것들은 인지, 논의, 해결되어야 할 필요가 있다.

넷째, 종결과정에서 클라이언트에게 도움이 더 필요하다고 판단될 때 사회복지사는 적절한 의뢰를 해야 한다. 이 의뢰는 정신과 의사와 같은 특정 개인일 수도 있으며, 클라이언트가 필요로 하는 유형의 도움을 제공할 수 있는 기관일 수도 있다.

❷ 종결의 유형

이 단계에서 종결의 유형 다음과 같다.

첫째, 클라이언트에 의한 일방적 종결이다. 클라이언트에 의한 일방적 종결은 클라이언트가 갑자기 약속을 어기거나 이런저런 이유로 올 수 없다고 핑계를 대고 더 이상 자신의 문제를 노출시키려 하지 않으면서 종결을 원할 때 이루어진다. 클라이언트에 의한 일방적 종결은 대부분 해결되지 못한 저항 때문이거나 문제가 이미 해결되었다는 비현실적인 믿음 때문일 수 있다. 이때 사회복지사는 계속 진행할 것을 강요해서는 안 되며, 언제든지 다시 올 수 있는 여지가 있음을 분명히 알려야 한다. 그럴 경우 클라이언트는 부가적인 서비스 때문에 다시 올 수 있고, 다시 올 때는 전보다 더 많은 동기를 가지고 오게 된다.

둘째, 시간제한적 개입모델에 의한 계획된 종결이다. 기관이나 조직이 정해진 기간 동안 서비스를 제공하는 기능을 가지고 있는 경우, 종결은 이에 의거하여 계획되어야 한다. 이 경우 대체적으로 기간이 미리 정해져 있기 때문에 클라이언트가 임의적으로 시간을 제한하였다고 해석하거나 사회복지사가 자신을 버리거나 유기한다고 해석할 가능성이 감소한다. 이러한 종결은 처음부터 사회복지사와 클라이언트가 개입기간을 미리 정하고 시작하는 것이기 때문에, 클라이언트 입장에서는 종결에 따른 충격이 상대적으로 적고, 시간을 가지고 종결에 대한 감정을 해소할 수 있다.

셋째, 계획되지 않은 종결이다. 계획되지 않은 종결은 클라이언트가 일방적으로 면접에 오기를 포기하거나 과제를 전혀 수행하지 않는다거나, 사회복지사가 개입이 효과가 없을 것이라고 판단할 때 발생한다.

넷째, 시간제한이 없는 개입모델에서의 계획된 종결이다. 시간제한이 없는 개입모델에서는 종결시점을 결정하는 것이 주요한 종결과제이다. 일반적으로 클라이언트가 사회복지사와의 만남에서 얻게 되는 이득이 점차 줄어들어서 이제는 그 의미가 별로 없다고 판단되는 시점이 종결시점이라고 한다. 사회복지사는 클라이언트에게 충분한 진전이 있었다고 판단되면 클라이언트에게 종결에 대해 타진해보도록 한다. 흔히 클라이언트는 종결에 관해 언급하기를 주저하므로 사회복지사가 이 문제를 거론해줄 필요가 있다.

다섯째, 사회복지사의 개인적 사정으로 인한 종결이다. 사회복지사의 개인적 사정으로 인한 종결은 클라이언트와 사회복지사 모두에게 어렵다. 이전에 중요한 관계에서 거부당한 적이 있는 클라이언트는 특히 상처받기 쉽고 자존심이 약해지게 된다. 사회복지사 또한 떠나는 죄책감을 보상하기 위해 지나치게 잘 대해주고, 재보증을 해주게 되는데, 이로 인해 클라이언트는 그들의 부정적인 감정을 표현하기가 더 어려워진다. 이 경우 사회복지사는 시간이 허락하는 한 감정표현을 허용하고 다른 사회복지사로의 의뢰를 수용하도록 도와야 한다.

4) 개입기법

과제중심모델은 클라이언트의 문제해결을 원조하고 클라이언트에게 건설적인 경험을 제공하여 문제해결능력을 강화하는 것에 그 목적이 있다. 이러한 기능을 수행하는데 있어서 문제를 감소시키는 데 가장 중요하게 작용하는 것은 클라이언트의 동기화이다. 이를 위해 클라이언트가 자신의 문제를 해결하기 위해 하고자 하는 것과 어느 정도의 해결을 원하는가 하는 두 가지 면에서 개입해야 한다. 또한 워커의 전문지식을 활용하여 클라이언트가 보다 효과적으로 대처하도록 할 수 있다. 워커가 사용하는 의사소통의 유형은 독특한 특징과 기능을 가지고 있기 때문에 그 각각 또한 치료의 기법이나 방법으로 볼 수 있다. 과제중심모델의 주요기법을 살펴보면 다음과 같다(김윤재 외, 2011 : 125~126).

(1) 탐색

탐색은 모든 대인치료모델에서 사용되는 기본적인 방법으로, 클라이언트로부터 자료를 끌어내려는 워커의 노력을 의미한다. 탐색은 두 가지 목적을 가지고 있는데, 그 하나는 필요한 정보를 얻는 것이며 다른 하나는 의사소통의 흐름을 적절한 내용에 초점을 맞추도록 하는 것이다. 과제중심모델에서는 탐색이 클라이언트 문제를 끌어내고 문제를 명확히 하며 과제의 가능성을 검토하는 것으로 집중된다.

(2) 구조화

구조화는 개입의 초기에 주어지는 치료의 목적과 특성에 대한 일반적인 설명을 포함하지만, 과정 중에는 그것을 지나치게 표현할 필요가 없다. 즉, 개입의 문제, 과제 및 시간제한에 관한 의사소통, 과제수행에 적합한 내용으로 클라이언트의 의사소통의 흐름을 분명하게 유도하는 반응들이다.

(3) 직접적 치료기법

앞에서 설명한 탐색과 구조화가 잠재적이며 간접적인 변화기능을 가지는 반면에, 이 기법은 보다 직접적으로 변화를 추구하는 기반을 마련해준다. 특히 인식증진, 지시 및 격려는 클라이언트의 지각, 태도, 감정 및 행동에 수정을 가하도록 계획되는 것들이다. 이러한 기법들은 워커가 클라이언트에게 전달하는 메시지로 구성된다.

❶ 인식의 증진

이 기법은 클라이언트 자신뿐만 아니라 타인이나 그의 상황에 관한 정보를 클라이언트에게 제공해주기 위한 워커의 노력으로 구성된다. 여기에는 해석, 명확화, 직면 및 반성 등이 포함된다.

❷ 격려

워커는 클라이언트가 수행한 행동에 대한 인정이나 기타의 긍정적인 반응을 표현할 때 격려의 방법을 사용한다. 격려는 변화에 공헌한다. 왜냐하면 클라이언트는 그가 존경하는 사람의 인정이나 시인을 가져오는 행동을 수행할 가능성이 있기 때문이다.

❸ 지시

클라이언트가 시작한 행동을 워커가 인정해주는 격려와 방법과는 달리 지시는 클라이언트가 생각하지 않았거나 생각하고 있는 몇 가지 가정 중의 하나를 워커가 추천해주는, 즉 행동 가능성을 제시해주는 것을 말한다.

5) 과제중심모델의 평가 및 사례

(1) 과제중심모델의 평가

과제중심모델은 다양한 문제와 클라이언트에게 성공적으로 적용되고 있지만, 아직 어떤 사례에 활용해야 할지 또는 무엇이 단기적 특성인지에 대한 의문이 제기된다. 과제중심모델은 문제가 청소년의 중증상태의 만성적 과다행동과 관련된 경우에는 성공하기 어렵다. 특히 문제가 지역사회 내의 반사회적 행동이나 부모-자녀 간의 갈등 혹은 부모 간의 갈등일 경우 더욱 그러하다. 또한 과제가 변화를 가져오는 도구라는 증거가 상당히 있기는 하지만, 어떤 문제와 클라이언트에게 어떤 과제가 가장 좋은지에 대해서는 아직 연구가 더 필요하다(신성자 외, 2007; 김혜영 외, 2018 : 116~117).

(2) 사례

과제중심모델에 대한 이해를 돕고자 다음과 같은 사례를 살펴보기로 한다(김혜영 외, 2018 : 117~118).

❶ 클라이언트명 : 박○○

❷ 성별 및 연령 : 여 / 64세

❸ 사례요약 : 1947년 북한에서 태어났으며, 3살쯤 남한으로 내려 온 실향민 출신이다. 그러나 집안이 부유하여 일본과 미국을 유학하였으며, 미국의 캘리포니아대학교 로스앤젤레스 캠퍼스에서 산학교수로 재임하였다. 미국에서 생활을 하다 한국으로 돌아와 사업을 했는데 크게 부도 및 사기를 당하면서 재산 대부분을 잃었다. 이후 몸이 급격히 나빠지면서 현재 집에 거주하게 된다. 집에서 김치와 밥으로 간단하게 식사를 하며, 월 35만 원의 기초수급자급여를 받으며 생활하고 있다. 현재 연립주택 반지하 1층에 월세로 혼자 살고 있으며, 심장협심증, 당뇨병, 고혈압 등의 질병으로 매월 종합병원에 진단 및 치료를 받으러 간다. 병원비가 많이 나와 부담스러워 하고 있다. 그리고 예전에는 거동을 할 수 있어 교회 및 복지관의 경로식당, 탁구 및 서예 수업을 들으러 갈

수 있었으나, 지금은 거동이 불편해 복지관과 교회에 방문하기가 힘들다. 거동이 불편하다면서 하루에 한 끼만 챙겨먹어 건강이 더 악화되고 있는 실정이다.

❹ 표적문제

- 생계유지를 위한 자원이 부족
- 복합질병으로 인한 건강 악화
- 거동이 불편하여 대인관계가 단절

❺ 목표와 일반적 과제

- 지역자원을 발굴하여 연계해 준다.
- 건강을 회복하기 위해 끼니를 거르지 않는다.
- 교회 사람들 및 친구가 집으로 놀러올 수 있도록 한다.

❻ 클라이언트의 과제

- 건강한 생활을 위해 매일 1끼 이상 거르지 않는다.
- 매일 일정한 시간에 식사를 할 수 있도록 한다.

❼ 사회복지사의 과제 및 역할

- 복지관 도시락 사업의 수혜자가 될 수 있도록 연계한다.
- 집에 필요한 생활용품을 지원할 방안을 모색한다.
- 필요한 내적외적 자원을 활용하고 필요한 정보를 제공한다.
- 과제를 재구성하고 새로운 과제를 추가한다.

❽ 개입계획

- 2017년 01월 02일~2017년 02월 27일(8주간)
- 매주 월요일/ 주 1회 면담
- 면담장소 : 클라이언트가 거주하고 있는 집

02 사례관리의 이해

1) 사례관리의 개념

사례관리(case management)는 다양하고 복합적인 욕구를 갖고 있는 클라이언트의 사례별로 관리하여 클라이언트의 개별적 상황에 맞는 서비스를 계획하고 제공하는 서비스전달체계를 의미하는 것이다.

사례관리(case management)에 대한 학자들의 견해를 살펴보면 다음과 같다.

목슬레이(Moxley)에 의하면 사례관리란 복합적인 욕구(need)를 가진 사람들의 기능화와 복지를 위해 공식적·비공식 지원과 활동의 네트워크를 조직하고 조정·유지하는 것이라고 하였다(Moxley, 1989).

머레이(Mullahy)는 '사례관리란 양질의 비용과 효과적인 성과를 도모하기 위하여 의사소통과 이용 가능한 서비스를 활용하여 개인의 보건욕구를 충족할 수 있도록 선택과 서비스를 사정하고, 계획하고, 실행하고, 조정하고, 점검하고, 평가하는 하나의 협력적인 과정'이라고 정의하고 있다(Mullahy, 1995).

바우어(Bower)는 사례관리의 요소로서 사정과 문제 확인, 계획, 서비스의 전달과 조정, 클라이언트의 다중적 서비스 욕구가 충족되고 있는가를 확실히 하기 위한 점검 등으로 정의하고 있다(Bower, 1992).

김향선 외(2015)에 따르면 쿠마르(Kumar, 2000)는 사정, 계획, 조정, 전달과 모니터링 등의 서비스 과정을 통하여 책임 있는 서비스로의 접근성을 용이하게 함으로써 클라이언트 중심의 서비스 통합을 달성하기 위한 전문적인 서비스로 정의하고, 베이커(Baker, 1987)는 복잡한 여러 문제와 장애를 겪고 있는 대상자가 그들이 필요로 하는 모든 서비스를 받을 수 있도록 서비스를 공급하는 접근법으로 정의하며, 발류와 밍크(Ballew & Mink, 1996)는 복합적인 문제를 겪는 사람들의 자원망을 개발하거나 확대하며, 자원을 획득하고 이용할 수 있는 개인의 능력을 강화시켜 주는 원조 과정이라고 정의하였다(이광재, 2019 : 204).

2) 사례관리의 등장배경

사례관리의 등장배경은 1970년대에 미국에서 사회복지실천 방법의 하나로 주목받으며 시작되었고, 1980년대 이후로는 미국, 영국과 캐나다 등에서 정신장애 등을 비롯해 노인, 아동과 발달장애인과 같은 여러 가지 대인서비스에 주목을 받게 되었다. 우리나라는 2000년대 이후부터 적용되기 시작했다(최은희 외, 2017; 이광재, 2019 : 206~208).

(1) 탈시설화의 영향

입소시설에서의 서비스 전달은 모든 서비스가 한정된 시설 안에서 제공되도록 구조화되어 있다는 이점이 있지만, 입소자의 재활에 한계가 있으며 공적으로 부담해야 하는 비용이 크다는 단점이 있다. 따라서 사례관리가 생기면서 각 조직의 경계를 넘어 서비스들이 함께 이루어질 수 있는 장치를 제공함으로써 이와 같은 문제들이 상쇄될 수 있도록 하는 수단으로써 도움을 주게 된다.

(2) 서비스 전달의 지방분권화

사회적 서비스의 공급 주체가 중앙정부에서 지방정부로 이동되면서 각 기관의 서비스를 조직화하고 클라이언트의 욕구를 통합적으로 충족시킴으로써 지방분권화에 따른 부정적인 측면을 보충하기 위해서 사례관리가 강조되게 되었다.

(3) 복합적인 욕구를 가진 인구의 증가

현대사회는 지적장애나 정신질환과 신체장애를 가진 사람이나 노인 등이 증가하면서 복합적인 욕구를 가지는 클라이언트들은 자신들의 욕구를 지원해 줄 수 있는 체계가 확립되지 않은 지역사회에서 생활을 영위하기 어렵게 된다.이들이 지역사회에서 살아가도록 하기 위해서는 클라이언트들이 필요로 하는 서비스를 조직화하고 통합하여 연계하기 위한 사례관리가 요구되었다.

(4) 기존 서비스의 단편성

서비스 공급 주체는 지방정부, 민간조직 등으로 나뉘고 서비스는 연령집단별, 기능집단별, 기능집단별 혹은 문제영역별로 나뉜다. 이처럼 복지서비스가 통합되지 못하고 단편적으로 이뤄지는 상황에서는 클라이언트의 욕구가 충족되기 어렵고 문제해결은 형식화되거나 방치되기 쉬워진다.

(5) 사회적 지지와 사회적 망의 강조

사회적 지원체계와 지원망에 대한 관심은 복지국가 위기론과 함께 혼합복지 혹은 복지다원주의가 나타나면서 공적 서비스를 비공식적 서비스로 대처하고자 하는 움직임이 일어나기 시작했다.

(6) 비용억제의 필요성

사회복지서비스에 있어 비용을 억제해야 하는 필요성에 따라 사례관리가 강조되었다. 따라서 복지 서비스의 효과성, 책임성에 기초하여 서비스의 중복을 점검해야 하는 전문기술의 필요성을 절감하게 되었고, 서비스의 계획을 관리하고 서비스 전달의 효과성을 최대화하는 대응책으로 사례관리에 대한 관심이 고조되었다.

3) 사례관리의 특성과 목적

(1) 사례관리의 특성

사례관리의 특성에 대해서 엄명용 외는 다음과 같이 설명하고 있다(엄명용 외, 2005, 김윤재 외, 2011 : 130).

❶ 다양하고 복합적인 욕구를 가진 클라이언트를 대상으로 한다.
❷ 클라이언트의 문제해결과 치료보다는 욕구충족과 보호에 더 중점을 둔다.
❸ 클라이언트의 사회적 기능과 독립을 극대화하기 위해서 보호의 연속성과 책임성을 보장한다.

❹ 서비스의 효과성(effectiveness)과 효율성(efficiency)을 높이기 위해 포괄적인 서비스를 제공하고 서비스의 조정과 점검을 실시한다.
❺ 클라이언트와 그들의 사회환경과의 상호작용에 관심을 집중시키며 다양한 지원체계의 광범위한 서비스를 활용한다.
❻ 가정방문, 안내, 의뢰 등과 같이 클라이언트에 대한 적극적인 접근을 강조한다.
❼ 클라이언트 수준에서 클라이언트 각자의 욕구를 개별화하며, 개입과정에서 클라이언트의 참여와 자기결정을 촉진시킨다.
❽ 개별적인 실천기술과 지역사회실천기술을 통합한 형태이다.

(2) 사례관리의 목적

무어(Moore, 1990)의 사례관리의 목적은 다음과 같다(Moore, 1990; 이광재, 2019 : 208~209).

❶ 클라이언트가 서비스와 자원들에 가능한 한 용이하게 접근하도록 클라이언트의 생활기술을 최대한 증진한다.
❷ 클라이언트의 복지와 기능화를 증진하기 위해 사회적 망과 관련하여 사회복지서비스 제공자들의 능력을 개발한다.
❸ 가능한 한 가장 효율적인 방법으로 서비스와 지원이 전달될 수 있도록 하고 동시에 서비스의 효과성을 향상시킨다.
❹ 환경의 이용을 원활히 하기 위해 각 개인의 잠재 가능성을 개발하고 그 활용을 극대화시킨다.
❺ 가족들과 일차 집단들의 보호 능력을 극대화한다.
❻ 일차적인 보호자원들과 공적 보호체계를 통합시킨다.
❼ 개인들과 1차적 집단들의 욕구를 충족시키기 위한 공적 보호체계의 능력을 극대화시킨다.

4) 사례관리모델과 기능

(1) 사례관리모델

❶ 일반주의모델(generalist model)

사례관리 모델 중 전통적인 실천모델과 가장 가까운 것으로, 이 모델에서 사례관리자의 자율성이 보장된다는 특징이 있으며, 특히 장기적인 클라이언트에게 적합하다.

❷ 치료자모델(primary therapist-case manager model)

이 모델에서 사례관리자는 클라이언트에 대한 치료를 우선으로 한다는 특징이 있으나 다소 이상적이라는 단점이 있다.

❸ 통합된 팀모델(integrated team model)

이 모델에서는 팀 구성원 각자가 전문 영역 내의 서비스 활동에 대해 특별한 책임을 맡게 된다는 점을 장점으로 삼는다. 그러나 이 모델은 책임 소재를 분명히 할 수 없다는 단점이 있다.

❹ 가족모델(family model)

가족구성원들이 사례관리과정에서 함께 하면 서비스의 전달에 있어 보다 효과적일 수 있으나, 사례관리자가 가족구성원 모두에게 지식이나 기술을 가르치는 데에는 한계가 있다.

❺ 지지적 원조모델(supportive care model)

이 모델은 클라이언트의 지지자들로 지역사회주민들을 들고 있는데, 이들이 적절한 자원과 가이드를 받는다면 보다 효과적인 서비스를 제공할 수 있다는 신념에 기초하고 있다.

(2) 사례관리의 기능

사례관리의 핵심적인 기능은 클라이언트의 포괄적 욕구를 충분히 인식하는 것과 클라이언트의 욕구에 적합한 서비스 체계를 조정하고 연결하는 것 그리고 클라이언트에게 제공되는 서비스에 대해 지속적으로 점검하는 것이다. 여러 학자들에 의해 정리된 사례관리의 기능은 다음과 같다(김민경, 2017 : 147~149).

❶ 클라이언트와 필요한 서비스와 연결 기능

클라이언트와 서비스의 연결은 클라이언트의 욕구를 충족시키기 위해서 필요하고, 유용한 서비스와 권리를 클라이언트에게 위임하고 양도하는 것이다. 이런 기능의 수행을 위해 사례관리자는 클라이언트에게 유용한 지원이 무엇인지를 인식하고, 클라이언트와 서비스의 효과적 연결을 위해 클라이언트를 옹호해야 한다.

❷ 비공식 지원체계와 클라이언트의 상호작용 촉진 기능

비공식적 지원체계를 통하여 클라이언트는 경제적, 사회적 안정과 신체적, 정신적 건강과 정서적 지지, 안내, 지역사회생활의 향상 등에서 결정적 도움을 받고 있으며, 이것은 다른 지원체계보다 더 클라이언트에게 실질적 지원을 제공한다.

❸ 사례관리기관 상호간의 조정 기능

기관 상호간의 조정은 공식적 정책이나 비공식적 기관 상호간의 협정을 통하여 기관 사이의 연계를 촉진함으로써 사례관리의 효과성을 높이는 기능이다.

❹ 상담기능

상담은 사례관리과정에서 클라이언트에게 유용한 서비스에 접근할 수 있도록 필요한 정보를 제공하며, 그들 자신의 욕구와 문제에 대한 이해를 증진시키고, 가족에게 그들에 대한 이해를 촉구하며, 서비스 제공기관과의 접촉을 향상시키는 기능을 수행한다.

❺ 문제해결 기능

문제해결은 사례관리과정에서 클라이언트의 생활에서 발생할 수 있는 성격상의 문제, 위기 상황 또는 실직, 부부갈등과 같은 일상생활상의 문제 등을 잘 극복할 수 있도록 도움을 제공하는 기능이다.

❻ 옹호 기능

옹호는 클라이언트와 클라이언트 집단의 사회적 기능을 향상시키기 위해서 그들의 무기력과 무능력을 제거하는 것이며, 명확한 욕구를 가지고 있는 개인 또는 집단에게 힘과 자원을 적절하게 분배하려는 목적을 둔 활동을 포함한다.

5) 사례관리의 특성표

사례관리의 특징을 이해하기 위해서는 전통적인 사회복지실천 방법과의 차이점을 이해할 필요가 있고, 개인과 가족은 물론 생태 체계적 관점에 근거한 환경 속의 자원을 이용하여 문제해결을 하는 것이라 할 수 있으며, 그 내용은 다음과 같다(이광재, 2019 : 213~214).

표 4-1 개별사회사업과 사례관리의 비교

구분	개별사회사업(case work)	사례관리(case management)
개념	스스로 해결하기 힘든 문제를 가진 개인에게 전문가가 행하는 개별적, 의도적 문제해결 과정	복합적인 욕구를 가진 클라이언트의 욕구 충족을 위해 사회자원을 연결, 조정하는 과정
목적	개인의 인성발달과 사회적 능력의 향상	보호의 연속성, 접근성과 책임성, 일차집단의 보호 능력 향상, 사회적 기능향상
대상	사회적응에 장애가 되는 문제를 가진 개인	복합적인 욕구를 가진 개인과 가족
구성	개인, 문제, 장소, 과정(4P)	클라이언트, 사례관리자, 사회적 자원과정
기능	치료, 상담, 손상된 능력회복, 개인적, 사회적 자원제공, 사회적 역기능의 예방	클라이언트의 서비스 연결, 비공식체계와의 상호작용 촉진, 기관 상호 간의 조정, 상담, 문제해결, 옹호
사회복지사의 역할	치료자, 상담가, 서비스 제공자, 지지자, 능역부여자, 교사, 평가자, 옹호자	사정자, 계획자, 중재자, 조정자, 점검자, 평가자, 옹호자, 경계범주자, 자원동원자
과정	접수 ➡ 조사 ➡ 사정 ➡ 치료 ➡ 종결	접수 ➡ 사정 ➡ 기획 ➡ 조정 ➡ 점검 ➡ 평가
수행장소	사회복지기관	다양한 기관과 지역사회

자료: 이광재(2019). 사회복지실천기술론.

6) 사례관리의 유형

사례관리의 유형을 기능에 따른 분류, 사례관리자 유형에 따른 분류, 통합적 접근 유형에 따른 분류로 나누어 살펴보면 다음과 같다(노혁, 2013; 이광재, 2019 : 218~222).

(1) 기능에 따른 분류

❶ 로스의 유형

로스(Ross, 1980)는 사례관리 프로그램을 최소화, 중재, 총체적 모델로 분류하였다. 첫째는 아웃리치, 클라이언트 사정, 계획, 의뢰라는 최소한의 기능을 수행하는 최소한의 모델이다. 둘째는 최소한의 모델에서 수행되는 모든 기능에 더해 옹호, 직접적인 케이스워크, 지지체계 개발, 재평가 기능을 포함하는 조정모델이다. 셋째는 조정모델의 모든 기능에 덧붙여 모니터링, 대중교육, 위기개입 기능을 포함하는 포괄적 모델이다.

❷ 무어의 유형

무어가 분류한 유형은 자원, 서비스통합 정도, 사례관리 기능에 따른 분류이고, 마케팅의 개념은 시장 경제적 의미에서 서비스를 판매한다는 뜻이 아니라 욕구에 맞는 서비스를 선택해서 연결한다는 의미로서, 자원은 희소하지만 서비스의 통합 정도가 높은 경우에는 자원을 가장 효율적으로 할당하는 역할이 중요시되며, 자원과 서비스 통합의 수준이 모두 낮을 경우에는 자원을 개발해서 조정하는 기능이 중시된다.

(2) 사례관리자 유형에 따른 분류

❶ 일반주의 실천가모델

일반주의 실천가모델에서는 한 명의 클라이언트에 대해서 한 명의 실천가가 할당되는 것으로 이 접근의 사례관리자는 사례를 돕기 위해서 자원 활용에 대한 과업 수행능력을 갖추어야 한다.

표 4-2 일반주의 실천가모델의 장점과 단점

구분	장점	단점
클라이언트	• 반응에 대해 신속성, • 분명한 책임소재, • 총체적 접근이 가능한 점, • 서비스의 지속성 및 조정	• 한 명에게 과도한 의존 • 전문적 역할의 남용위험
실천가	• 자유적 실천 • 다양한 기술을 수행할 기회의 극대화	• 책임부담이 큼 • 직원의 소진
기관	• 역할, 책임의 명확성 • 자원의 비용 효과적 이용 • 조직 변화에 거의 요구되지 않음	• 다른 기관의 자원에 접근하기 어려움 • 타 기관과의 자원관리에 대한 동의 필요

자료: 노혁(2013). 사회복지실천론.

❷ 전문실천가모델

이 유형은 팀 상호 간에 서로 협력이 잘 이루어지면 클라이언트를 효율적으로 도울 수 있다.

표 4-3 전문실천가모델의 장점과 단점

구분	장점	단점
클라이언트	• 현명한 실천가에 대한 의존 약화	• 비연속성, 서비스의 불일치, 관계 형성 저하, 신체적, 심리적 욕구를 분리하는 경향
실천가	• 특정 영역에서의 심도 높은 능력 개발 • 직원 소진 최소화, 소외감 방지	• 팀 구성원 간의 부조화
기관	• 직원의 비용효과적인 이용 • 상이한 기술 이용의 최대화 • 지식, 기술의 공유 증대	• 팀 구성원 간 조정의 어려움

자료: 노혁(2013). 사회복지실천론.

(3) 통합적 접근 유형에 따른 분류

목슬레이(Moxely)의 사례관리모델 실천 과정의 특징은 세 가지 기본적인 요소의 통합과 관련된 클라이언트 지지망의 착안에 있다.

❶ 세 가지 기본적인 요소의 통합

첫째, 자기보호 활동과 과업에 속하는 클라이언트의 행동능력과 인지능력이고, 이것은 클라이언트의 자기보호 요소이다.

둘째, 서비스 전달에 있어서 다차원적인 전문직 서비스 제공자들을 포함하는 것으로, 이것은 클라이언트 지지망의 전문적 보호 요소이다.

사회적인 지지와 보호 서비스에 있어서 클라이언트의 사회적 지지망을 포함하는 것으로, 이것은 클라이언트 지지망의 상호적 보호 요소이다.

셋째, 사회적인 지지와 보호 서비스에 있어서 클라이언트의 사회적 지지망을 포함하는 것으로, 이것은 클라이언트 지지망의 상호적 보호 요소이다.

이러한 클라이언트의 지지망은 사정, 계획, 개입, 점검, 평가를 통해서 조직과 조정되며 유지되는 모델이다.

❷ 클라이언트의 지지망

목슬레이(Moxely)는 사례관리자의 역할을 직접적인 서비스의 기능과 간접적인 서비스 기능으로 구분하고 있다.

직접적 서비스에서 사례관리자의 역할은 서비스를 제공해 주는 이행자, 교육자, 안내자 및 협조자, 문제해결 전반을 돕는 진행자, 전문화된 지식을 활용하여 클라이언트가 자원을 효과적으로 활용할 기회를 제공해 주는 정보전문가 및 지원가의 역할이다.

간접적 서비스에서 사례관리자의 역할은 클라이언트의 요구에 적절한 서비스를 실현할 수 있도록 자원과 클라이언트를 연결하는 중개자, 서비스와 자원을 클라이언트에게 연결하는 역할을 하는 연결자, 다양한 서비스를 포괄적이며 결속력 있는 통합적인 서비스로 제공하는 역할인 조정자, 클라이언트를 옹호해 주는 역할인 옹호자, 공식적, 비공식적인 대인 서비스 전달체계를 통해 서비스를 이용하거나 욕구를 충족시킬 수 없는 클라이언트에게 자원을 제공해 주는 사회적 망 수립자, 코디네이터, 서비스 전달망의 강점과 제한점에 대해 광범위한 지식과 아울러 특정 클라이언트의 문제에 대응할 수 있는 전문지식을 가지고 변화 매개기능을 행하는 역할협상 제공자이다(Moxely, 1988).

7) 사례관리 실천과정

전재일 외(2006)는 사례관리과정을 계약, 사정, 계획, 자원사정, 중재, 점검 및 평가를 중심으로 설명하고 있고 그 내용은 다음과 같다(서혜석 외, 2019 : 151~152).

(1) 계약

계약은 효과적 서비스를 위한 관계를 형성하는 것으로써 클라이언트가 사례관리자에 대한 신뢰에 기초하며, 계약과정의 주요 내용을 살펴보면 다음과 같다.

❶ 서비스 적격성 파악
❷ 클라이언트와 사례관리자 자신의 역할 소개
❸ 상호 기대 명료화
❹ 클라이언트 문제에 관한 정보수집
❺ 클라이언트의 부정적 감정을 완화시킬 수 있는 분위기 조성이다.

(2) 사정

사정과정에서는 클라이언트가 해결해야 할 문제와 클라이언트가 가지고 있는 문제를 해결하는 데 필요한 자원과 장애용인을 파악하는 것으로 그 내용을 살펴보면 다음과 같다.

❶ 사례관리자와 클라이언트는 문제가 무엇인지를 파악한 후에 문제영역에 대한 우선순위 설정을 한다.
❷ 클라이언트가 자신이 가지고 있는 문제나 정서적 측면을 인식할 수 있도록 해야 한다.

(3) 계획

계획은 사정기간 동안 클라이언트의 욕구와 환경적 요소 사이의 효율적 관계 수립을 위한 일련의 행동지침으로 다음과 같다(Ballew & Mink, 1986; 서혜석 외, 2019 : 152).

❶ 목표설정
❷ 우선순위정하기(클라이언트의 욕구 및 의견에 기초하여 우선순위를 설정하고 우선순위에 따른 일련의 실천 활동 구체화)
❸ 전략수립 및 선택(목표를 성취하기 위한 방법선택)
❹ 전략실행(사례관리실천의 전반적 기간 및 진행절차 결정)

(4) 자원사정

서비스 계획이 완전히 이루어지는 시기로서, 장애요인 극복을 위한 중재 시작단계이고, 가능한 자원을 연결하는 과정이며 그 내용은 다음과 같다.

❶ 원조자와 새로운 관계를 형성시켜 주기 위한 제반 활동
❷ 클라이언트 가족과 사례관리자 사이의 관계를 향상시켜 주기 위한 제반 활동
❸ 환경적 요인과의 갈등에서 비롯되는 옹호나 박해, 위협과 같은 클라이언트의 행동에 대한 중재활동이 포함된다.

(5) 중재

중재는 수립한 계획에 따라 일련의 행동을 실천하는 과정을 말하는 것으로, 연결, 협상, 대변, 조정, 상담 등을 통해 이뤄지는데, 연결은 사례관리자는 클라이언트와 필요한 자원의 중간자로서의 역할을 담당해야 하며, 바람직하게 연결해야함을 의미한다. 협상은 클라이언트와 자원의 요구가 일치하도록 하려는 일련의 활동과정이다. 대변은 클라이언트의 욕구와 활용 가능한 자원 사이에서 연결과 협상을 통해 적합성을 찾지 못할 때 이뤄지는 실천과정이다. 또한 조정은 모든 서비스 제공자가 클라이언트에 대한 전반적 계획을 수행해 나가는 데 있어서 책임져야 할 부분들을 결정해 주기 위한 것이고, 상담은 클라이언트의 정서적 측면에 초점을 두는 것으로 클라이언트의 생활력이나 현재의 정서상태를 평가하고, 클라이언트에게 새로운 동기를 형성시켜 의지를 강화해 주기 위한 실천과정이다.

(6) 점검 및 평가

점검은 서비스 계획에 대한 이해정도와 성취정도를 파악하는 단계이고, 평가는 서비스 전달이 클라이언트에게 얼마나 영향을 미쳤는지 확인하는 것으로 클라이언트가 획득한 서비스 정도를 판단하는 과정이다. 서비스 계획에 명시된 내용에 따라 서비스가 어떻게 전달되고 있는지, 얼마나 목표에 도달했는지를 사례관리자는 끊임없이 파악해야 한다.

03 위기개입모델

1) 기본개념

위기란 "한 개인이 심각한 스트레스나 외상적 사건에 부딪쳐서 심한 정서적 혼란을 경험하고, 일상적인 대처능력을 활용하지 못하는 상태를 의미한다. 위기이론에 의하면 인간은 누구나 위기에 처하게 되며, 스스로 문제해결이 곤란하여 전문가의 도움을 필요로 하는 클라이언트가 되고, 이로 인해 사회복지사가 위기에 처해 있는 개인이나 가족 그리고 집단을 돕기 위해 그들의 생활상황 속에서 문제를 해결하도록 돕는 것이 위기개입이다(이재선 외, 2018 : 67).

위기개입이란 긍정적인 성장과 변화를 유도할 수 있는 효율적인 대처기술을 개발시켜 줌으로써 위기에 처해 있는 클라이언트를 원조하는 데 사용되는 치료방법, 효과적인 대처기술의 개발은 클라이언트에게 문제를 인식시켜 주고, 그 문제가 가져올 충격을 깨닫게 하며, 유사한 경험에 직면했을 때 이에 대처하는 새롭고 더욱 효과적인 행동을 학습시킴으로써 이루어진다(서강훈, 2013).

위기개입모델의 등장배경은 제2차 세계대전 이후에 전쟁으로 인한 후유증과 이별이나 사별에 따른 심리적 문제 등에 대한 신속하고 숙련된 전문서비스가 요구됨에 따라 연구에 탄력을 받기 시작하였다. 위기개입모델은 심리학, 사회학, 정신분석학에 뿌리를 두고 있으며, 그중 긴장이론과 린더만(Lindermann)

의 사별에 따른 슬픔반응에 관한 연구, 캐플란 등의 지역사회 수준에서의 예방정신의학 연구 등이 토대를 이루며, 1950~1960년대에 급격한 성장을 이루었다(이재선 외, 2018 : 67).

(1) 위기의 특성

위기란 일반적으로 붕괴 그 자체가 아니라 붕괴에 대한 공포, 충격, 고통의 감정을 말하는 것이다. 즉, 위기는 사건 자체보다는 사건에 대한 개인의 주관적 반응에 따라 결과가 달라질 수 있다. 위기의 특성은 다음과 같다(James & GilliLand, 2008).

❶ 위기는 복잡하며 해결하기가 어렵다.
❷ 위기개입전문가의 삶의 경험이 위기개입의 효과성을 높일 수 있다.
❸ 위기는 성장과 변화의 원동력이 될 수도 있다.
❹ 위기는 만병통치약이나 빠른 해결책이 적용되지 않는다.
❺ 위기에서는 무엇을 할 것인가에 대한 선택이 필요하다.
❻ 위기는 정서적 불균형을 동반한다.
❼ 위기의 해결과 위기개입전문가의 개인적 특성은 서로 관련이 있다.
❽ 위기는 위기를 경험하는 개인에게 위험과 기회를 준다.
❾ 위기는 일반적으로 시간이 제한적이지만 일련의 반복적인 전환 위기 시점으로 발달될 수 있다.

(2) 위기의 영역(유형)

위기상황의 내용은 다양하며 위기의 영역을 살펴보면 다음과 같다(James & GilliLand, 2008).

❶ 상황적 위기

상황적 위기는 사람이 예견하거나 통제할 수 없는 드물고도 극히 이례적인 사건이 발생할 때 나타난다.

예를 들면, 자동차 사고, 유괴, 폭력범죄, 갑작스러운 질병, 가족의 죽음 등이다.

❷ 발달적 위기

발달적 위기는 인간 발달단계의 한 단계에서 그 다음 단계로 옮겨갈 때 생길 수 있는 불안정감이나 스트레스에 이해 발생한다. 발달단계 변화는 개인에게 새로운 방식의 기능을 요구한다.

예를 들면, 자녀의 출생이라든가 청소년의 정체성의 위기 또는 중년이나 노년의 위기, 결혼, 자녀의 출생 등이다.

❸ 실존적 위기

실존적 위기는 목적이나 책임감, 독립성, 자유, 책임 수행과 같은 중요한 인간적 이슈에 동반되는 갈등과 불안을 포함한다.

예를 들면, 개인적인 특정 전문성 또는 조직의 중요 영향력을 주지 못하는 것에 대한 불안감이나 노년기에 느끼는 인생의 덧없음과 허무감 그리고 위기 등이다.

❹ 환경적 위기

환경적 위기는 개인이나 집단에 자연이나 인간이 일으킨 재해가 갑자기 덮쳤을 때 발생한다. 이는 자신들에게 책임이 없는 잘못이나 행동으로 인하여 같은 환경에 사는 사람들에게 사건의 여파가 미친다.

(3) 위기개입 원칙

위기개입을 위한 이론적 준거틀이 많으나 유사 원칙을 실천적 차원에서 살펴보면 다음과 같다(신성자 외, 2007 : 184).

❶ 신속한 개입

위기개입은 즉시 이루어져야 하는데, 일반적으로 위기 상태에 들어갈 때부터 6주 내에 어떤 형태로든 해결이 되어야 한다.

❷ 행동

위기개입은 위기와 그 위기에 대한 클라이언트의 행동에 초점을 둔다. 그러므로 위기개입은 클라이언트의 과거를 탐색하는 데 비중을 두지 않는다.

❸ 제한된 목표

위기개입의 목표는 직접적으로 위기 상황과 관련된 구체적 문제에 초점을 두고 설정되어야 하며, 증상의 완화가 일차적 목표이다.

❹ 희망과 기대

위기에 처해 절망하고 있는 클라이언트에게 무엇보다 희망을 고취하는 것이 중요하다. 이는 주로 사회복지사의 태도에 의해 성취된다.

❺ 지지

클라이언트에게 실제 정보를 제공하거나 정서적으로 지지하며, 사회적 지지체계를 개발하고 형성하도록 해야 한다.

❻ 초점적 문제해결

문제파악과 해결에 초점을 두면서 클라이언트가 조종할 수 있을 만큼 현실에 직면하도록 돕는다.

❼ 자기상(self-image)

대부분의 클라이언트는 자기 자신을 실패자로 인식한다. 사회복지사는 클라이언트의 자기상을 사정하고 이해해야 한다. 사회복지사는 클라이언트와 신뢰관계를 조성하여 클라이언트의 자기상을 보호해 주고, 더 나아가 건전한 자기상을 원조한다.

❽ 자립

사회복지사는 상황을 사정하고 개입을 계획함에 있어 클라이언트가 함께 참여할 기회를 제공한다. 그리고 감정, 증상, 걱정거리 등에 대한 표현을 격려하고 자신감 회복을 위해 효과적으로 대처할 수 있도록 가능한 한 빨리 지원한다.

케스린 엘(Kathleen Ell, Tumer(ed.), 1996)은 위기개입의 중요한 원칙을 다음과 같이 설명했다(도광조, 2018 : 225).

- 도움은 즉각적으로 제공되어야 하고, 흔히 아웃리치 프로그램을 통해서 이루어진다.
- 개입은 단기적이며, 시간 제한적이다.

- 실천가가 적극적 역할을 한다.
- 증상완화가 첫 번째 목표이다.
- 실용적 정보와 명확한 지지를 제공한다.
- 사회적 지지가 지원된다.
- 되도록 빨리 회복할 수 있는 충분한 능력에 대한 효과적인 대처방법이 지원된다.
- 위기경험에 직면하고, 현실인식에 대한 인지적 문제를 설명한다.

2) 위기개입 목표 및 과정

(1) 위기개입 목표

위기개입의 목표는 다음과 같다(도광조, 2018 : 222).

❶ 위기로 인한 증상을 제거한다.

❷ 위기 이전의 기능수준으로 회복한다.

❸ 불균형 상태로 만든 촉발사건에 대해 어느 정도 이해한다.

❹ 클라이언트나 가족이 사용하거나 지역사회 자원에서 이용할 수 있는 치료기제에 대해 규명한다.

❺ 현재의 스트레스를 과거의 생애경험, 갈등과 연결한다.

❻ 새로운 인식, 사고, 정서 양식을 개발하고 위기상황 이후에도 사용할 수 있는 새로운 적응적 대처기제를 개발한다.

(2) 위기개입의 과정

위기개입의 과정은 다음과 같다(James & GilliLand, 2008).

❶ 1단계 : 문제 정의하기

위기개입의 1단계는 클라이언트 관점에서 문제를 정의하고 이해하는 것이다. 사회복지사가 위기상황을 클라이언트 관점에서 보지 못한다면 사회복지사는 개입전략과 절차에서 중요한 사항을 놓치게 되고, 클라이언트에게 이 과정은 전혀 가치 없는 것이 될 것이다.

❷ 2단계 : 클라이언트의 안전 확보하기

클라이언트의 안전을 지속적으로 확보하는 것은 필수적이다. 클라이언트의 안전이란 자신과 타인에게 신체적·심리적 위험을 최소화하는 것으로 정의할 수 있다.

❸ 3단계 : 지지하기

위기개입 3단계에서는 사회복지사가 클라이언트를 돌볼 것이라고 알려주어야 한다. '지지하기'에서는 클라이언트에게 "당신에게 진정한 관심을 가진 사람이 여기 있다"는 사실을 확신시켜야 한다.

❹ 4단계 : 대안을 탐색하기

현 상황에서 지지자와 대처기제를 찾아내고, 긍정적 사고를 할 수 있도록 촉진해야 한다.

- 상황적 지지자는 현재나 과정부터 클라이언트를 알던 사람으로 클라이언트에게 발생한 일을 돌볼 수 있는 사람이다.
- 대처기제는 클라이언트가 현재의 위기를 극복하는 데 사용할 수 있는 행동이나 환경적 자원이다.
- 긍정적이고 건설적인 사고패턴은 클라이언트의 스트레스와 불안수준을 경감시키는 사고방식으로 클라이언트가 문제를 바라보는 관점을 바꿀 수 있다.

❺ 5단계

위기개입의 다섯 번째 단계인 계획 세우기는 4단계와 직접적으로 관련된다.

- 즉각적으로 지지를 제공해 줄 수 있는 사람, 집단, 다른 의뢰자원을 명확히 해야 한다.
- 대처기제 - 클라이언트가 지금 할 수 있을 정도로 구체적이며, 긍정적이고 클라이언트가 자기 것으로 만들 수 있고 이해할 수 있는 명확한 행동단계를 제시해야 한다.

❻ 6단계

계획 세우기 단계가 효과적으로 수행되면 참여단계는 수월해진다. 참여단계는 클라이언트에게 계획한 내용을 요약해 보게 하는 것으로 진행된다. "지금까지 우리는 당신이 화날 때 어떻게 할 것인지 계획해 보았는데, 침착성을 유지하면서 다른 위기로 확대되는 것을 예방하기 위해 무엇을 할 것인지 얘기해보시겠습니까?" 클라이언트가 협력하는 데 동의했다면, 위기개입전문가는 이 단계에서 계획 중 클라이언트가 수행해야 하는 부분에 대한 책임감을 갖도록 해야 한다. 6단계의 목표는 클라이언트가 위기 이전의 평형을 되찾을 수 있도록 하기 위해 계획된 행동을 수행하도록 참여시키는 것이다.

3) 위기개입기술과 주의점

(1) 개입기술

위기개입의 기술은 다음과 같다(이재선 외, 2018 : 72~73).

❶ 지지적 기술

클라이언트가 직면하고 있는 위기적 상황이 극복할 수 있는 상황임을 강조하고 지원하며 적극적인 태도를 전달하는 것이다.

❷ 지시적 기술

클라이언트가 스스로 행동을 적극적으로 취할 수 있도록 구체적인 행동 방법을 제시하거나 자문, 충고 등의 방법을 지시하는 기술이다.

❸ 환기법 기술

사회복지사는 클라이언트가 내면에 지니고 있는 감정을 적극적으로 표출할 수 있도록 돕는 기술이다.

❹ 명료화 기술

사회복지사가 클라이언트의 현재 상황을 구체적으로 명료화하여 클라이언트의 현실능력을 증진하는 기술이다.

⑤ 환경조정 기술

클라이언트의 긴장상황과 갈등적 상황에 대해 해소할 수 있도록 상황을 조정하는 기술이다.

⑥ 행동수정 기술

클라이언트가 현장상황에서 대처 기술을 습득하여 스스로 극복할 수 있는 역량을 강화하는 기술이다.

(2) 위기개입 의뢰 시 주의할 점

위기개입을 하게 되면 종종 의뢰를 하는 경우가 많다. 의뢰 시 다음 몇 가지 원칙을 명심한다(이윤로, 2009 : 257-258).

❶ 한 번에 3~4곳에 의뢰함으로써 클라이언트를 혼돈스럽게 하지 말라. 우선순위를 정하고 그 문제에 대해 한 곳에 의뢰한다.
❷ 클라이언트가 정보를 알고 있는지를 분명히 한다. 반복해 주거나 적도록 한다.
❸ 클라이언트는 스스로 연락을 취할 수 없는 경우를 제외하고는 클라이언트가 스스로 의뢰된 기관과 연락하도록 고무한다.
❹ 의뢰를 반드시 즉각적으로 할 필요는 없다. 시간을 갖고 생각할 필요도 있다.
❺ 의뢰를 하기 전에 클라이언트가 치료에 적극적으로 참여할 것인지를 확인하라. 클라이언트가 필요한 변화나 결정에 대해 두려움을 가지고 있으면 클라이언트는 도움에 대해 가치가 없다고 생각할 수 있다.
❻ 가능하다면 의뢰 후 확인전화를 하라. 이는 연속성을 갖게 하며, 워커의 관심을 표현하는 방안이다. 의뢰가 얼마나 효과적이었는지 알 수 있다.

4) 한계점

위기개입실천모델은 스트레스 상황에 있는 개인 및 가족들과 일할 때 사회복지사들이 전통적으로 사용해오던 접근 방법들과 많이 부합하기 때문에 다양한 사회복지 분야에서 적용되고 있다. 위기개입실천모델은 스트레스로 인한 개인의 심리적 문제, 특정한 행동적 문제, 사회체계의 문제 등에 개입할 수 있는 틀을 제공한다. 위기개입 실천가들은 지속적으로 확장되는 위기의 범주에 대응하기 위해 많은 노력을 기울여 왔으며, 동시에 적극적이고 예방적인 개입을 발달시키기 위해 노력해 왔다.

최근에는 위기개입실천모델을 활용한 다양한 프로그램들이 개발되고 있는데, 단기간에 최대의 안정과 통제를 제공하는 위기안정화 통제를 제공하는 위기안정화 프로그램, 지역사회의 사건 현장에 사회복지가 투입되는 아웃리치 프로그램과 위기대응 팀구성, 아웃리치 현장에서 다학문적 접근의 필요성이 대두됨에 따라 다학문적 접근에 대한 모색이 이루어지고 있다(이태희 외, 2019 : 142~143).

5) 사례

James와 Gilliland(2008)의 위기개입모델을 적용한 사례를 살펴보면 다음과 같다(장수미, 이선민, 문용준, 2006 : 287~303; 장수미 외, 2018 : 123~126).

(1) 사례 개요

클라이언트는 현재 복지시설에서 어머니(42세), 오빠(13세)와 함께 생활하고 있는 4세 여아로서 오빠의 성폭력이 의심되어 기관 사회복지사에게 의뢰되었다. 오빠가 동생의 음부를 만진 것 같다며, 사회복지사에게 음부에 약 3cm의 상처를 봉합했다는 내용의 소견서를 갖고 왔다. 사회복지사는 위기개입모델을 적용하여 즉각 이 사례에 개입하였다.

(2) 개인력

클라이언트는 4세 여아로 어머니와 오빠와 함께 1년 전부터 ○○원에서 생활하고 있다. 2년 전 아버지 사망 후 입소하였고, 언니(17세)는 현재 가출 중이다. 어머니는 국민기초생활수급자로 중졸이며, 인지기능이 약간 떨어진 상태이고, 봉재공장에 다닌다. 오빠는 6학년이고 학업능력이 현저히 떨어지며 위생

상태가 좋지 못하고 왕따인 상태이다. 클라이언트는 낮동안 어린이집에 다니고 있고, 여가 시간에는 주로 오빠와 보내는 시간이 많다.

(3) 위기가정

어머니가 아들을 가해자로 지목하여 현재 클라이언트뿐만 아니라 어머니와 오빠는 모두 심리적, 물리적으로 매우 심각한 손상이 예상되지만 어머니와 오빠가 언어적 표현력이 떨어지고 클라이언트도 어려서 의사표현이 명확하지 않아 위기 발생 당시의 정보수집이 어려운 상황이다.

위기분류상정체계에 기반을 두어 사정한 결과, 총점이 22~25점으로 클라이언트는 불평형 및 비유동적 상태인 현저한 위기 상황으로 판단되었다. 클라이언트에게 지지체계인 어머니가 지적 수준이 낮고, 경제가 어려운 점은 클라이언트의 불평형 및 비유동성을 가중시킨다고 사료되므로 사회복지사의 구제적이고 지시적 접근이 필요하겠다.

(4) 위기개입 단계

❶ 1단계 : 문제 정의하기

클라이언트, 어머니, 오빠와 상담 결과에 따른 문제점은 다음과 같다.

- 성폭력 발생 여부
- 클라이언트 오빠에 의한 성폭력 여부
- 클라이언트 및 가족의 신체적이고 정서적인 위기
- 어머니의 아동방임

❷ 2단계 : 클라이언트 안전 확보하기

현재 클라이언트는 어머니에게서 떨어지려 하지 않고 극도의 불안감을 보인다. 어머니 역시 정서적으로나 경제적으로 매우 불안한 상태이며 클라이언트의 오빠는 가해자로 지목받은 것에 대해 불만과 불안을 나타내고 있다. 2단계에서 사회복지사는 우선 가족의 정서적 안정과 안전 확보에 초점을 두어 상담하였고, 가족의 경제적인 어려움을 지원하며 즉각적인 치료를 받도록 아동학대 전문기관, 관련 병원 등에 연계하였고, 사회복지사 및 시설의 모든 직원이 클라이언트의 문제해결을 위해 적극적으로 지원할 것임을 확신시켰다.

❸ 3단계 : 지지하기

사회복지사는 위기사건의 발생을 알게 된 직후부터 클라이언트뿐만 아니라 어머니와 오빠를 대상으로 개별상담을 실시하여 비유동적 상태에 있는 클라이언트와 가족을 지지하였다. 현재 상황은 모든 정황이 확인이 불가능한 상태로 가해자 또한 오빠라는 확정이 안 되고, 의료적 진찰 및 위기사건 현장조사 등이 더 필요함을 인식시키고자 하였다. 그러므로 이 사건에 대한 내용을 주변에 이야기하지 말도록 당부하였다.

❹ 4단계 : 대안탐색하기

이 단계부터는 적극적이며 지시적인 사회복지사의 개입이 시작되었다. 첫째, 성폭력 사실 확인을 위해 아동보호전문기관에 의뢰했다. 학교상담실에서는 오빠의 상담결과 심한 불안증세를 확인하였고, 동생이 교통사고라는 오빠의 반복적 이야기를 들을 수 있었다. 또한 낮은 지능을 위한 심리 및 지능 검사가 필요하다는 사실이 논의되었다. 둘째, 사회복지사는 클라이언트의 어머니, 오빠와 함께 교통사고가 발생했다는 현장을 방문하여 교통사고 여부를 확인하였다. 셋째, 성폭력 발생 여부를 확인하기 위해 인형을 활용한 놀이치료를 통해 성학대 상황을 파악하고자 했다. 넷째, 사회복지사는 산부인과 의원에 클라이언트를 데리고 다시 방문하였다. 담당의사는 초기 진료 시 나타나지 않았던 음부의 멍 자국을 발견하고, 교통사고 당시 넘어지며 뾰족한 부분에 찢겨져 난 상처일 가능성이 있다는 소견을 말했다. 아동보호전문기관과 학교 교사는 대안탐색 단계에서 활용 가능한 주요 '대처기제'가 되었다.

❺ 5단계 : 계획 세우기

전 단계에서 성폭력이 발생하지 않았음이 확인되었기 때문에 사회복지사는 클라이언트 어머니의 아동방임이 현재의 위기 상황을 초래한 원인 중의 하나라고 재사정했다. 아동방임의 위기를 새로운 위기로 설정하고, 재개입하기로 계획한 내용은 다음과 같다.

첫째, 클라이언트뿐만 아니라 인지력이 부족한 어머니와 오빠에 대한 심리 및 지능검사가 의뢰되었고, 장애로 인한 경제적 어려움을 지원하기 위해 사회복지사는 클라이언트의 가족이 향후 시설 퇴소 시에도 국민기초생활수급 자격과 장애수당을 지급받을 수 있도록 하였다.

둘째, 어머니의 아동방임 행동을 개입하였는데, 아동의 위생, 식사, 건강, 학습 등 여러 측면에서 필요한 양육에 대해 반복적 교육을 실시할 예정이다.

셋째, 시설퇴소 후 클라이언트 가족이 지원체계를 가질 수 있도록 한다. 현재는 유일하게 왕래한 이모와의 상담을 통해 퇴소 후 거주지와 생계를 위한 구체적인 계획을 논의하도록 한다.

❻ 6단계 : 참여 유도하기

위기개입 결과 성폭력이 아닌 아동방임이 새로운 위기사건으로 발견되었다. 그러므로 어머니의 참여가 관건이 됨을 인지하였고, 어머니가 책임을 다하여 양육활동을 적극적으로 할 수 있도록 인식시키고 부모교육에도 적극 참여하도록 유도하였다.

6) 평가

위기개입의 모델은 개인의 여러 상황으로 인한 스트레스나 일상생활 사건으로 위기는 누구에게나 올 수 있고, 심리적으로 취약상태에 있게 되지만, 불균형상태에 처해져 있는 개인들은 자동으로 자신의 삶에서 항상성과 균형을 찾고자 노력하게 된다. 이 과정에서는 개인적이거나 사회적 자원여부에 따라 신체적, 심리적, 사회적으로 부정적인 결과를 가져올 수도, 그렇지 않을 수도 있다는 점을 가정한다. 위기는 부정적 결과를 가져오기도 하고 동시에 성장과 발전을 위한 기회라는 입장을 취한다.

그러므로 개인적이고 사회적 자원과 이러한 자원을 강화하기 위한 개입이 중요함을 강조하고 있다.

사회복지실천은 잠재적으로 위험한 생활사건을 경험한 개인이나 가족, 현재 위기상태에 놓여 있는 개인과 자주 접하고, 필요한 서비스를 제공해 왔다.

이런 차원에서 본다면 사회복지사들의 실천 활동은 그 자체가 위기개입서비스일 수도 있다. 따라서 사회복지 영역에서 사회복지사들은 지역사회 정신보건 프로그램, 그리고 자살예방센터 등의 영역에서 초기의 위기개입을 발전시키고 향상시키는 데 기여했다. 사회복지실천에서 가장 중요한 관심은 위기개입을 통해 위기사건으로 인한 위험을 줄이고, 이를 위해 클라이언트의 대처능력을 향상시켜 위험을 사전에 방지하는 예방에 주력해 왔다.

그러므로 심리적, 특히 정서적인 측면에 초점을 맞추고, 지역사회서비스 자원과 환경적 측면에서 위기개입을 수행했다. 지역사회 서비스체계에 대한 정보제공과 지지집단의 활용 그리고 심리적, 교육적인 개입과 대처기술 훈련 개입 등의 전략을 사용하였다.

그러나 최근 생명을 위협하는 질병이라든지 사건사고로 인한 외상과 죽음, 자연재해나 인공재해, 폭력적 범죄 등의 증가로 환경적으로 본다면 개인의 위기에 대처하고 고통에 빠질 가능성은 더 커지고 있다. 좋지 못한 사회경제적 상태와 만성적 스트레스가 많은 생활 그리고 부적절한 지지체계로 인해 이미 취약한 사람들과 부적절한 지지체계로 인해 이미 취약해진 사람들은 위기의 부정적 결과에 있어 더 위험한 상태에 빠질 수도 있음을 예측할 수 있다.

대부분의 사람들은 정상적인 발달상의, 스트레스가 많은 생활사건에 대해 일시적으로 심각한 혼란을 느낀다. 그러나 결국은 평소에 사용하는 대처 자원이라든지 대처전략으로 반응해 평형상태를 회복해간다. 그러나 대다수의 사람들이 심각한 외상적 사건을 경험하지만, 이들 중 많은 사람들이 전문적 도움 없이 성공적으로 대처하고 있으므로 모든 사람에게 위기개입을 제공할 필요는 없다.

따라서 전문적 개입이 필요한 대상들을 가능한 한 빨리 확인할 수 있는 사정방법이나 평가방법을 활용하는 것이 중요하다. 병리적 위기상태 기준에 대한 연구가 필요하며, 위기개입의 효과성에 대한 연구가 집중적으로 이루어져 어떤 종류의 위기개입이 가장 효과적인지에 관한 질문에 대해서도 설명할 수 있는 연구가 필요하다. 생활스트레스나 사회적 지지, 대처에 관한 상호작용적, 사회구조적, 생태학적 차원의 연구로부터 통합된 지식은 상처받기 쉽고 다양한 문제를 가지고 있는 개인이나 가족의 유용성을 향상시킬 수 있다(이재선 외, 2018 : 233~234).

04 심리사회모델

1) 등장배경

심리사회실천모델은 19세기 리치몬드의 자선조직협회의 우호방문만으로는 원조가 부족하다고 생각했고, 개인 중심의 초점과 개인 본인을 둘러싸고 있는 가족과 집단 등의 환경 속에서 개인이 이해되어야 한다고 주장하였다. 또한 이 모델은 한 가지 이론에 근거하여 발전되어 온 것이 아니라 생태체계이론, 정신분석이론 등 다양한 이론을 배경으로 하여 발전해왔다.

위와 같이 심리사회모델은 인간의 심리적 요소 그리고 그가 속한 사회환경과 개인 및 환경과의 상호작용이라는 세 면에서 사정과 진단을 통해 문제의 원인을 찾고 해결하려는 이론이라 할 수 있다(이태희 외, 2019 : 73~87).

2) 기본가정

우드와 로빈슨(Woods & Robinson)은 인간행동에 대해 다음과 같은 기본가정을 제시하였다(Woods & Robinson, 1990).

첫째, 모든 인간의 근본은 선하다고 본다.

둘째, 인간의 행동은 단순히 이해될 수 있는 것이 아니고, 예측이 가능한 방법으로 영향을 받고 변화할 수 있다.

셋째, 인간의 현재 행동에 대한 이해를 위해서 과거를 중요시 하는 것이다.

3) 주요 개념

심리사회실천모델의 주요 개념은 다음과 같다(조휘일·이윤로, 2000 : 111).

(1) 환기

클라이언트가 공격과 적대감 같은 감정들을 표현하지 않는다면 그의 사고나 행동을 바르게 표현하지 못하게 되므로 클라이언트의 감정 정화를 위한 노력이 필요하다.

(2) 관계형성의 교정

클라이언트가 사회복지사를 위해 이전에 주 보호자와 가졌던 부정적 상호작용은 사회복지사의 긍정적 경험을 통해 클라이언트의 개인적인 성숙을 가져오며 이전에 해결하지 못한 문제를 교정하는 경험을 갖도록 돕는다.

(3) 주요 전제

심리사회실천모델의 주요 전제는 다음과 같다(엄명용 외, 2011 : 411~412).

❶ 모든 개인의 생래(生來)적 가치와 존엄성을 지닌다는 전제가 있다.

❷ 모든 인간은 성장능력과 학습능력 그리고 적응력과 사회적·물리적 환경을 변화시킬 수 있는 능력을 가진 긍정적 존재로 인식된다.

❸ '개인이 어떻게 기능하는가'에 대한 이해를 위해 성격체계의 구조나 발달에 관한 프로이트의 관점이 이용된다.

❹ 심리체계는 독립적으로 존재하는 것이 아니고 생물학적인 체계와 사회적인 체계가 끊임없이 상호작용한다고 전제한다.

❺ 문제적 상황을 다룸에 있어 차별성이 강조된다.

(4) 개입목표

심리사회실천모델의 개입목표는 클라이언트가 경험한 과거의 경험이나 사건과 현실의 경험에 연관된 심리적 갈등들과 어려움을 스스로 이해하며 통찰하도록 원조하는 서비스를 하는 것을 의미한다.

(5) 원칙

❶ 수용

사회복지사의 개인적인 선호도에는 관련 없이 클라이언트를 대할 때 선한 의지와 함께 바람직한 태도를 유지하는 것을 의미하는 것으로, 이를 위한 노력으로 공감적 반응 능력을 갖추어야 하고 개인의 행동과 상황에 따른 객관성이나 관용 그리고 지적 이해를 뛰어넘을 수 있는 능력을 갖추어야 한다.

❷ 자기결정

클라이언트의 자기결정은 클라이언트 자신의 행동에 따른 결정을 본인 스스로 내릴 수 있도록 그 권리가 주어진다는 의미이다. 따라서 사회복지사는 이러한 클라이언트의 권리를 최대한 보장해 주고 존중해주어야 할 의무와 책임이 있다.

❸ 전문적 관계형성

사회복지사와 클라이언트의 관계형성에 있어서 가장 중요한 것이 라포의 형성이다. 라포는 신뢰를 형성하는 것으로써 '마음의 유대'를 의미한다. 따라서 사회복지사는 온화함과 관심을 표현하고, 공감대를 형성하며, 수용하는 등의 태도를 통해 전문적 관계형성을 이룰 수 있게 된다.

(6) 주요 기술

❶ 지지하기

지지하기는 클라이언트의 감정과 행동들을 지지하기 위해 사회복지사의 역할 중 가장 기본적인 활동이라 할 수 있다.

- 목표는 클라이언트의 불안을 해소하고 동기화의 촉진으로 원조관계를 수립하는 것을 의미한다.
- 내용은 사회복지사가 클라이언트의 수용과 원조로 의견을 표현하는 것을 의미한다.
- 기술은 경청과 수용 그리고 격려나 불안 등에 대한 재보증과 신뢰감의 표현 등이 있다.

❷ 영향 주기

문제의 해결을 위해 직접 영향 주기는 사회복지사가 클라이언트의 원조를 위해 조언이나 제언 등을 통해 사회복지사의 의견을 관철시키기 위한 과정이라고 볼 수 있다.

- 목표는 클라이언트의 사회생활기능에 장애로 여겨지는 원인을 제거한다.
- 내용은 클라이언트의 동기와 행동을 강화하기 위한 노력으로 사회복지사의 의견을 관철하여 클라이언트의 욕구에 따른 조언이나 제안을 하는 것을 의미한다.
- 기술은 클라이언트 자신의 제안을 격려하고, 강화하며, 현실적인 제안과 조언 등을 하는 것을 의미한다.

❸ 탐색, 기술, 환기

탐색과 기술 그리고 환기는 클라이언트에 대한 문제와 연관하여 클라이언트의 환경이나 클라이언트와의 상호작용에 관련된 사실들을 진술하고 설명하며, 환기법을 활용하는 것이다.

- 목표는 진단적인 이해와 환기법을 활용하여 긴장을 풀어 주는 것을 의미한다.
- 내용은 클라이언트가 자신의 상황이나 자신과 주변의 사회환경에 대해 사실이나 관련 감정들을 표출 또는 정화하도록 원조하는 기법을 의미한다.
- 기술은 화제전환하기와 부분화하기 그리고 초점 잡아주기 등이 있다.

❹ 반영하기

- 목표는 반영하기는 인간과 상황에 관한 반영하기로 여섯 가지로 나누어 살펴볼 수 있다.
  첫째, 다른 사람의 건강과 상황
  둘째, 클라이언트의 행동이 자신과 다른 사람에게 미치는 영향
  셋째, 클라이언트의 행동에 대한 원인
  넷째, 클라이언트의 행동에 대한 성격
  다섯째, 자기평가
  여섯째, 사회복지사와 치료과정
- 목표는 문제를 더 잘 이해하도록 행동의 변화를 초래하기 위한 노력으로 클라이언트의 잘못된 점을 이해하고 있는 것들을 현실적으로 직시하도록 하는 것을 의미한다.

- 내용은 클라이언트 주위의 사건에 대한 반영을 하는 것으로써 심리사회실천모델의 핵심기법 등을 의미한다.
- 기술은 논리적인 토의 및 추론과 설명 그리고 일반화와 행동시연, 요약과 옹호 등이 있다.

❺ 유형과 역동성에 관한 반영

클라이언트의 성격이나 행동과 심리적 역동에 관한 반영을 사회복지사가 하는 것을 의미한다.

- 목표는 변화에 대한 동기를 촉진하고, 자신의 성격유형이라든지 특징과 행동유형이나 방어기제 등 심리적 역동성에 관한 이해를 돕는 것을 의미한다.
- 내용은 현재까지 서술된 모든 기법들과 동시에 활용하는 것으로 클라이언트의 행동이나 어떤 특정한 행위에 도달하도록 클라이언트를 지지하여 스스로 찾을 수 있는 기회를 제공하는 것을 의미한다.
- 기술은 명확화, 해석과 통찰 개발 등이 있다.

❻ 발달적 반영

클라이언트의 사회적 기능 수행에 영향을 주는 과거와 현재의 경험을 반영하는 것으로써, 사회복지사는 클라이언트가 자신들의 성격과 기능들에 영향력을 미치는 것으로 생각하고 있는 원가족과의 경험이나 유아기 시절의 경험에 관한 생각을 유도해내는 의사소통을 의미한다.

- 목표는 변화를 위해 현실의 행동이나 인간관계를 자각하도록 유도한다.
- 내용은 클라이언트가 현재 자신의 성격과 기능에 영향을 미치고 있는 생각들을 원가족의 경험이나 유아기시절의 경험에 관해 떠올려보도록 하는 기법으로, 현제 유아기시절의 문제와 지금의 행동 간에 느끼는 인과관계를 자각하도록 유도한다.
- 기술은 명확화와 해석 그리고 통찰의 개발과 논리적 토의 및 추론, 역할극 등이 있다.
- 환경개입에 있어서 사회복지사의 역할은 다음과 같다(엄명용 외, 2005 : 282).

- 자원의 제공자는 기관에서 자원 제공의 업무를 하는 역할을 의미한다.
- 자원발견자는 사회복지사는 지역사회 자원에 대해 알고 있어야 하고, 클라이언트의 욕구를 정확히 파악하는 역할을 의미한다.
- 자원의 창출자는 사회복지사가 타기관이나 사회복지기관에서 새로운 프로그램을 신설할 수 있도록 하는 것을 의미한다.
- 해석자는 클라이언트 옆에 있는 주위 사람들이 클라이언트를 다르게 이해하거나 행동할 수 있도록 지지하는 것을 의미한다.
- 중재자는 옹호하는 형태로써 클라이언트 주위의 사람들이 클라이언트의 인격이나 욕구 그리고 권리 등을 바르게 이해하도록 하는 역할을 의미한다.

❼ 초보들은 클라이언트 중심 접근법이 너무 단순해서 상세하지 못하다고 생각하는 경향이 있다(이준우, 2004).

05 교류분석모델

1950년대 후반에 소개된 교류분석이론은 정신과의사 에릭번(Eric Bern)에 의해 창안된, 인간의 교류나 행동에 관한 이론체계이다. Transactional Analysis 라는 이름의 이 이론 및 치료요법은 "자신발견"의 한 방법으로서, 대부분의 상담치료이론과 마찬가지로 (또는 더 더욱 강조) "지금 이 순간(Here and now)" 시점을 강조하며, 바뀔 수 있는 것은 자신뿐이고 결코 바꿀 수 없는 과거와 타인에 대한 개입 또는 미련두기를 당장 중지할 것을 권고하고 있다(서혜석 외, 2019 : 139).

1) 기본 개념

교류분석에서 인간은 합리적 존재로 스스로 새로운 결정을 내릴 수 있고, 과거에 구속되지 않는 것으로 어린 시절의 결정은 전적으로 타인에 의존할 수밖에 없지만, 이런 결정이 더 이상 적합하지 않은 것으로 판정되면 새로운 결정을 내릴 수 있고, 초기의 결정은 수정이 가능하다.

교류분석이론의 기본 가정은 다음과 같다(서혜석 외, 2019 : 140).

(1) 인간의 긍정성을 인정하는 가치체계에 기초를 둔다.

(2) 치료자와 클라이언트의 능력을 동등하게 취급하고, 클라이언트 스스로가 자신의 어떤 부분을 변화시킬 것인지에 대해 결정내리고, 변화를 일으키기기 위해 치료과정에 능동적으로 참여하여야 하며, 그런 능력을 지니고 있다.

(3) 클라이언트는 자신의 인생의 방향을 평가하고, 초기 결정의 특성을 자각하고, 새로운 결정, 즉 재결정을 내리도록 함으로써 개인을 변화시키고자 하여 자신의 삶의 방향을 결정하는 데 있어 주도권을 갖고, 개인은 자신을 신뢰하며, 스스롤 생각하고 결정하며 감정을 표현할 수 있다고 가정한다.

2) 주요 개념

(1) 자아상태

의사교류분석 상담에서 주장하는 자아의 3가지 형태는 다음과 같다(서혜석 외, 2019 : 141).

❶ 어린이 자아 : 어린이 자아는 어린 시절에 실제로 느꼈거나 행동했던 것과 똑같은 감정이나 행동을 나타내는 자아상태로서, 생리적인 것 이외에 인생 초기에 어버이에 대응하기 위해 습관화된 반응양식도 포함된다.

❷ 어른 자아상태 : 어른 자아는 18개월부터 발달하기 시작하여, 12세경이면 정상적으로 가능하게 된다. 어른 자아는 사고와 합리적 행동이 그 특성으로, 내적 욕구와 외적 요구를 중재하는 중재자이다.

❸ 어버이 자아 : 어버이 자아는 6세경부터 발달하기 시작하며, 양육의 종류와 사회문화적 환경에 의해 영향을 받는다. 부모의 역할은 아동에게 풍족하고, 정서적인 양육, 기술과 지식의 전수, 규범, 가치, 태도, 사회적으로 수용되는 행동에 관한 정보를 제공하는 것 등이다.

(2) 금지령과 대항금지령

부모 자신의 병리 때문에 생겨나는 기본적인 금지령의 예시자료는 다음과 같다(Goulding과 Goulding, 1976; 서혜석 외, 2019 : 1413).

❶ 하지 말라.
❷ 태어나지 말았어야 한다.
❸ 가까이 하지 말라.
❹ 멀리 떨어지지 마라.
❺ 남자(여자)이어서는 안 된다.
❻ 요구하지 말아라.
❼ 애들 같이 굴지 말아라.
❽ 성장하지 말아라.
❾ 성공하지 말아라.
❿ 건전해지지 말아라 등이다.

(3) 초기 결정 및 재결정

사람들은 부모에 의해 각본이 쓰여지는 방식에 따라 그들의 인생계획을 결정하는 경우가 많이 있다. 교류분석이론에서는 초기 결정이 내려져도 그 결정을 뒤집지는 못하는 것이 아니고 초기 결정에 반응해서 어떠한 결정을 새로이 내릴 수 있으리라 보는 입장이다. 아동기에 내려진 어떠한 금지령에 대한 반응으로 결정한 것이 그 당시와는 다르게 그 이후에 어떤 시점에서는 부적절하다고 판단될 수도 있는 것이다. 때문에 이런 결정을 위해 초기 결정이 이뤄진 아동기 장면으로 돌아가서 클라이언트로 하여금 과거 상황을 재경험하도록 하여 초기 결정의 본질을 파악하고, 정서적으로 재결정을 돕는 것이다.

(4) 스토로크(stroke)

자녀들은 부모와의 상호작용 속에서 스토로크를 받기를 원한다. 긍정적 스코로크는 자녀의 성장을 촉진하며, 부정적 스토로크는 자녀의 성장을 후퇴시킬 수 있다. 교류분석이론에서 말하는 스토로크는 어떻게 자신의 시간을 구조화하는가에 관심을 갖고, 그가 타인과 주고받게 되는 접촉에 대한 종류 등을 결정하는데 개인의 생애계획에 관심이 기울여진다. 또한 내담자가 생존하는데 필요한 스토로크, 서로가 주고받는 스토로크와 다른 사람에게 주는 스토로크를 자각할 수 있도록 원조해주는 것이다.

(5) 게임

심리사회적 수준에서 활발한 교류가 이뤄질 때는 보통 게임이 생기게 마련이다. 이러한 게임은 최소한의 사람들에게 안 좋은 감정들을 갖게 하는 계기가 되고 끝내는 교류를 통해 친밀감이 형성되는 것을 방해하게 된다. 게임이 초기의 결정을 지지하려는 목적으로 이루어지게 되며, 즐거운 감정들을 가장하면서 인생의 각본을 추진하기 위한 교류로 볼 수 있으며, 게임은 시간구성에 대한 한 방법으로 볼 수 있다.

(6) 라켓감정

라켓의 감정은 주로 게임의 뒤에 나타날 수 있는 안 좋은 감정과 쓰린 감정으로 볼 수 있고, 게임과 마찬가지로 라켓에서도 초기의 결정들을 지원하고 있으며, 개인의 인생각본에 대한 기초가 된다. 사람들은 주위를 끌기 위한 수단으로 불쾌하며, 쓰린 감정들 그리고 위장된 죄의식이나 위장된 감정들을 발달시키게 되는 것이다.

(7) 인생태도와 인생각본

교류분석에서는 다음과 같이 4가지로 인생태도를 제시하고 있다(Harris, 1969; 서혜석 외, 2019 : 145).

❶ **자기긍정 – 타인긍정** : '나도 너도 모두 OK다'라는 것으로 아주 건설적이며 전향적인 인생관을 갖고 있는 사람이다. 즉, 나도 이만하면 괜찮고 너도 그만하면 괜찮다는 입장으로, 자신과 타인에 대한 긍정적 삶의 태도이다. 정신적·신체적으로 건전하고 사물을 건설적으로 대하며 타인존재의 의미를 충분히 인정하는 건설적인 인생관을 가지고 있다. 즉, 상호

존중을 나타내는 것이다.

❷ **자기긍정 – 타인부정** : '나는 OK이지만 타인은 OK가 아니다'라는 것으로 자신은 있지만 배타적이어서 타별적인 인생관을 갖고 살아가는 사람이다. 즉, 나는 잘났고 너는 별 볼일 없다는 입장으로 자신의 문제를 타인에게 투사하고 불평하며, 남의 탓으로 돌리고 비평하는 사람들의 자세이다. 삶의 태도는 투사적 입장이다.

❸ **자기부정 – 타인긍정** : '나는 OK가 아니지만 타인은 OK다'라는 것으로 열등감·무력감을 수반한 인생관을 갖고 살아가는 사람이다. 즉, 나는 별 볼일 없고 너는 잘났다는 입장으로 타인과 비교해서 자신을 무기력하다고 느끼는 억압된 사람의 자세이다.

❹ **자기부정 – 타인부정** : '나도 너도 모두 OK가 아니다'라는 것으로 비건설적인 인생관을 갖고 살아가는 사람이다. 즉, 나도 별볼일 없고 너도 별볼일 없다는 입장으로 비관론적인 삶의 태도다. 모든 희망을 포기하고 사람에 대한 흥미를 잃어버려, 인간을 가능성 없는 존재로 보는 자세이다.

3) 주요 기법

교류분석모델의 주요 기법은 다음과 같다(서혜석 외, 2019 : 146~147).

(1) 구조적 분석

구조적 분석은 내담자로 하여금 자아상태의 내용과 기능을 인식하도록 하는 기법으로, 자아상태는 서로 각각 구분되면서 상호간에 에너지가 흐를 수 있는 경계선을 갖고 있어야 하며, 여러 가지 문제가 복합적으로 생길 수 있다. 자아상태의 경계선 그리고 혼입성과 배타성, 손상, 해이한 경계선이 있고, 자아상태의 구조적 분석을 통하여 각 개인의 자아상태와 관련된 문제를 이해한다. 일반적으로 정서적 안정감이 있는 사람들은 자아상태의 균형이 있고, 경계가 있으며, 경우에 따라서는 적절한 자아상태를 이루기도 하는 사람을 의미한다.

(2) 내면적 교류와 타인과의 교류

❶ 내면적 교류

내면적인 교류는 자아상태 간의 대화를 의미하는 것으로 어버이 자아의 금지령과 어른 자아의 사고능력과 어린이 자아의 욕구가 모두 관련이 있다.

❷ 타인과의 교류

타인과의 교류는 상보적 교류와 교차적 교류 그리고 이면적 교류의 3가지로 볼 수 있다.

(3) 게임분석

게임분석을 통하여 게임은 어떻게 이뤄지고, 결과는 무엇이며, 어떠한 접촉이 이뤄지고 있는지와 게임이 거리감을 만들었다거나 친밀성 자체를 방해하는 방법이 어떤지를 관찰하여 게임 속성을 이해하게 된다.

(4) 인생각본분석

인생각본분석은 세상에서 자신의 욕구를 충족하여 초기에 결정된 인생계획으로, 각본분석은 각 개인이나 자신의 인생계획을 확인하는 치료적 과정으로 교류분석과 게임분석이 모두 포함된다.

(5) 교육적 기법

교육적 기법에서 교류분석이론은 인지적 영역을 강조하므로 교수학습과정이 기본적이고, 교류분석치료를 받는 내담자나 집단구성원들은 자아상태의 기본개념을 명확하게 인식하고 있어야 하며, 이를 위해서는 치료에 도움이 되는 수준의 노력이 필요하다.

(6) 기타기법

빈 의자법, 교류분석 집단치료에서는 역할극, 가족모델링기법을 혼용하여 사용한다.

PART 03

체계 수준별 사회복지실천기술

05 CHAPTER

개인사회복지실천기술

01 개인사회복지실천기술의 이해

1) 개인대상 사회복지실천의 개념

개인대상 사회복지실천은 개인의 인격존중을 토대로 한 전문적인 대인관계의 클라이언트가 직면하는 문제 상황을 분석하고 검토하여 클라이언트의 생활상의 욕구를 충족시켜 나가는 전문적 방법을 의미한다(이영호, 2014).

리치몬드(Richmond, 1944)는 개인과 사회환경 간의 개별적인 의식적인 조정을 통해 인격발달을 도모하는 과정으로 보았고, 클라이언트의 개인 문제에 대한 조사와 과학적인 접근을 강조하며 사회복지 최초의 전문화된 방법론을 개발하였다. 개인의 기능에 영향을 미치는 환경의 영향을 인식하여 개인의 부적응에 치료적 개입을 강조하였다. 또한 개인의 삶의 문제에 초점을 두는 통합적 접근방법을 시도하였으며, 사람의 인격발달을 도모하는 데 있어 전문적 대인관계와 인간발달에 대한 지식을 강조하였다.

2) 개인면담 준비기술

(1) 면담준비단계

사회복지사와 클라이언트의 면담준비는 클라이언트의 정보를 수집하고, 클라이언트로서 대상이 되는지의 적격성 여부를 확인하는 것이다.

(2) 면담준비기술

❶ 사전검토

사전검토는 클라이언트의 이전 기록이나 기관의 정보를 살펴보고 클라이언트의 기본정보 등을 검토하는 것이다.

❷ 사전탐색

사전탐색은 접수나 초기면담을 담당한 사람이나 클라이언트의 의뢰자에게서 클라이언트에 관한 사항을 질문을 통해 수집하는 과정을 말한다.

❸ 사전협의

사전협의는 감독자나 동료에게 조언을 구하는 것을 의미한다.

❹ 사전정리

사전정리는 첫 면담을 위해 체계적·물리적 환경을 준비하여 약속시간 확인, 면담 환경 준비, 시간 확보와 비밀보장 등의 준비 등을 의미한다.

❺ 사전공감

사전공감은 클라이언트의 초기 면담에서 오기 전에 클라이언트가 경험할 수 있는 상황에 민감하게 반응하도록 사회복지사가 공감을 체험해보는 것이다.

❻ 사전자기탐색

사전자기탐색은 사회복지사가 자신을 분석해 보는 것으로 자신이 타인과 상호작용할 때 어떻게 영향을 주고받는지를 파악하고, 자신의 개인력을 파악하고 자신의 특징, 욕구, 편견과 정서적 약점 등을 이해하는 것이다.

❼ 집중적 자기관리

집중적 자기관리는 사회복지사의 개인사정이 전문가로서 의무와 서비스에 악 영향을 미치지 않도록 주의하는 것이다.

❽ 사전계획과 기록

사전계획과 기록은 면담을 하기 이전에 사회복지사가 면담의 목적이나 목표를 검토하여 면담에서 논의할 주요 과제를 임시적으로 설정하는 것이다.

(3) 면담의 유형

❶ 정보 수집을 위한 면담

클라이언트 개인적이고 사회적인 문제와 관련하여 사회적 배경이나 개인의 성장발달사에 관한 정보를 얻기 위한 면담으로 파악해야 할 항목으로 일반사항이나 가족력 등이 있다.

❷ 정보제공을 위한 면담

클라이언트에게 정보를 제공하기만 해도 문제해결에 도움이 되며, 이를 목적으로 면담을 정보제공을 위한 면담이라고 한다.

❸ 사정을 위한 면담

어떤 서비스를 제공할 것인지 의사를 결정하는 면담이다.

❹ 치료 혹은 변화를 위한 면담

클라이언트가 자신감, 자기를 강화하고, 필요한 기술을 훈련하여 문제를 해결하도록 능력을 키우기 위한 면담을 말한다.

3) 개별면담 시작기술

(1) 첫 면담에 대한 불안수용

첫 면담은 양쪽 모두에게 다양한 감정과 반응을 일으키는데 이러한 감정들을 이해하고 수용할 수 있어야 한다(이준우, 2009).

(2) 면담의 시작

❶ 자기소개

사회복지사가 자신의 성명이나 소속기관과 관련 된 정보 등에 대해 소개한다.

❷ 클라이언트 자신 및 동행인에 대한 소개 요청

접수양식과 사전 전화통화를 통해 방문할 클라이언트에 대해 알고 있다면, 기관을 방문한 사람의 이름을 확인 후 인사하고, 그 밖에 동행자에 대한 정보도 알아두고 확인한다.

❸ 첫 면담의 목적 설명

면담목적의 설명은 가급적 직접적이고 분명하게 하며, 어려운 용어는 쓰지 않는다.

❹ 클라이언트의 역할 설명하기

면담을 위해 시간 약속을 할 것과 시간을 지켜야 하고, 시간 약속의 변경은 사전에 통보하며, 합의된 상담료를 납부해주어야 한다.

❺ 기관의 정책 및 윤리적 요건에 대한 설명

사회복지사는 기관의 정책 및 윤리적 요건에 대한 설명이 의무화인데, 이 모든 것은 첫 면담에서 실행한다.

❻ 피드백 요청

클라이언트에게 궁금한 점이나 의문점이 있는지 질문을 통해 요청하도록 하고 이에 대답을 유도한다.

(3) 클라이언트의 침묵의 의미

클라이언트가 보이는 침묵의 예는 다음과 같다.

❶ 대답이 곤란한 질문에 대해 적절한 내용의 답을 발견하지 못하는 경우이다.

❷ 대답하기에 너무 감정이 격한 경우 혹은 질문사항이나 면담상황에서 전체적으로 불만을 갖고 있는 경우이다.

❸ 자신의 느낌을 표현하려고 최대한 노력을 하는데도 말로 잘 표현하기 어려운 경우이다.

❹ 클라이언트 자신이 방금 이야기했던 것에 관해서 생각을 계속하고 있는 경우이다.

02 개입기술과 개입과정

1) 개인실천 개입기술

(1) 지지기술

지지는 일반적으로 정서적 지지를 의미하는 것으로 심리적 고통이나 스트레스 혹은 위기를 경험할 때 누군가에게 의지하려는 욕구에 반응하는 것이다. 지지적 기술에 포함될 수 있는 기법들은 격려와 인정하기, 재보증, 일반화, 환기 등 다양할 수 있고, 이들은 상호연관된 기술을 의미하며 이를 살펴보면 다음과 같다(도광조, 2018 : 120~146).

❶ 격려와 인정하기

격려하기는 클라이언트가 어떤 사건이나 경험 이전에 사람을 고무하거나 동기화시켜서 행동을 취하거나 벗어나도록 하는 데 초점이 있는 반면, 인정하기는 사건이나 경험 이후에 긍정적인 평가를 제공하는 경향이 있다.

❷ 재보증

재보증은 자신의 능력이나 자질에 대해 무력감을 느끼고 있는 클라이언트에게 클라이언트 본인의 능력과 자질을 재확인하고, 다시 보증하는 기술로 클라이언트가 자신의 삶에서 경험하는 사건이나 문제들로 인해 자신의 문제를 객관적으로 바라보지 못하거나 판단이 흐려질 때 사실상은 합리적이고 현실적인 생각과 결정을 하고 있는데도 불구하고 클라이언트는 의구심을 나타낸다. 이때 제대로 진행되고 있다는 점으로 안심시켜 주는 기술이다.

❸ 일반화

일반화는 문제나 감정, 지각 등을 보편화시키는 경우를 말하는 것으로 클라이언트 혼자만 겪는 것이 아니라 많은 사람들이 그런 문제나 감정, 지각을 가지고 있다고 지적하여 자신을 부정하거나 비하하는 등을 하지 않도록 돕는 기술이다.

❹ 환기법

환기법은 정화법이라고도 하며, 클라이언트로 하여금 억압되어 있는 감정, 특히 분노나 증오, 슬픔이나 죄의식 등의 감정을 표출하도록 돕는 기법을 말한다.

(2) 정보제공기술

정보제공에 있어 세퍼 외(Sheafor et al., 서울대 사회복지실천연구회 역, 1999)는 다음과 같은 지침을 제공하고 있다.

❶ 클라이언트의 현재 심리상태를 주의 깊게 고려해야 하고, 클라이언트의 교육배경, 지적 수준, 언어구사력, 두려움 등을 고려하여 조절한다.
❷ 정보나 지시를 논리적이거나 체계적 그리고 단계적으로 제공하는 것으로 혼란스럽거나 두서가 없다면 클라이언트는 혼란스러울 것이다.
❸ 복잡하고 다단계적인 지시사항은 서면으로 한다.
❹ 그것, 이것, 저것과 같은 대명사를 조심해야 한다.
❺ 분명하고 명확하게 이해하도록 한다. 빠르거나 이해가 어려운 단어를 쓰지 않는다.

(3) 조언기술

조언은 어떤 방향으로 이끌어간다는 의미를 가지고 있고, 클라이언트가 해야 할 것을 추천하거나 제안하는 진술을 의미하며, 사회복지사가 조언을 제공할 때는 자신의 조언이 틀릴 수도 있고, 부정적 결과를 가져올 수도 있다고 생각해야 한다(Trevithick, 우국희 외 역, 2002).

(4) 설명과 해석기술

설명기술은 클라이언트가 특정 사건이나 상황에 대해 분명하게 이해하도록 구체화하여 돕는 진술을 의미하며, 사용설명서와 같이 구체적인 지침형태를 띠는 경우가 많다. 해석기술은 클라이언트의 통찰을 촉진하기 위해 정신분석이론에서 널리 활용되는 기술로 클라이언트로 하여금 새로운 방법으로 문제를 보도록 행동, 사고, 감정에 새로운 의미와 원인, 설명을 제공하는 기술을 말한다(Trevithick, 우국희 외 역, 2002).

(5) 재구조화기술

재구조화는 재구성, 재명명, 재정의 등으로 개념화하고, 재부여와 재규정이라 한다. 인지의 재구조화와 일맥상통하는 것으로 어떤 상황이나 행동을 좀 더 다른, 좀 더 희망적이고 낙관적인 관점에서 바라볼 수 있도록 의미를 부여하는 것을 말한다.

(6) 도전과 직면기술

면접이나 개입과정에서 클라이언트는 항상 협조적이고, 일관성 있게 응하는 것은 아니며, 저항할 수 있다. 때로는 클라이언트와 의견 불일치로 갈등상황에 처하나 저항상태를 보이며 폭언이 나타나기도 한다. 이러한 도전과 직면기술은 동일한 맥락이 있고,클라이언트의 자기인식과 자기성찰을 촉구하기 위해 사용되는 기술이다(Coumoyer, 2006; 김인숙·김용석 역, 2006).

(7) 구체적, 물질적 원조 제공하기

구체적인 서비스나 물질적인 원조를 제공하면 되지 이것이 기술인가라고 생각할 수 있다. 사회복지사들은 적정수준의 지지와 보호를 제공해야 하며, 개인에게 어떤 종류의 원조를 어떻게 제공할 것이며 개인적, 문화적으로 적합하도록 원조를 제공할 것인가를 결정하는 데는 여러 가지를 고려해야 하고, 여러 가지 기술이 관련되어 있기 때문에 중요한 사회복지실천기술인 것이다.

(8) 자기주장기술

자기주장의 행동유형이나 반응은 다음과 같이 정리해 볼 수 있다(Hepworth et al., 2004).

❶ 요청을 거부하기

❷ 분위기와 어울리지 않는 의견 표현하기

❸ 자신의 약점을 인정하기
❹ 칭찬을 수용하기
❺ 긍정적인 감정을 표현하기
❻ 행동의 변화를 요구하기
❼ 대화를 주도하고 유지하기 등을 포함한다.

(9) 사회적 관계망 개입기술

사회적 지지는 대체로 긍정적인 영향을 주지만, 클라이언트의 사회적 관계망의 일부 다른 부분이 클라이언트에게 스트레스를 주거나 클라이언트의 기능수행에 해로운 영향을 미칠 수도 있다(Sheafor et al, 서울대 사회복지실천연구회 역, 1999). 사회관계망 개입유형은 여러 가지가 있지만, 가장 중요한 것은 클라이언트와 기존 관계망 구성원과의 관계를 활성화시키는 개입유형으로, 관계망에 대한 클라이언트의 태도와 신념을 변화시키거나, 관계망 구성원들이 클라이언트에게 보다 지지적이 될 수 있도록 격려하고, 이를 위해 관계망 구성원들 간의 모임을 주선하는 것 등이 여기에 포함되면 사회적 관계망에 대입하여 사회적 지지체계를 개발하는 경우, 사회복지사는 가장 먼저 클라이언트의 기존 관계망을 명확히 할 필요가 있다(Maguire., 장인협·오세란 역, 1996).

(10) 임파워먼트기술

임파워먼트는 단어 그대로 보면 '파워(힘)'를 의미한다. 클라이언트에게서 변화를 가져오게 하기 위한 5가지 개입 기술은 다음과 같다(Trevithick, 우국희 외 역, 2002).

❶ 클라이언트의 문제 정의를 수용함
❷ 기존 클라이언트의 강점을 발견하고 강화시킴
❸ 클라이언트의 상황에 대한 권력분석에 관여
❹ 구체적인 기술을 가르침
❺ 자원을 동원하고 클라이언트의 권익을 옹호함

(11) 중재 및 협상기술

중재 및 협상기술은 갈등관계에 있는 당사자들 간의 차이점을 조정하거나, 이해를 도모하여 타협점을 찾거나 합의점에 이르도록 돕는 기술로 중재는 중립적 입장에서 쌍방을 화해시키고 조정하는 것을 의미하는데, 중재는 가급적 중립적 입장에서 수행되는 것이다.

협상에서 사회복지사는 중립을 지키지 않고, 협상기술을 사용할 때 사회복지사는 특정 사건에 관여된 클라이언트와 관련 사람들의 다양한 관점을 살피고, 이들이 어떻게 이런 관점에 이르게 되었는지 이런 상황의 근원을 이해하는 노력이 필요하다. 따라서 협상기술은 클라이언트와 함께 하는 직접적 서비스와 관련해서, 일의 초점을 협상하는 것, 계약을 수립하는 것, 문제를 극복하는 방법을 함께 결정하는 것과 관련되는 경우도 있다.

(12) 옹호기술

옹호에서 주요 개념은 '표현'의 개념으로 다음과 같은 것들이 포함될 수 있다(Trevithick, 우국희 외 역, 2002).

❶ 클라이언트 스스로 자신들을 표현할 수 있도록 지지하는 것이다.
❷ 클라이언트의 견해와 욕구를 입증하고 주장하는 것이다.
❸ 클라이언트의 견해와 욕구, 관심사 및 이익을 타인에게 해석해주고, 전달하는 것이다.
❹ 다양한 과업을 수행하기 위해 경청과 협상기술, 공감, 자기주장기술, 분명하게 초점을 가지기와 같은 적절한 기술을 개발하는 것이다.

한편, 매슬로우의 다섯 가지 인간의 욕구와 유사하게 클라크(Clark, 2000)가 제시한 다섯 가지 상호 의존적인 욕구와 관련해서 어떤 욕구에 대해서든 옹호자로 나설 필요가 있을 것이다(Trevithick, 우국희 외 역, 2002).

❶ 안전과 심리적 안심(신체적 보호, 안전)
❷ 생활수단(음식, 쉼터와 같은 기본 욕구들)
❸ 창의성에 대한 기회(보상이 있는 일, 개인적 성장)

❹ 사회적 참여와 지위(인정과 존경)

❺ 권력과 선택(사회에 참여하기, 선택하기)

2) 개인실천 개입과정

(1) 초기단계

초기단계에는 접수를 통해 클라이언트가 기관에서의 계약관계가 형성되면, 개입하기 전에 사정을 위한 자료를 수집하고, 서비스를 제공하기 위한 클라이언트에 대한 정보와 당면한 어려움과 자원 등을 파악한다.

❶ 접수

접수는 문제를 가진 내담자가 사회복지기관을 찾아 왔을 때, 사회복지사가 그 문제와 욕구를 확인하여 그것이 기관 정책과 서비스에 알맞은지에 대한 여부를 판단하는 과정을 의미한다(오봉옥, 2013).

❷ 자료수집

정보를 모으는 일로서, 클라이언트의 문제를 이해, 분석, 해결하는 데 필요한 클라이언트 개인과 그 환경에 관한 객관적 자료를 확보하려는 활동이다. 자료수집 방법에는 한계가 있으므로 한 가지 이상의 방법을 활용해야 한다(이재선 외, 2018 : 97~98).

- 자료수집의 내용
  - 현재 상황
    - 문제의 직접적 요인 및 상황을 악화시킨 요인
    - 해당문제에 대한 클라이언트의 과거 대처 방식
    - 문제와 관련된 중요한 가족이나 주변 인물에 대한 정보
    - 클라이언트와 영향을 주고받는 환경에 대한 정보
    - 사회적, 경제적, 심리적 요인이 클라이언트 및 가족에게 미치는 영향
  - 생활력
    - 개인력 : 인간의 생활주기에 따른 인간관계, 생활사건, 클라이언트의 감정 등

- 가족력 : 원가족의 가족관계 및 가족상황, 현재의 가족구성 등
- 클라이언트의 기능 : 클라이언트의 신체적, 정서적, 지적, 행동적 기능, 대인관계능력, 문제해결능력 등
- 클라이언트의 자원 : 현재 이용하고 있는 서비스, 활용 가능한 자원 등
- 클라이언트의 한계 및 장점 : 문제해결에 있어서 클라이언트 개인 혹은 그를 둘러싼 환경 속에서의 한계, 장점, 동기 등

• 자료수집의 정보원

클라이언트의 이야기나 심리검사 결과, 클라이언트에 대한 비언어적 행동관찰, 클라이언트가 직접 작성한 양식, 클라이언트에 대한 사회복지사의 개인적 경험 그리고 가족, 이웃, 친구, 친척, 학교, 다른 기관으로부터 얻게 되는 부수적인 정보들이 있다(이용석, 2016).

(2) 사정

사정은 클라이언트의 관심과 상황을 이해하고, 이로 인해 활동계획을 개발하기 위한 활동이다.

❶ 사정의 개념

사회복지사와 클라이언트 간에 발생하는 것으로 정보를 수집하고 분석하며 종합화하면서 다면적으로 공식화하는 과정이다. 과거 전통적인 사회사업에서는 '진단'이라고 했으나, 사회복지실천과정에서는 클라이언트의 역기능 측면뿐만 아니라 그들의 자원, 동기, 장점, 능력 등을 모두 보기 때문에 진단보다는 '사정'이라는 용어를 더 많이 사용한다(이용석, 2016).

❷ 사정의 목적

사정의 목적은 사회복지사가 클라이언트가 처한 상황을 이해하고, 개별화하며, 특수한 상황 속에 관련된 요인들을 확인하고 분석하는 데 도움을 받고자 하는 것이다. 따라서 사정의 목적을 성공적인 치료전략을 계획하고 수행하는 것이라 보고, 이에 필요한 일련의 질문들을 브라이어와 밀러는 다음과 같이 열거하였다(전재일 외, 2015).

❸ 사정의 내용

- **욕구와 문제의 발견** : 클라이언트와의 첫 만남 당시 클라이언트가 제시한 문제로서, 클라이언트 스스로 가장 시급하다고 느끼는 문제를 말한다.
- **정보의 발견** : 문제에 관여된 사람에 대한 정보, 문제에 대한 참여자들의 관여방식에 대한 정보, 문제에 대해 클라이언트가 어떤 의미를 부여하는가에 대한 정보, 문제행동이 어디서 나타나는가에 대한 정보, 문제행동의 시작시점에 대한 정보, 문제와 관련된 욕구불만에 대한 정보, 문제와 관련된 클라이언트의 정서적 반응에 대한 정보, 문제와 관련된 클라이언트의 이전 대처 방식에 대한 정보, 클라이언트의 강점 및 기술에 대한 정보를 발견한다.
- **문제형성** : 사회복지사가 이제까지 얻은 정보를 분석하여 전문적인 시각에 따라 문제를 판단한다(이재선 외, 2018 : 100).

❹ 사정을 위한 질문(이용석, 2016).

사정을 위한 질문은 다음과 같다(이용석, 2016).

- 클라이언트는 누구이며 욕구는 무엇인가?
- 클라이언트 자신의 문제에 대해 어떻게 생각하는가?
- 클라이언트 문제는 언제, 어디서, 어떻게 발생하는가?
- 클라이언트 문제에 대해 어떤 의미를 부여하는가?
- 클라이언트 문제는 얼마나 지속적으로 진행되어 왔는가?
- 클라이언트는 문제해결을 위해 어떤 노력을 했고, 그 노력은 효과가 있었나?
- 클라이언트의 문제에 관여된 사람은 누구인가?
- 클라이언트는 자신의 문제와 관련하여 어떤 사람 또는 집단으로부터 영향을 받고 있는가?
- 클라이언트는 강점과 약점은 무엇인가?
- 클라이언트가 활용할 수 있는 자원에는 어떤 것들이 있는가?
- 클라이언트의 문제해결을 위해 필요한 자원은 무엇인가?

(3) 중기단계

사람과 관련된 기술은 다양하고 복잡한 요소들이 개입되기 때문에 어떤 기술을 적시적소에 활용해야 하는가는 사회복지사의 능력에 달려 있다. 이 단계 동안 행동체계가 규명되어야 한다.

목표설정단계는 클라이언트의 문제는 복합적이어서 개입의 목표를 설정하기 위해서는, 사정과정에서 드러난 여러 문제들 중에서 가장 중요하고 시급히 해결해야 할 문제를 선정하여 개입의 목표로 설정한다. 목표설정의 원칙은 다음과 같다(오봉옥 외, 2013).

❶ 클라이언트에게 중요한 것을 목표로 정한다.
❷ 작고 쉬운 것을 정한다.
❸ 목표를 구체화한다.
❹ 현실적이고 성취 가능한 것을 목표로 한다.
❺ 부정적인 것보다 긍정적인 목표를 정한다.
❻ 선택의 폭을 넓혀주며, 스스로 선택하게 하고 선택에 대한 책임을 지게 한다.
❼ 목표가 사회복지사의 중요한 권리나 가치에 위배된다면 동의하지 않아야 한다.
❽ 목표는 기관의 기능과 일치해야 한다.

개입단계를 위한 기술은 다음과 같다.

❶ 정서 및 인지에 개입하는 기술

- 정서적 안정 : 재보증, 일반화, 환기 등
  - 재보증 : 자신의 능력이나 자질에 대해 회의하고 있는 클라이언트에게 사회복지사가 신뢰를 표현해 줌으로써 클라이언트의 자신감을 향상시키는 기법이다.
  - 일반화 : 클라이언트의 생각, 감정 또는 행동이 다른 사람들과 비슷하다는 것을 설명한다.
  - 환기 : 남에게 말하지 못한 문제를 감싸주는 분위기에서 클라이언트가 말할 수 있도록 도와주는 기법이다.

- **인지구조의 변화** : 초점화, 직면 등
  - 초점화 : 클라이언트가 자기 자신의 사고과정을 명확히 볼 수 있도록 해주는 기법이다.
  - 직면 : 클라이언트가 자신의 문제를 보증하거나 회피하고 합리화하여 변화를 거부할 때 사용하는 기법이다.
- **상황에의 인식** : 정보제공, 조언 등
  - 정보제공 : 클라이언트의 문제해결능력을 향상시키기 위해 클라이언트의 의사결정이나 과업수행에 필요한 정보와 지침을 제공하는 것이다.
  - 조언 : 클라이언트가 이렇게 하는 것이 어떻겠느냐고 행동을 제안하는 것이다.

❷ 행동에 개입하는 기술

- **행동변화 혹은 행동수정** : 강화와 처벌, 모방, 토큰강화, 타임아웃 등
  - 강화와 처벌 : 클라이언트에게 적절한 보상이나 소거를 통해 긍정적인 행동을 유도한다.
  - 모방 : 클라이언트가 바람직한 행동을 하는 대상을 모방하도록 함으로써 클라이언트의 행동변화를 유도한다.
  - 토큰강화 : 체계적인 계획에 의거하여 클라이언트의 바람직한 행동에 대해 보상물을 부여한다.
  - 타임아웃 : 문제행동을 중지시키기 위해 문제가 일어나는 상황으로부터 클라이언트를 일정 시간 분리시킨다.
- **대인관계의 개선** : 행동시연, 역할교환 등
  - 행동시연 : 클라이언트가 특정 상황에 더 잘 대처할 수 있는 새로운 행동을 학습하도록 클라이언트를 돕기 위한 기법이다.
  - 역할교환 : 클라이언트로 하여금 다른 사람의 역할을 재현하게 하여, 타인의 입장을 이해하도록 유도한다.

❸ 문제해결기술

문제해결기술은 문제에 대한 구체적 언급과 한 번에 한 가지 문제에 초점 두기, 긍정적이고 건설적인 방식으로의 문제 공유 등이 있다.

❹ 사회기술훈련

강화와 과제, 모방 등 다양한 기술의 훈련 또는 역할관계에서의 효과적인 기능을 수행한다.

❺ 스트레스 관리

긴장완화훈련, 점진적 이완훈련, 명상 등 불쾌한 스트레스의 적절한 대처 및 운동과 과제 수행 등 유쾌 스트레스에의 적절한 반응이 필요하다.

(4) 종결

종결이란 어떤 이유로 인하여 문제의 해결이나 활동의 목표가 달성되든지 또는 달성되지 못하든지 간에 사회복지사와 클라이언트 간의 돕는 관계를 단절하는 것이다. 그 관계를 통하여 증진시켜 온 클라이언트의 사회적 기능수행의 능력을 그의 생활 전면으로 옮겨 실천해 나가는 것이다.

종결단계는 목표달성에 따라 목표달성의 여부에는 상관없이 사회복지사와 클라이언트의 전문적 원조 관계를 끝내는 과정을 의미한다(오봉옥 외, 2013). 일반적으로 종결은 계획된 종결과 계획되지 않은 종결이 있는데, 모든 목적이 달성되었을 때, 목적이 달성되지 않았거나 더 이상 진전이 없는 것으로 보일 때, 다른 요인들이 개입되어 관계를 끝내야 할 필요가 있을 때 이루어진다(전재일 외, 2015).

종결의 이유는 여러 가지가 있겠지만, 콜쉐드(Coulshed, 1991)가 제시한 다양한 상황의 종결이유는 다음과 같다(서혜석 외, 2019 : 179~182).

❶ 사전에 동의된 목표들이 정해진 기간 내에 성취된 경우
❷ 클라이언트가 그동안의 원조가 충분했다고 결정한 경우
❸ 사회복지사가 전근이나 이직 등으로 해당 지위를 떠나거나 클라이언트가 다른 지역으로 이사한 경우

④ 법정 요청이 만료되었을 경우
⑤ 기관의 정책이 일정한 시간제한을 두었을 경우
⑥ 자원의 한계상황이 일어났을 경우
⑦ 시간의 부족으로 업무 부담감으로 인한 경우
⑧ 슈퍼바이저로부터의 충고가 있었을 경우
⑨ 다른 기관들로부터의 영향력으로 인한 경우
⑩ 클라이언트가 사망한 경우

종결의 이유가 어떻든 사회복지사는 끝까지 클라이언트에게 최선을 다하여야 하며, 종결 유형에 따라 클라이언트의 감정 및 방법을 효과적으로 활용하여 도와야 한다.

또한 사회복지사와 클라이언트에 의한 종결은 사회복지사가 직장을 옮기거나 업무의 재담당 등으로 인해 사회복지사가 클라이언트와 종결해야 하는 경우가 간혹 발생한다. 이 경우 클라이언트와 신뢰관계가 형성되지 않았을 경우라면 심각한 어려움은 없겠지만, 친밀감이 형성되어 있을 경우에는 이러한 경우가 클라이언트의 감정에 영향을 미칠 수 있다. 이럴 경우 사회복지사는 클라이언트와 종결에 따른 감정을 다루어야 한다.

클라이언트에 의한 종결은 사회복지사의 도움이 더 이상 필요 없다고 생각하고 거부하는 경우 조기종결 내지 일방적 종결이 될 수 있다. 이러한 클라이언트의 거부적 태도는 어느 단계에서도 일어날 수 있다. 이러한 경우 사회복지사는 자신의 감정을 우선 파악해야 한다. 클라이언트에게 거절당했다는 두려움이나 분노의 정서적 반응 때문에 실천과정이 잘 진행되지 못하는 경우가 생기기 때문이다. 또한 조기종결이나 일방적 종결은 클라이언트의 해결되지 않은 저항의 표현일 수 있으므로 저항을 해결할 기회를 부여할 필요가 있으며, 사회복지사는 클라이언트의 거부적 태도를 솔직하고 개방적으로 다루는 것이 중요하다.

한편, 종결기술과 사후관리는 사회복지사와 클라이언트의 친밀한 관계가 종결될 때 오는 허전함과 외로움의 느낌은 당연한 일이다. 하지만 종결단계에서는 이러한 감정을 적절히 다루어서 클라이언트가 사회복지사로부터 심리적으로 독립할 수 있다는 것을 느끼게 해야 할 것이다. 종결에서 활용되는 기술을 정리하면 다음과 같다(서혜석 외, 2019 : 181).

❶ 종결을 지적한다.
❷ 간접적 암시에 대한 직접적 반응을 한다.
❸ 클라이언트의 종결감정을 인정하고 사회복지사의 종결감정을 클라이언트와 공유하는 것이다.

클라이언트는 흔히 종결할 준비가 되어 있는지에 대해 확신을 가지지 못한다. 자신이 변화된 것은 느끼지만 이제 더 이상 사회복지사로부터 이해와 지원을 받을 수 없다는 불안과 현실과의 맞닥뜨림에 대한 막연한 불안이 생길 수 있기 때문이며, 종결 전 이러한 어려움에 대해 충분히 논의하고 다루어 주어야 한다.

사후관리는 개입종결 후 사회복지사와 클라이언트가 갖는 접촉으로 사후관리에서 얻을 수 있는 장점을 살펴보면 다음과 같다(서혜석 외, 2019 : 182).

❶ 클라이언트가 개입 없이도 기능을 하고 있는지의 여부를 알게 한다.
❷ 클라이언트가 종결 이후 문제를 겪고 있을 경우 필요한 어떤 도움이라도 제공할 수 있도록 한다.
❸ 개입의 효과성 여부를 결정하는 데 도움을 준다.
❹ 이전 개입의 효과성을 증대시켜 주는 촉진적 역할을 한다.
❺ 클라이언트가 일시적 곤란을 극복하도록 도움을 주거나 부가적 개입의 필요성을 제기한다.

정리해보면 사후관리가 클라이언트에게 이런 장점을 제공하고 있지만 현실적으로 실행하는 데는 많은 어려움이 있다. 사회복지사의 과중한 업무량과 클라이언트의 의존성 등으로 어려운 상황이 오더라도 사회복지사는 클라이언트에게 도움이 된다면 사회복지사로서의 전문적 책임과 의무를 마지막까지 필요할 것이다.

CHAPTER 06

집단사회복지실천의 이해

01 집단에 대한 이해

집단대상 사회복지실천기술은 두 사람 이상으로 구성된 집단을 문제해결 및 원조의 매개체로 활용하여 의도적인 집단 경험을 제공함으로써, 집단의 힘을 극대화하여 집단에 속한 개개인의 사회적 기능 향상뿐만 아니라 집단의 사회적 기능을 강화 또는 회복시키는 사회복지실천방법론 중의 하나이다.

1) 집단의 개념

집단에 대해서는 학자마다 다양한 견해를 나타내고 있다. 머튼(Merton, 1957)은 상대방과 유형화된 방식으로 상호작용하며 스스로 집단구성원으로서의 소속감을 느끼고 타인에 의해서 집단구성원으로 간주되는 사람들의 집합이라 하였고(이재선 외, 2018 : 133), 동일한 관심을 갖고 모여 일관되고 획일적인 활동을 할 수 있는 사람들의 집합이라고 하였다(서강훈, 2013).

집단대상 사회복지실천은 집단을 원조의 도구 또는 매개체로 활용하여 의도적인 집단경험을 제공함으로써, 집단이 가진 힘을 활용·활성화하여 집단의 사회적 기능을 강화·회복시키고, 집단을 구성하는 개개인들의 사회적 기능의 회복이나 성장을 촉진할 수 있도록 원조하는 사회복지실천방법 중의 하나이다(도광조, 2018 : 235).

2) 집단의 유형

다음은 토스랜드와 리바스(김혜란 외, 2006, 도광조, 2018 : 244~247)가 분류한 치료집단을 중심으로 그 특성을 살펴본다.

(1) 지향하는 목적에 따른 집단의 유형

치료집단은 집단구성원의 교육과 성장, 지지와 치유, 사회화, 행동변화 등의 욕구를 충족시키려는 목적을 가지며, 목적에 따라 지지집단, 교육집단, 성장집단, 치료집단, 사회화집단으로 구분한다.

❶ 지지집단(support group)

지지집단은 구성원들이 스트레스를 주는 생활상의 사건에 잘 대처하고 효과적으로 적응할 수 있도록 원조하는 데 목적을 둔다. 아이디어나 제안, 조언을 공유하고 지지를 제공하기 위한 것이다. 지지집단에서 사회복지사의 역할은 자조 및 상호원조를 통해 대처기술을 향상시키도록 동기화시키며, 미래에 대한 희망을 촉진시키는 것이다. 지지집단의 예는 다음과 같다.

- 이혼한 부부의 자녀집단
- 암환자나 그 가족으로 구성되어 질병의 영향과 대처방법을 논하는 집단
- 아동양육의 어려움을 함께 나누는 편부모집단
- 정신병원에서 퇴원하여 지역사회에서의 적응을 다루는 집단

❷ 교육집단(educational group)

교육집단의 주목적은 구성원들의 지식, 정보 또는 기술의 향상에 있다. 정보의 제공은 주로 전문가에 의해서 강의 형태로 이루어지며 구성원 간의 토의를 통해서 학습이 강화된다. 집단구성원은 학습에 대한 공통의 관심사를 가진 사람들로 구성된다. 사회복지사는 구성원의 지식, 기술, 경험 등을 고려하여 모든 구성원이 최상의 학습효과를 얻도록 해야 한다. 교육집단은 주로 강의를 중심으로 구조화되므로 구성원들의 자기표출은 비교적 낮은 편이다. 교육집단의 예는 다음과 같다.

- 성교육을 받는 청소년 집단
- 예비부모교육을 받는 미혼 성인 집단
- 위탁가정의 부모가 되려는 집단
- 특정 약물이나 질환에 대해 정보를 획득하는 집단

❸ 성장집단(growth group)

성장집단의 목적은 구성원들이 자신과 타인에 대해서 그들의 생각, 감정, 행동을 인식, 확장, 변화시킬 수 있는 기회를 통하여 자신의 잠재력을 최대한 발휘할 수 있도록 하는 데 있다. 성장집단은 사회심리적 병리를 치료하기보다는 사회심리적 건강을 향상시키는 데 초점을 두며, 자신의 성장기회로 집단을 활용하려는 사람들에 의해 구성된다. 성장집단의 예는 다음과 같다.

- 부부를 위한 참만남 집단
- 청소년을 위한 가치명료화 집단
- 여성을 위한 의식고양 집단
- 은퇴 후의 삶에 대해 초점을 맞추는 노인 집단

❹ 치료집단(therapy group)

치유집단의 목적은 구성원들의 행동변화, 개인적인 문제의 개선 또는 상실된 기능의 회복을 원조하는 것이다. 치유집단의 예는 다음과 같다.

- 지역정신건강센터에서 심리치료를 받는 외래환자 집단
- 건강협회에서 지원하는 금연을 원하는 사람들의 집단
- 초범자로 보호관찰 처분을 받은 청소년 집단
- 약물중독으로 치료를 받는 집단

❺ 사회화집단(socialization group)

사회화집단의 목적은 사회적 관계에 어려움을 가지고 있는 클라이언트를 중심으로 사회생활에서 효과적으로 기능하기 위해 필요한 사회기술이나 태도를 학습하거나 좀 더 사회적으로 용납할 수 있는 태도나 행동으로 변화·발달시키는 데 중점을 둔다. 사회화집단의 예는 다음과 같다.

- 학교의 공격적인 아동들의 집단
- 과거에 정신장애환자였던 사람들의 모임 집단
- 치료센터에 입소되어 있는 아동들의 주별 모임 집단
- 소풍, 춤과 같은 여가활동을 포함하는 편부모 집단

이상의 분류를 이해하는 데 유의해야 할 것은 사회복지실천현장에서 하나의 목적을 가진 집단은 없으며, 대개 한 집단은 여러 목적을 가지고 있다.

(2) 이론적 근거와 집단상담회기의 집중도에 따른 집단의 유형

이론적 근거에 따른 집단의 유형에는 정신역동집단, 개인심리집단, 합리-정서집단, 교류분석집단, 인지행동집단, 경험학습집단, 게슈탈트집단, 현실치료집단, 기타 예술적 접근 집단 등이 있다. 또한 집단상담회기의 집중도에 따른 집단의 유형 중 분산형 집단은 집단상담회기와 회기 사이에 간격이 하루에서 일주일 혹은 이주일 정도의 간격이 있고, 여러 회기가 진행되는 형태의 집단을 의미한다. 집중형 집단은 회기가 중단되지 않고 12시간 혹은 36시간 정도 지속되는 집단을 의미한다(이재선, 2018 : 135, 137).

3) 집단의 특성

집단의 효율적인 상호작용을 증가시키고 집단을 통한 개입이 효율적으로 목표를 달성하기 위해 집단의 특성이 중요하다(최선화, 2012).

(1) 집단역동

집단역동은 집단 내에서 상호작용을 통해 자연적으로 발생하는 집단적 힘을 의미한다.

(2) 지도자의 지도력

시대가 영웅을 만든다는 말처럼 집단이 처한 상황에 부합하는 지도력과 지도자가 나타나게 된다.

(3) 집단응집력

집단의 응집력은 집단에 참여한 구성원들이 집단에 지속적으로 남아서 참여하는 힘을 말한다.

(4) 하위집단

하위집단은 집단의 존립과 상호작용에 중요한 영향을 미친다. 집단이 두 개의 큰 하위집단으로 나누어지는 경우 집단이 쪼개지거나 의견대립으로 힘들어질 수 있다.

4) 집단사회사업의 목적과 이점

(1) 집단사회사업의 목적

집단사회사업의 목적은 다음과 같다(도광조, 2014).

❶ 사회적 관계능력 향상이다.

사회복지실천에서 집단을 활용하는 첫째 목적은 사회적 관계능력 향상이다.

❷ 사회적 능력의 향상

집단은 사회적 기능의 문제를 예방할 목적으로 활용될 수 있고, 집단의 목표는 집단구성원들이 그들의 사회적 역할을 보다 적절하게 수행할 수 있도록 돕는 것이며, 역할기대에 적절히 대처하도록 돕는 것이다.

❸ 스트레스에 효과적 대처 능력 개발

생애 전환기, 문화적 차이, 생명을 위협하는 질병, 이혼, 강간, 신체적 폭력 등과 같은 상황으로 인해 발생하는 스트레스에 효과적으로 대처할 수 있는 능력을 개발하기 위한 것이다.

(2) 집단사회복지실천의 이점

집단대상 사회복지실천은 개인을 대상으로 한 사회복지실천보다 더 효과적일 수 있다. 물론 항상 그런 것은 아니지만 집단사회복지실천은 동일한 문제를 가지고 있는 다수의 클라이언트를 대상으로 한다는 점에서 한 번에 많은 사람들에게 도움을 제공할 수 있으므로 상대적으로 전문사회복지사의 노력이 덜 들고, 큰 효과를 낼 수 있다(도광조, 2018 : 239~242). 다음은 얄롬(Yalom, 1995)이 제시하는 집단의 치료적 요인들로 집단이 갖는 장점을 살펴본다(김혜란 외, 2006; 신성자 외, 2012).

❶ 희망감 고취

다른 사람들이 좋아지는 것을 보고 자신도 좋아질 것이라는 희망을 갖는다.

❷ 보편성

클라이언트들은 종종 자신만이 유독 외롭거나 비참하고, 받아들이기 어려운 문제를 가지고 있다고 생각한다. 집단을 통해 다른 사람들도 자기와 비슷한 갈등과 생활경험 또는 문제를 가지고 있다는 것을 알고 안도감을 경험한다.

❸ 정보공유

클라이언트들은 집단사회복지사의 교육 등을 통해 자신의 문제에 대해 보다 명확하게 이해할 수 있으며, 집단구성원들로부터도 직·간접적인 제안, 지도, 충고 등을 얻게 된다.

❹ 이타심

집단구성원들은 비슷한 문제를 함께 가지고 있기 때문에 서로가 서로에게 지지, 위로, 제안과 통찰을 제공한다. 자신도 누군가에게 도움을 줄 수 있고 타인에게 중요할 수 있다는 경험은 자존감을 높여 준다.

❺ 사회화 기술의 발달

집단활동을 통해 구성원들은 대인관계 상황에 필요한 사회적 기술을 배우고 역할훈련을 통해 적응적 행동을 배우게 된다. 집단 내에서 사람을 사귀는 일이 능숙해진다.

❻ 모방행동

집단사회복지사와 집단구성원들은 새로운 행동을 배우는 데 좋은 모델이 될 수 있다. 집단 내에서 다른 구성원들의 행동을 모방하면서 자신의 행동을 생각함은 물론이고, 비슷한 상황에서 다르게 행동하는 구성원들을 관찰하면서 보다 발전된 모습을 배울 수 있고, 집단이 다양한 문화적 배경과 행동양식을 가진 사람들로 구성되는 경우, 서로에게 새로운 행동을 학습하는 모델로서 작용할 수 있다.

❼ 감정정화

집단 내의 비교적 안전한 분위기 속에서 집단구성원들은 그동안 억압되어 온 감정을 자유롭게 발산할 수 있다.

❽ 일차적 가족집단의 교정적 재현

집단구성원들은 이전에 부모형제들과 상호작용했던 방식으로 집단지도자나 다른 구성원들과 상호작용하게 되는데, 집단 내 상호작용 과정에서 그동안 해결되지 않은 가족갈등에 대해 탐색하고 도전할 기회를 갖는다.

❾ 집단응집력

집단구성원들은 집단 내에서 인정받고 수용된다는 소속감을 느끼며, 집단 및 소속되었다는 것을 느낄 때, 다른 구성원들과 집단의 규범에 영향을 받게 된다. 집단응집력-집단소속감은 중요한 치료요인으로 작용한다.

❿ 실존적 요인들

클라이언트는 집단구성원들과의 경험 공유를 통하여 다른 사람에게 아무리 많은 지도와 후원을 받는다 할지라도 자신들의 인생에 대한 궁극적인 책임은 스스로에게 있다는 사실을 인식하게 된다.

⓫ 대인관계학습

클라이언트는 집단구성원 간의 다양한 상호성에 대한 아이디어를 가질 수 있다. 또한 집단은 대인관계 형성의 새로운 방식을 시험해 볼 수 있는 장이 된다. 얄롬은 대인관계학습이 집단에서 특히 중요한 힘이라 하였다.

02 주요 모델의 발달단계 및 집단지도자의 역할

사회복지실천에서 집단개입에는 세 가지 주요 모델들이 있다. 즉, 집단구성의 목적에 따라 사회적 목표모델, 치료모델, 상호작용모델로 분류된다(도광조, 248~250).

1) 주요 모델

(1) 사회적 목표모델(Social goals model)

사회적 목표모델(Social goals model)은 병리나 질병 등에 대해서보다는 사회문제 해결과 사회적 기능에 관심을 두고, 치료보다는 자기실현에 강조점을 둔다. 사회적 의식과 사회적 책임, 이를 통한 시민참여, 선량한 사회인, 민주적 과정의 습득을 주된 목표로 한다.

(2) 상호작용모델(Reciprocal model)

상호작용모델(Reciprocal model)은 인본주의모델이라고도 하는데, 집단구성원 간, 개인과 집단 간 상호작용, 상호관계에 초점을 두고 구성원 간 상호지지체계형성과 대인관계향상을 강조한다. '지금 여기'를 강조하면서 현재의 집단과 현재의 개인활동, 관계에 주안점을 둔다. 이 모델에서 집단사회복지사는 자료제공자 또는 중재자의 역할을 한다.

(3) 치료모델(Remedial model)

치료모델은 집단을 개인치료를 위한 수단으로 보는 모델로서 개별구성원 치료에 목표를 둔다. 집단활동을 통해 개인적 치료 목표를 달성하는 데 중점을 두는 집단치료가 여기에 해당된다. 치료모델은 미시간대학의 교수들에 의해 처음으로 소개되었기 때문에 미시간모델이라고도 한다. 치료모델에서 집단사회복지사는 변화의 창출자 역할을 하게 되고, 전문가적인 권위를 가진다.

2) 다양한 집단발달단계

모든 집단이 모두 동일한 발달단계를 거치는 것은 아니다. 이전 단계로 역행할 수도 있고, 어느 한 발달단계에 정체할 수도 있으며 한 세션 동안 신속하게 발달하는 집단도 있다. 폐쇄집단은 비교적 집단발달단계를 구분하고 예측할 수 있으나 개발집단은 구성원들이 교체되기 때문에 그 단계를 예측하는 것이 더 어렵다(김윤재, 2011 : 189~193).

(1) Sarri와 Galinsky의 집단발달단계

이론적 구성이 가장 정확하고, 단계 간의 구분이 가장 명확한 것의 하나는 사리와 갈린스키(Sarri & Galinsky, 1964)가 제시하고 있는 모델이다. 종래의 다른 모형과는 달리 이들은 사회학과 집단심리 치료학에 기초를 둔 소집단 조사 분석에서 그들의 모형을 추출하고 있다. 이 모델은 일곱 단계로 구성되어 있으며, 그 내용은 다음과 같다.

❶ 시초단계(Origin Phase) : 이 단계는 집단의 구성을 의미하며, 분석을 위한 구분이다. 그러나 사실상 이후의 발달을 위한 필요조건으로 볼 수 있다.

❷ 형성단계(Formative Phase) : 구성원들 관심의 유사성과 상호성을 찾아서 일차적 활동을 하는 단계이다. 이 단계에서 집단의 목적에 대한 동조나 회원 간의 유대의 탄생 그리고 어떤 조직과 유사한 것이 나타난다.

❸ 중간단계(Intermediate Phase 1) : 집단의 응집력이나 목적의 명확성 그리고 회원들의 목적지향적 활동 등이 적당한 수준에 도달하는 단계이다.

❹ 수정단계(Revision Phase 2) : 현존하는 집단의 구조나 목적 또는 집행절차 등에 변화와 수정이 일어나는 단계이다.

❺ 중간단계 2(Intermediate Phase 2) : 수정단계의 뒤에 오는 것으로써 집단이 전체적으로 성숙해 나가면서 중간단계 1과 같은 성격이 나타난다. 그러나 통일성과 안정도가 중간단계 1보다 높다고 할 수 있다.

❻ 성숙단계(Maturation Phase) : 집단구성, 집단목적 통치와 운영의 절차 등에 안정도가 높으며, 집단문화의 확대 그리고 내외적 압력에 대한 효

율적인 반응 등이 존재하는 단계이다.

❼ 종료단계(Termination Phase) : 목적을 달성하거나 계획된 기간이 다 되었거나 적응이 모자라거나 통합력이 결여되거나 함으로써 집단의 해산이 초래되는 단계이다.

(2) 노턴(Northen)의 집단발달단계

❶ 준비단계(Preparatory)

이 단계는 회원들이 집단의 구성원이 되어 실제적인 상호작용을 하기 이전의 단계를 의미한다. 그는 이 단계에 대하여 상세한 설명을 하지 않고 있으나 이 단계는 다음 단계의 설명을 위해 추상적으로 설정한 것 같은 인상을 가질 수 있다. 이러한 추리의 근거로써 그는 사리와 갈린스키의 시초단계 설정에 대하여 높이 평가하고 있다는 점을 들었다. 그는 이 단계를 계획과 접수과정이 있는 단계라고 규정한다.

❷ 오리엔테이션단계(Orientation)

다른 사람들이 접근단계, 형성단계, 시작단계 그리고 친밀단계 등으로 표현하는 단계에 해당하는 것이다. 회원들 간의 불안과 긴장이 가장 높은 단계이며 관계형성이 중심문제가 되는 단계이다.

❸ 탐색과 시험의 단계(Exploring and Testing Group)

오리엔테이션 기간 중에는 회원들의 참여가 일어나지 않으나 곧이어 상호작용의 유형으로 발전된다. 이 상호작용은 상황을 탐색하고 시험하며 아직 갈등과 긴장이 남아 있는 것이 특징이다. 그는 다른 사람들은 이 단계를 관계형성단계, 갈등과 긴장단계, 권력과 통제단계 등으로 표시한다고 함으로써 다른 학자들의 모델 가운데 해당되는 단계를 지적하고 있다.

❹ 문제해결단계(Problem Solving)

회원들이 상호의존적이 되어서 집단응집력이 발생한다고 믿고 문제해결을 위한 매개체로서 집단을 이용하는 단계이다. 회원 간의 상호작용, 상호의존성, 상호동일시 그리고 협동적 활동에의 참여 등이 강하게 나타나는 단계

❺ 종료단계(Termination)

종료는 여러 가지 이유로 일어난다. 어떤 경우는 치료계획으로써 이미 계획된 것이기도 하고, 어떤 것은 계획되거나 예측하지 못했던 것일 수도 있다.

(3) 갈란드, 존스와 콜로드니(Garland, Jones & Kolodny)의 집단발달단계

❶ 1단계 : 가입 전 단계

구성원들은 집단참여에 대해 양가감정을 가진다. 즉, 집단 내에서 안전하며 편안함을 느끼고 시험적·정서적 합의가 가치 있다는 보상을 받게 될 때 성공적으로 끝맺는다.

❷ 2단계 : 힘과 통제의 단계

- 집단 내에서 출현하는 의사소통의 유형, 동맹과 하위집단의 출현, 집단구성원들의 특정 역할과 책임의 수행, 집단과제를 다루기 위한 규범과 방법의 개발, 회원제에 대해 의문과 회의를 갖는 단계
- 집단구성원이 지도자에 대한 신뢰를 개발하도록 하며 집단지도자는 분담된 힘과 통제의 안정적인 균형을 유지해야 함

❸ 3단계 : 친숙단계

- 집단을 성장과 변화가 일어나는 곳으로 정의. 개별구성원들은 개인적 태도나 관심 문제를 변화시키기 위해 노력하고 이를 위해 연습한다.
- 집단일체감과 응집력이 고조. 투쟁은 개인적 삶의 변화와 탐색을 유도하는 쪽으로 활용된다.

❹ 4단계 : 분화단계

- 집단구성원들로 하여금 새롭고 대안적인 행동유형을 자유로이 탐색하게 하는 단계이다.
- 집단 내에서 동등한 관계가 많아지고 구성원들은 서로 지지하면서 더욱 이성적이고 객관적인 방식으로 관계를 맺을 수 있다.

❺ 5단계 : 이별단계

- 목적이 달성되고 구성원들은 집단에서 터득한 경험을 다른 사회적 경험으로 이동할 수 있으며, 이를 통해서 새로운 행동유형을 배우게 된다.
- 종결에 대해 퇴행적 행동 등을 보일 수 있다. 따라서 사회복지사는 이별과정을 원활히 수행하기 위해 집단과 개인변동 변화경험에 대한 평가와 종결의 모순적 감정표현 진보에 대한 인식 등에 집중하여야 한다.

3) 집단지도자의 역할

목적이 달성되고 구성원들은 집단에서 터득한 경험을 다른 사회적 경험으로 이동할 수 있으며, 이를 통해서 새로운 행동유형을 배우게 된다. 또한 종결에 대해 퇴행적 행동 등을 보일 수 있다. 따라서 사회복지사는 이별과정을 원활히 수행하기 위해 집단과 개인변동 변화경험에 대한 평가와 종결의 모순적 감정표현 진보에 대한 인식 등에 집중하여야 한다(김윤재, 2011 : 201~203).

(1) 과업전문가로서의 역할

과업전문가로서의 역할은 집단이 규정한 목적을 성취하기 위해 필요한 역할이며 그 내용은 다음과 같다.

❶ 정보와 의견제공자 : 집단의 토론을 돕기 위해 필요한 정보, 아이디어, 사실 등을 제공한다.

❷ 주창자 : 집단 내에서의 행동을 주도하기 위해 목적, 과업 등을 제안한다.

❸ 방향제시자 : 수행되어야 할 과업에 대한 관심을 끈다. 그리고 추진방법에 대한 계획을 개발한다.

❹ 정보 및 의견 탐색가 : 집단의 토론을 돕기 위해 집단구성원들에게 정보, 아이디어, 느낌 등을 묻는다.

❺ 요약자 : 아이디어, 의견 등을 모아 재정립하고 토론된 주요 요점을 요약한다.

❻ **진단자**: 집단의 목적을 성취하는 데 장애물, 어려움 등의 요소를 찾아낸다.

❼ **충전자**: 집단이 양질의 일을 할 수 있도록 자극한다.

❽ **조정자**: 다양한 아이디어 간에 관련성을 보여주면서 의견을 조정한다. 그래서 집단구성원들 간의 활동이 조화를 이루도록 한다.

❾ **가능성 검증자**: 아이디어의 실용성과 가능성을 검토하고 대안을 평가하며, 실제 상황에 적용해본다.

❿ **평가자**: 집단의 목적이 성취되었는지를 평가한다.

(2) 집단유지전문가로서의 역할

집단유지전문가로서의 역할은 정서적·사회적 유대를 강화하기 위해 필요한 역할이다.

❶ **화합자**: 의견 차이를 건설적으로 분석하고, 공통 요소를 찾도록 설득한다.

❷ **참여고무자**: 모든 사람이 집단과정에 참여하도록 고무한다. 다른 사람들의 아이디어를 개방적으로 수용하는 방법을 보여준다.

❸ **긴장완화자**: 긴장을 완화하고 집단활동에 즐거움과 재미를 갖도록 제안한다.

❹ **의사소통촉진자**: 훌륭한 의사소통기술을 보여주며 구성원들이 서로 말하는 것을 이해할 수 있도록 한다.

❺ **적극적 경청자**: 집단구성원들의 의견을 적극적으로 들으며 반응해준다.

❻ **신뢰형성자**: 집단구성원들이 개방적일 수 있도록 지지해주고 수용해주며, 각 구성원의 개별성을 인정하고 고무한다.

❼ **대인관계 문제해결자**: 갈등을 공공연히 토론하도록 하여 갈등을 해결하고 집단 응집력을 증대시킨다.

❽ **분위기평가자**: 집단구성원들에게 집단이 진행되는 방식을 어떻게 느끼는지 묻는다. 또한 구성원들이 자신의 감정을 공유하도록 한다.

❾ **진행관찰자**: 집단이 진행되는 과정을 지켜보고 관찰한 내용을 활용한다.

(3) 집단지도력에 영향을 주는 요인

집단지도력에 영향을 주는 요인은 다음과 같다.

❶ 강력한 집단지도력을 원하는 구성원도 있지만 허용적 집단지도력을 원하는 구성원도 있다.

❷ 집단지도자가 내부에서 선출되었는가 외부에서 선출되었는가 혹은 임시지도자인가에 따라서 집단지도력의 영향력이 다르다.

❸ 집단구성원에 의해 내부적으로 인정받은 지도자의 집단지도력이 강력하기 때문에 지명된 지도자가 내부지도자를 수용하지 못하고 경쟁하면 지명된 지도자의 집단지도력은 영향력이 약해진다.

❹ 전체로서 집단이 가지는 목표, 과업, 욕구 등을 달성하기 위한 과제수행에 필요한 전문적 지식과 기술경험을 가진 집단지도자의 집단지도력은 인정받게 된다.

❺ 과제수행에 필요한 전문적 지식과 기술경험을 가지고 있고 집단과정에서 집단구성원을 지지·격려하고 함께 과제를 수행하려는 사회정서적 기술을 가지고 있는 집단지도자의 지도력은 인정받는다.

❻ 집단 내·외부에 있는 권위의 속성 집단지도자가 가지고 있는 역량과 기관에서의 지위는 집단지도자의 지도력에 영향을 미친다.

❼ 기관에서 적극적으로 지원하고 있는 중점 사업의 하나인 집단을 지도하고 있는 집단지도자는 자신의 에너지와 역량 기관의 자원을 집단과정에 투입할 수 있는 여건이 충분하기 때문에 집단지도력을 충분히 발휘할 수 있다.

(4) 집단지도자가 되기 위한 사회복지사의 역할

사회복지사는 집단 전체와 개별 구성원의 목적달성을 돕기 위하여 집단지도자로 활용한다. 지단지도자로서 사회복지사의 주요 역할은 다음과 같다(김윤재, 2011 : 204~205).

❶ 조력자(enabler)

집단구성원이 개별목표를 달성할 수 있도록 계획을 수립하고 목표달성활동에 대한 자신의 감정과 관심사를 표현하도록 격려한다. 구성원이 자신의 장점과 자원을 발견하고 이를 활성화시킬 수 있도록 돕는다.

❷ 중개자(broker)

집단구성원이 목표를 달성하는 데 이용할 수 있는 자원을 파악하여 그들에게 알려주며 서비스 이용자격이나 조건 등에 대하여 정보를 제공하고 그들을 다른 기관에 의뢰하여 서비스를 받을 수 있게 한다. 그리고 집단구성원이 목적달성과 관련된 계획과 활동에 대한 자신의 감정과 관심사를 표현하도록 격려하며, 그들이 자신의 장점과 자원을 활성화시키도록 원조하는 역할도 포함된다.

❸ 중재자(mediator)

집단구성원 간에 갈등이 일어났거나 조직 간에 분쟁이 발생했을 때 도와주는 역할을 하고 중재자로서의 사회복지사는 한쪽 편을 들지 않고 중립적 위치에서 개인적 생각이나 가치를 배제하여야 한다. 대립하는 두 체계가 합의나 타협점을 찾을 수 있도록 건설적이고 개방적인 의사소통을 통하여 쌍방이 받아들일 수 있는 합의나 타협점을 찾도록 한다.

❹ 옹호자(advocate)

사회복지사는 특정 서비스를 클라이언트가 거부당할 때 서비스를 확보하고 확대할 수 있도록 도와주는 역할을 한다. 또한 필요한 서비스나 자원을 얻지 못하는 클라이언트를 대신하여 그들의 관심과 욕구를 대변하고 집단구성원의 충족되지 못한 욕구를 지역사회기관이 알도록 하여 새로운 서비스나 자원을 개발하는 것을 도와주고, 현재의 상태나 규칙을 변화시키기 위하여 대항자의 역할을 하기도 한다.

❺ 교육자(educator)

클라이언트의 사회적 기능이나 문제해결능력이 향상될 수 있도록 교육적 프로그램이나 정보를 제공하고 새로운 행동을 보여주어 행동모델이 되며, 문제상황에서 어떻게 해야 하는지를 배울 수 있도록 역할연습을 해보게 하는 것 등이다. 사회복지사는 인간행동변화에 대한 지식과 기술을 알아야 하며 다양한 시청각교육방법을 활용하면 더욱 효과적이다.

이 외에도 집단활동에 대한 최고의 조정자인 집행자의 역할, 집단의 목표와 정책을 수립하는 정책결정자, 집단목표를 달성할 수 있는 수단과 방법을 결정하는 계획가, 유용한 정보와 기술에 대한 자원을 제공하는 제공자, 집단의 공식적 대변인으로서 외부 집단대표자, 집단 내의 관계를 통제하기 위한 방식으로 상호작용의 구조를 통제하는 상호작용의 통제자, 집단구성원에게 요구되는 바람직한 행동의 모델이 되는 행동모델 등이 있다.

07 CHAPTER

집단사회복지실천기술

01 준비 및 계획단계와 초기단계

집단사회복지실천기술 활용에 있어서는 기집단의 역동을 잘 파악하여야 하고, 사전에 기술적인 개입 이후에 발생할 집단역동에 대해 예상하는 것도 중요하다. 따라서 특정 기술을 적용하는 목적과 전체 집단에 미칠 영향력을 고려한 후에 활용해야 한다(김혜영 외, 2018 : 162~164).

1) 준비 및 계획단계

(1) 집단의 모집 및 구성

집단의 목적이 설정되면 집단의 목적을 성취하기 위해 활용될 도구가 무엇이며, 세부목표를 달성하기 위한 활동내용을 구성하도록 한다. 사회복지사는 집단에 관심을 보이는 잠재적 구성원 중 집단을 통해 도움을 받을 수 있는 자를 선발해야 하는데, 집단을 통해 도움을 받고자 하는 동기와 관심사, 도움받고자 하는 문제 등을 점검하는 과정이 필요하다. 이처럼 주의 깊게 구성원을 선별하고 사정에 접촉하는 과정은 집단의 목적 및 초점과 관련하여 강한 유대감을 형성할 수 있으며, 집단의 효과를 높일 수 있으므로 필요하다.

집단의 규모는 집단의 목적과 집단지도자의 능력 등을 고려하여 결정하도록 하며, 최소 5명에서 15명까지 구성하도록 하고, 일반적으로 나이가 어릴수록 적은 수로 구성하는 것이 바람직하다. 성인의 경우에는 다소 많은 수로 구성할 수도 있다.

집단의 구성은 집단의 안정성을 위해 동질적이면서 동시에 집단의 역동을 위해 이질적이어야 한다. 즉, 연령이나 교육수준, 사회경제적 배경 등 개인적 특성과 집단의 목적 등을 동질적인 것으로 하고, 삶의 경험, 문제에 대한 대처능력 등이 이질적으로 구성한다면 보다 효과적인 집단운영이 될 수 있을 것이다.

집단의 유형은 상담, 치료, 교육, 성장, 과업, 자조집단 등이 있고, 집단의 욕구와 목적에 따라 적합하게 결정하도록 한다. 개방집단은 운영할 것인지 폐쇄적으로 운영할 것인지 여부를 정해야 한다. 장점은 새로운 집단구성원이 참여할 수 있고, 다양한 피드백이 가능하다. 폐쇄집단은 집단 초기부터 종료시까지 같은 구성원으로 운영된다. 장점은 집단이 연속성이 있으므로 구성원들이 신뢰감을 갖고 자유롭게 의사표현하며 응집력을 가질 수 있으나, 구성원이 빠질 경우 대처 방법이 없어 운영이 어려울 수 있다.

집단의 전체 기간과 모임 소요시간과 빈도 등은 집단의 유형과 목적 그리고 집단구성원에 따라 달라질 수 있다. 일반적으로 집단 전체의 기간은 총 6~12회로 운영되며, 일주일에 1~2회 정도 운영되고, 평균적인 모임시간은 1~2시간이지만, 아동은 주의집중 시간이 길지 않으므로, 짧게 자주 모임을 갖는 것이 바람직하다. 고등학생 이상일 경우는 120분 정도 진행하는 것이 효과적이다. 따라서 특별한 경우를 제외하고는 정해진 시간을 지키는 것이 바람직하다.

(2) 모임장소 및 지도자 선정

모임장소는 집단구성원들이 편안하고 비밀을 보장받을 수 있는 공간인지를 고려하여야 하고, 외부인의 출입이 제한되어야 하며, 주의집중을 방해하는 환경을 피해야 한다.

지도자의 선정에 있어서 사회복지사는 자신의 특성과 상이한 클라이언트를 대하는 데 있어 편안하면서도 신중하게 접근하는 것이 중요하고, 사회복지사의 역량과 능력은 가장 중요하게 고려되어야 할 것이다. 공동지도자를 활용하는 이유는 첫째, 사회복지사의 사정과 객관성을 향상시키기 때문이고,

둘째, 동료 사회복지사의 활용이 집단구성원들의 경험을 보다 풍부하게 할 수 있으며, 셋째, 공동지도자가 집단의 안전을 유지하고 관리하는 데 있어 보완역할을 할 수 있기 때문이다.

2) 초기단계

집단 초기단계에서 나타나는 특징은 기대와 불안, 혼란으로 요약될 수 있다. 집단 초기에 집단구성원들은 집단을 통해 얻을 수 있는 긍정적인 성과에 대한 기대를 가지고 있으며, 동시에 낯선 사람과 새로운 환경에 대한 긴장과 불안을 경험하기도 한다.

이 단계에서 사회복지사는 기대와 불안, 혼란을 동시에 느끼고 있는 구성원들을 공감하고 존중하면서 신뢰관계를 맺고, 집단구성원들이 서로 공통적인 관심사를 나누며 집단결속력을 가질 수 있도록 격려한다. 초기단계에 사회복지사의 역할은 비밀에 대한 설명, 적극적 개입, 집단구성원의 불안감 감소, 집단구성원의 공통점 발견 등이 있다(김혜영, 2018 : 164).

(1) 오리엔테이션

사회복지사는 집단구성원들을 상대로 오리엔테이션을 실시하여 집단의 정보를 제공하고 사회복지사와 집단구성원을 소개하며, 집단의 목적과 규칙을 소개하는 내용으로 구성된다. 첫 모임에서 집단구성원의 소개과정은 구성원 간의 상호 관심사와 흥미를 공유하고 신뢰관계를 발전시키며, 사회복지사는 집단구성원의 생활경험이나 겪고 있는 어려움, 관심사, 감정뿐 아니라 집단에 대한 기대, 집단 참여 동기 등을 표현하도록 돕는다. 집단구성원의 소개에서 공통점을 부여시켜 집단에 대한 관심을 증대시킨다.

Round robin의 방법은 순서대로 소개하므로 다음 순서를 기다리는 구성원은 긴장감 때문에 혹은 자신의 발표내용에 대한 생각으로 발표하는 구성원의 소개를 경청하지 못하는 경우가 있으므로, 발표를 한 구성원이 다른 집단구성원을 초대하여 소개받는 방식으로 운영할 수도 있다.

집단에 참여한 구성원들이 유사한 문제나 관심사를 가지고 있을지라도 사회복지사는 집단의 목적에 대해 간결하게 설명하고 안내해야 한다. 또한 초기단계에서 집단구성원들은 목표의 설정과 함께 집단 규칙과 규범도 함께 결정해야 한다. 모든 집단에서 기본적으로 적용되는 규칙으로는 비밀보장이다. 집단에서 일어나는 모든 일과 논의된 내용을 집단 밖에서 논의하지 않는다는 원칙을 집단구성원에게 반드시 알리도록 한다.

(2) 신뢰감 조성

초기단계에서 집단구성원들은 낯선 상황에서 서로를 탐색하는 시기이므로 집단지도자인 사회복지사에게 의존하는 경향이 있다. 사회복지사는 집단구성원들이 안전감을 가질 수 있도록 신뢰관계를 형성하는 것이 필요하다.

(3) 참여 촉진 및 저항에 대한 대처

사회복지사는 집단 첫 회기에 모든 구성이 집단에 기여할 수 있도록 기회를 제공한다. 이때 사회복지사가 자주하는 두 가지 실수가 있다. 첫째, 구성원의 질문을 사소하고 하찮은 것으로 여겨 성의 없이 답변하거나 그냥 지나치는 경우이다. 둘째, 특정 집단구성원에게 한정된 사안에 대해 압도되어 오랜 시간을 할애하는 것이다. 이 경우에는 개인적인 질문은 회기 종결 후 하도록 유도하여 발언의 기회가 편중되지 않도록 한다.

(4) 집단에 대한 사정

집단대상의 사회복지실천에서 사정은 개인을 대상으로 할 뿐 아니라 집단 전체에 대해 사정해야 한다. 소시오그램은 집단구성원들 간의 관계를 선을 통해 표현하는 것으로(Toseland & Rivas, 2001), 집단구성원들이 서로 간의 관계에 대해 인식하는 정도와 상호작용 정도를 파악할 수 있다.

02 개입단계

사회복지사는 집단구성원들이 자신의 문제를 이해한 것을 토대로 문제해결을 위한 행동을 촉진하며 책임을 질 수 있도록 돕는다. 개입단계에서 사회복지사의 역할은 집단의 현 위치를 파악(진행상황, 갈등, 협조체계 등)하고, 각 구성원에 대한 평가(태도, 관계, 행동, 동기, 목표 등)하며, 집단의 목적, 목표를 재확인하며, 구성원 모두의 참여를 유도한다. 또한 집단구성원 간의 공통점 및 차이점을 파악하고, 집단 리더에 대한 실험을 인정하며, 집단구성원이 다양한 경험을 할 수 있도록 돕는 등 집단의 갈등을 해소시키는 역할을 한다(김성이 외, 2004 : 199; 김혜영 외, 2018 : 169).

1) 각 회기의 시작 및 마무리 방법

각 회기의 시작과 마무리 단계에서 일정한 구조와 절차가 있다. 회기를 시작하고 마무리할 때 사회복지사는 미해결 과제 언급, 부여된 과제 점검, 집단 회기의 목표 공유, 공지사항 전달 등을 다루어야 한다. 첫째, 시작부분에서 사회복지사는 먼저 지난 회기에 대한 경험을 점검하고, 다루지 못한 부분이 있었는지를 확인하고, 집단에서 계속 다룰 것인지를 집단구성원과 함께 결정한다. 둘째, 지난 회기에서 과제를 부여했다면 그 과제를 수행하면서 경험했던 것을 구성원들이 함께 나누며, 잘한 부분과 실패경험 등에 대해서 집단구성원들이 서로 칭찬과 지지, 위로를 할 수 있도록 돕는다. 셋째, 집단 회기의 목표를 상기하여 이번 회기에서는 어떤 목표를 가지고 임할 것인지를 이끌어내어 함께 공유하도록 한다. 마지막으로 집단구성원에게 공지할 사항이 있거나 함께 공유할 필요가 있는 소식을 전한다.

2) 집단 의사소통을 위한 실천기술

노던과 쿠를란트(Northen & Kurland, 2006)의 집단사회복지의 주요 기술과 다양한 연구자들이 제시한 집단기술 중에서 공통적이면서도 필수적으로 사용하는 기술을 정리한 내용(장성란 외, 2013)을 설명하였다. 집단사회복지실천기술은 개인을 대상으로 하는 사회복지실천기술과 매우 유사하지만, 구체적으로 사용되는 과정이나 궁극적인 목적이 집단 전체의 역동과 관련 있다는 점에서 차이가 있음을 발견하면서 활용하기를 바란다(김혜영 외, 2018 : 170~175).

(1) 공감하기

집단 의사소통을 위한 기술 중 공감하기는 사회복지사가 클라이언트의 마음을 감지하여 이를 반영해주는 것을 의미하며, 문장구조는 '구체적 상황+감정'으로 구성한다.

(2) 자기개방 하기

자기개방 하기는 두 가지 방법이 있다. 첫째, 사회복지사가 집단구성원과 대화하는 동안 경험하게 되는 자신의 생각이나 느낌, 즉 지금-여기서 내가 나에 대하여 무엇을 어떻게 느끼고 있는지 또는 구성원에 대한 나의 느낌은 어떠한지를 진솔하게 말해주는 방법이다. 둘째, 과거에 있었던 나의 경험과 느낌이 현재 집단구성원이 경험하고 있는 것과 유사성이 있을 때 그것을 솔직하게 말해주는 방법이다.

(3) 반영하기

반영하기는 집단장면에서 집단구성원이 표현하는 것을 듣고 사회복지사가 이해한 내용, 그것 뒤에 숨은 감정 또는 둘 다를 전달하는 것이 반영이다. 사회복지사는 각 집단구성원을 반영하기도 하고, 둘 이상의 집단구성원들이 말하고 있는 이슈에 대해서도 반영하며, 전제 집단이 경험하는 것에 대해서도 반영할 수 있다.

(4) 피드백 주고받기

효과적 피드백 주고받기를 위한 지침은 다음과 같다.

❶ 피드백은 강요적이어서는 안 된다.
❷ 피드백은 받는 편이 능히 그것을 소화할 수 있는 준비가 되었을 때 주어야 한다.
❸ 피드백은 사실을 서술하는 방식으로 이루어져야 한다.
❹ 피드백은 시간적으로 행동이 일어난 직후에 주어져야 한다.
❺ 피드백은 변화와 개선이 가능한 것에 한하여 주어져야 한다.

(5) 연결하기

연결하기는 집단구성원들 간의 관련성 및 연계성에 주목하는 것을 의미하며, 집단구성원들의 상호작용과 의사소통을 촉진한다. 즉, 연결하기는 관계를 공고히 하기 위해 사람들을 연결하는 과정이다. 직면하기는 사회복지사가 집단구성원의 행동, 사고, 감정에 있는 어떤 불일치나 모순을 발견했을 때 그것을 지적해 주는 피드백의 일종으로, 보다 정도가 강한 피드백을 의미한다. 직면이 필요한 상황은 다음과 같다.

❶ 이전에 한 말과 지금 하는 말이 불일치할 때이다.
❷ 집단구성원이 스스로에 대해 인식하는 것과 다른 사람이 인식하는 것이 불일치할 때이다.
❸ 집단구성원의 말과 정서적 반응이 불일치할 때이다.
❹ 집단구성원의 말의 내용과 사회복지사가 그에 대해서 느끼는 느낌이 다를 때이다.

(6) 해석하기

해석하기는 집단구성원이 진술했거나 인식하고 있는 것 이상에 대한 사회복지사의 진술이다 즉, 해석은 사회복지사가 구성원의 행동원인에 대한 설명 혹은 연관성 여부를 잠정적인 가설의 형태로 기술하는 것을 말한다.

(7) 명료화하기

명료화하기는 집단구성원들이 자신들의 진술을 명료하게 하도록 도와주는 즉, 성운이 표현하는 갖가지 정리되지 않은 감정과 사고 중에서 메시지의 핵심을 파악하고 저변에 깔린 갈등과 혼란스러운 감정을 분명히 정리하는 반응으로, 핵심주제 및 이야기에 초점을 두게 하는 역할을 한다.

(8) 요약하기

요약하기는 지금까지 구성원이 한 말을 간략하게 정리해 주는 기술로 집단구성원이 어떤 주제에 대해 장황하게 많은 이야기를 했다면, 가장 핵심적인 단어나 정서를 찾아내어 짧게 요약정리해 주도록 한다.

(9) 질문하기

질문하기는 사회복지사가 질문하는 이유 중 집단구성원이 구체적으로 더 많이 자기개방을 할 수 있도록 도와주기 위해서 그리고 사회복지사가 구성원을 더 명확하게 이해하기 위해서이다.

3) 집단사회복지개입기술

(1) 집단사회복지개입기술의 유형

특정 기술에 대한 활용도는 집단의 다양한 유형에 따라 다르게 나타날 수 있다(Toseland & Rivas, 2001; Northen & Kurland, 2001; 김윤재, 2011 : 206~209).

❶ 참여촉진기술

참여촉진기술은 소외되었던 구성원을 참여시켜 특정 문제가 어떻게 영향을 미치고, 타구성원의 문제해결책이 자신에게도 얼마나 도움이 되는지를 깨닫게 한다. 참여를 촉진시키는 것은 집단 결속력을 증진시키고 의사결정을 공유하게 하는 것이다. 사회복지사는 자신이 집단과정에 지나치게 개입하지 않고 구성원이 주도권을 가지고 집단모임의 내용을 구성하고 집단과정을 만들어나가도록 도와야 한다. 구성원이 프로그램 활동에서 각자의 역할을 갖고 주도적으로 참여하는 것에 대해서 칭찬하고 격려한다.

❷ 표현기술

사회복지사는 표현기술을 사용하여 구성원이 주요 이슈나 과업에 대해 느끼고 생각하는 바를 자유롭게 표현하도록 돕는다. 사회복지사는 과업집단과 치료집단의 구성원이 어려운 주제에 대해 개방적으로 의사소통할 수 있도록 돕는다. 자기노출은 이러한 목적으로 사용되는 효과적인 표현기술이다.

❸ 주의집중기술

주의집중기술은 집단의 결속력 형성과 수용적 분위기 조성에 유용하며 성공적인 지도자들이 잘 활용하는 기술이다. 구체적으로는 눈맞춤, 몸동작과 같은 비언어적인 행동과 감정이입, 존중, 따뜻함, 신뢰, 진솔성을 전달하는 언어적 행동이 있다. 고개를 끄덕이거나, 말하는 사람을 향해 몸을 기울이거나, 부연설명을 하거나, 좀 더 자세하게 설명해 달라고 요청하는 것이다.

❹ 선별적 반응기술

사회복지사는 선별적 반응기술을 통해서 구성원의 메시지가 좀 더 적합하도록 방향을 조정할 수 있다. 선별적으로 반응하여 향후 집단과정에 영향을 미치는 것이다. 사회복지사가 어떤 구성원의 노력을 지지한다면 그 구성원은 계속해서 그것을 수행할 것이다. 반면 구성원의 행동이나 말에 동의하지 않을 경우, 구성원은 이에 침묵하거나 사회복지사와 다른 의견을 가졌을지라도 이전에 언급한 것을 고수하지 않을 수 있다.

❺ 부연기술

부연기술은 사회복지사가 구성원이 말한 것을 바꾸어 말하는 것이다. 사회복지사나 집단의 구성원이 다른 구성원이 말한 것을 바꾸어 말함으로써 그 구성원이 자신의 문제나 상황을 좀 더 명확하게 또는 새로운 방식으로 보도록 도울 수 있다. 사회복지사나 집단의 구성원이 들은 것을 바꾸어 말해줄 때, 다소 혼동된 상태에서 말한 구성원은 자신이 진정으로 말하고자 하는 것이 무엇이었는지 결정할 수 있게 된다. 그리고 다른 구성원의 참여를 촉진시킬 수 있다. 구성원이 복잡한 내용이 얽혀 있는 자신의 진술을 표현했을 때, 사회복지사는 구성원이 말한 것에 대해 '바꾸어 말하면 당신이 얘기하고자 하는 것은 ~인가요?'라는 식으로 반응하는 것이다. 예를 들면, "다른 말로 하면 당신이 말하고 싶은 요점은 당신 아들의 행동을 더 이상 참을 수 없다는 말씀인신가요?" 등과 같다.

⑥ 초점유지기술

초점유지기술은 집단이 주제에서 벗어났을 때 이전의 주제로 되돌아갈 수 있도록 하거나 새로운 주제로 옮겨 갈 수 있도록 하는 것이다. 집단과정의 특정 영역에 초점을 둠으로써 불필요한 부분에 대한 의사소통을 감소시키고, 문제에 대한 심도 있는 탐색을 할 수 있게 된다.

⑦ 명료화기술

명료화기술의 목적은 구성원이 인지적으로 잘 이해할 수 있도록 돕는 것이다. 집단 내에서 진술되는 내용과 상호작용 형태에 대해서 모호함이 없도록 하고 모호한 대화의 초점을 분명하게 할 때 사용한다.

⑧ 집단 상호작용지도

사회복지사는 집단의 상호작용을 특정 방향으로 인도하기 위해 상호작용을 지도하는 기술을 사용한다. 이 방법은 특정 구성원의 의사소통을 격려하거나 제한하는 식으로 사회복지사가 특정 목적을 가지고 의사소통유형을 선택하는 것이다. 다른 구성원을 혼란스럽게 하는 하위집단의 역기능적인 측면을 바로잡아야 할 때 사회복지사는 하위집단 내 의사소통을 제한하고 다른 구성원과의 의사소통을 증가시킨다. 과업성취나 문제해결을 위해서 구성원이 문제를 탐색하거나 노력을 기울이도록 이 기술을 사용한다.

⑨ 의사소통의 연계

의사소통을 연계하는 것은 사회복지사 중심의 의사소통에서 집단중심의 의사소통으로 이동하면서 집단구성원 간의 의사소통을 촉진하도록 돕는 기술이다.

(2) 탐색에 필요한 기술

이 기술은 집단구성원과 집단에 관련된 정보, 감정, 생각을 파악하고 집단의 목적, 목표, 운영방법에 관한 각 구성원의 이해 정도를 파악하는 데 활용되며, 집단구성원 간의 관계를 파악하는 데 활용된다(김윤재 외, 209~210).

❶ 질문기술

질문하기(questioning)를 통해 집단구성원이 정보를 파악하고 확장하며 명료화할 수 있도록 방향을 제시한다. 폐쇄질문은 집단, 집단구성원 혹은 상황에 대한 구체적인 정보가 필요할 때 사용된다.

❷ 언급기술

언급하기(commenting)는 집단구성원이 특정 주제에 관한 정보를 제공하도록 격려하는 것으로 앞의 질문하기보다 더 효과적이다. 이 기술은 집단구성원이 무엇을 어떻게 말할지를 결정할 수 있는 자유를 제공한다.

❸ 의도적인 침묵기술

노턴과 컬랜드(Northen & Kurland, 2001)는 의도적인 침묵과 동시에 주의 깊은 경청을 하는 것도 자기노출과 자신과 상황을 설명하는 데 좋은 보조수단이라고 하였다. 의도적인 침묵은 현재 말하고 있는 것에 대해 사회복지사가 경청하고 주시하고 있다는 것을 암시한다. 이러한 자세는 말하는 사람에게 계속해서 말할 수 있도록 유도하는 경향이 있다. 의도적 침묵은 클라이언트가 자신의 생각을 동원하고 표현하도록 기대된다는 것을 가리킨다. 의도적인 침묵이 필요할 때 사회복지사가 뭔가를 말하려 시도한다면 구성원이 정보를 함께 나누기 위해 준비하는 노력을 방해하게 된다.

4) 행동, 인식 변화에 필요한 기술(김윤재 외, 210~212)

(1) 지지기술

사회복지사는 개인의 강점과 긍정적인 방어기제, 의견과 감정표현에 대해서 지지할 수 있다. 사회복지사가 구성원의 요구에 대한 반응을 보이는 것

자체도 지지가 될 수 있다. 지지받은 구성원은 집단 내에서 존중받는 느낌을 받고 자신의 견해와 감정을 적극적으로 표현하게 된다. 이를 통해 구성원은 자신의 기능을 유지하거나 더 나은 것을 획득할 수 있고, 새롭거나 어려운 상황에 대처하려는 자아를 강화하게 된다. 사회복지사는 집단 전체에 대한 지지로서 자신이 구성원을 돌보고 있다는 점을 표현할 수도 있다. 이때 집단 구성원도 서로를 돌볼 수 있다는 기대감을 표현함으로써 서로를 지지할 수 있는 분위기를 설정해야 한다.

(2) 재명명기술

재명명기술 혹은 재조명기술은 인지적인 개입기술로서 구성원이 그 문제나 상황을 다른 관점에서 볼 수 있도록 사용한다. 사회복지사는 재명명기술을 활용함으로써 집단이 직면한 관심사와 이슈를 다양하고 보다 긍정적으로 볼 수 있도록 원조할 수 있다. 상황을 새로운 관점에서 보기 시작하면 집단원이 문제로만 인식하는 것이 아니라 긍정적 측면을 인식하게 될 수 있다. 이러한 인식의 전환이 미치는 긍정적 영향은 문제해결을 위한 적극적 태도를 갖게 하고 대안을 폭넓게 선택하도록 한다는 것이다.

(3) 모델링

사회복지사는 그 자신이 구성원에게 바람직한 모델이 되어야 한다. 사회복지사는 바람직한 의사소통 방법을 직접 행함으로써 집단구성원이 메시지를 전달하는 적절한 방법을 배우도록 한다. 사회복지사가 구성원을 있는 그대로 수용하고 따뜻한 관심을 기울여주고 배려할 때, 그들 역시 다른 사람을 있는 그대로 받아들이는 것의 가치를 깨닫게 된다. 클라이언트는 사회복지사가 비방어적 태도로 구성원의 주관적 경험을 소중히 여기고, 적극적으로 경청해주는 것을 보면서 이러한 태도와 행동을 배우게 된다.

(4) 조언기술

집단사회복지실천에서 조언은 개인을 대상으로 실천할 때와 크게 다르지 않다. 다만 사회복지사가 직접 조언할 수도 있고 다른 구성원이 조언하도록 사회복지사가 유도할 수도 있다는 점에서 차이가 있다. 조언은 정보를 제공하거나 일련의 특정 행동을 제안함으로써 직접적인 영향을 미치는 방법이다. 사회복지사는 충분한 지식과 이유를 바탕으로 하여 제안을 하거나 권유할 수 있다. 그러나 조언은 자칫 집단구성원 스스로 결정하려는 노력을 방해하거나 의존도를 강화할 수 있으므로 사회복지사는 조언하는 이유를 구성원 또는 집단에게 설명하고 조심스럽게 조언해야 한다.

(5) 직면기술

구성원의 비이성적인 행동, 자신 또는 타인에게 파괴적일 수 있는 언행상의 모순되는 점, 방어기제, 수용될 수 없는 행동과 같은 것은 집단의 목표달성에 장해물이 된다. 이러한 행동에 도전할 때 직면이 활용된다. 직면은 현재 진행되는 것이 수용될 수 없음을 보여주는 것이다. 직면을 경험하게 되면 집단구성원은 정서적인 균형이 깨져 불편하게 되고 점차적인 완화과정을 거쳐 긍정적으로 변화할 수 있게 된다.

(6) 갈등해결기술

문제를 다룰 때 갈등상황을 경감시키기 위해서 일반적인 수준에서 언급하거나 갈등을 회피하게 되면 문제가 더욱 심화될 수 있다. 반대로 집단 내에서 갈등을 오랫동안 다루면서 갈등이 진행되는 상황이 스스로 해결될 때까지 수수방관하게 되면 다음 회기에도 긴장이 지속되므로 바람직하지 않다.

03 종결단계

종결단계는 사회복지사와 집단구성원이 설정한 계획에 따라 집단 목표가 만족스럽게 달성되었다고 동의하면서 이뤄지는 것이다. 종결단계는 계획적,

성공적일 수 있으나, 집단구성원이 중도탈락하거나 조기 종결할 수 있으며, 개별 구성원의 조기탈락으로 종결될 시 사회복지사는 원인 규명을 분명히 하여 중도탈락을 미연에 방지하고, 집단해체 요인을 검토하여 집단 운영에 반영하여야 한다(박병금 외, 2016 : 303~306).

1) 종결단계의 특성

집단의 종결은 집단과 사회복지사, 집단구성원들과의 이별을 의미한다. 이 단계의 집단구성원의 특징을 살펴보면, 집단구성원이 자신의 성공 얘기를 집단에서 표현하기도 하고, 집단구성원들 간의 상호관계가 자유롭다. 반면 집단참여가 저조해지거나 집단의 종결에 대한 양가감정 및 퇴행이 발생하기도 한다. 종결단계에서 사회복지사는 집단의 종결을 준비시키고 집단종결에 대한 욕구와 목표달성 정도, 성과 유지 정도 등을 점검한다.

2) 집단사회복지실천의 과제

(1) 집단의 종료

집단구성원과 사회복지사는 종결과정에서 감정을 다루게 된다. 집단구성원은 성취도가 다양하여 만족하는 구성원도 많지만 좌절하는 구성원도 있다. 집단구성원의 목표가 달성되지 않은 경우의 종결은 목적이 달성되지 못한 이유와 대안을 찾아 문제를 다룰 수 있는 시간을 갖고 대안을 찾아 문제를 다룰 수 있는 시간을 갖고, 집단구성원의 감정을 다루는 것이 중요하다. 집단구성원의 탈락이 많은 경우 집단의 유지가 어려울 수 있으므로 남은 구성원들에게 충분히 설명하고 이해할 수 있도록 해야 한다. 집단사회복지사의 이직이나 다른 이유 등으로 집단이 유지하기 어려울 경우에도 집단구성원들의 감정을 잘 헤아리는 것이 필요하다.

(2) 집단 종료의 예고

집단구성원들에게 집단의 계획된 종료를 일깨워주고 남아있는 집단 회기를 잘 이용할 수 있도록 한다. 또한 집단의 종료에 대해 집단구성원들이 준비할 수 있도록 도울 수 있다. 집단 종료와 관련한 정서적 감정을 나눌 수 있는 기회를 제공하게 된다.

(3) 사후관리와 의뢰

개입이 종결된 후 가능하면 사후관리를 하는 것이 중요하다. 사회복지실천의 가장 중요한 목적은 전문적 관계가 종료된 이후에도 개입의 효과가 유지되고 클라이언트가 적응력을 높일 수 있도록 하는 것이다. 클라이언트가 집단 종결 이후에도 스스로 문제를 해결하면서 건강한 삶을 이끌어 나갈 수 있어야 할 것이다. 사후관리는 사회복지사의 입장에서는 집단사회복지실천의 결과를 평가할 수 있는 기회를 제공하며, 클라이언트들은 집단활동을 통해 배운 것을 집단구성원 자신의 생활 속에서 적용한 경험을 다루어 볼 수 있다. 개입결과의 지속성에 대한 평가도 가능하다. 사후관리는 개입효과를 지속시키기 위한 기술이라고 할 수 있다.

의뢰는 집단의 종결유형 중 집단이나 기관을 통해 집단구성원의 문제상황이 아직 호전되지 않았거나, 문제나 욕구가 충분히 해결되지 않았을 경우 다른 기관이나 외부의 자원들과 연결시키는 것이다. 사회복지사가 효과적으로 의뢰할 수 있기 위해서는 지역사회 내에 존재하는 다양한 자원의 소재와 서비스 내용을 파악해 두어야 한다. 또한 성공적인 의뢰는 구체적인 욕구나 문제, 서비스를 얻고자 하는 동기와 후속절차 등을 명확히 하는 것이다. 사회복지사는 고지된 동의와 구성원의 참여를 전제로 한다.

(4) 집단실천의 평가

평가는 개별 구성원과 집단의 목적달성 정도를 통해 개입의 효과성을 판단할 수 있는 근거를 제공한다. 구성원들은 집단에서의 만족 또는 불만족을 표현하고 목표성취 정도, 변화 등을 이야기 할 수 있다. 사회복지사는 집단이 시작할 때 설정한 목적의 성취 정도나 집단실천의 과정 등에 대한 평가의 결과를 통해서도 집단을 평가할 수 있다.

CHAPTER 08

가족사회복지실천의 이해

01 가족의 이해

1) 가족의 정의

가족은 사회의 기본 제도이다. 한국 가족은 전통적으로는 부계혈통 중심의 관계를 가진 가족으로 정의되었으나, 이는 점차 부부와 자녀 중심의 핵가족으로 변화되었다. 또한 가족의 주요 기준으로 가족구성원에 누가 포함되었는지, 가족을 정의하는데 누가 의미 있는 사람인지, 그 가족을 통해 수행되는 역할과 관계들의 의미는 무엇인지를 제시하고 있다(권진숙 외, 2006 : 14~16).

이원숙(2004)은 가족사회복지실천에서 가족은 사회복지정책 대상의 기본 단위이므로, 가족을 어떻게 정의하느냐에 따라 가족복지정책 대상을 규정하고 서비스의 자격기준을 설정하는 데 영향을 미친다고 주장했고, 사회복지실천현장에서 일하는 사회복지사들에게는 개인과 집단 혹은 더 큰 체계와 일할지라도 가족을 고려한 입장이 필요하다고 보았다. 가족중심의 실천가들의 목적은 개인이나 가족을 위해 생활의 질을 강화하고, 풍요롭게 하며 가족과 그들의 생태학적 환경 간의 복잡한 상호작용에 균형을 유지하도록 돕는다(김혜영 외, 2018 : 182).

머독에 의하면 가족은 "공동거주, 경제적 협동, 재생산"이라는 특징을 갖는 집단이다. 또 가족은 사회적으로 인정받는 성적인 관계를 유지하고 있는 최소한 두 명의 남녀 성인과 한 명 이상의 자녀를 포함한다(Adams, 1986). 반면 레비-스트라우스는 "가족은 결혼으로부터 출발하며 부부와 그들의 혼인에 의한 자녀를 포함하지만 다른 근친자가 포함될 수도 있다"고 함으로써 여러 세대가 동거하여 다수의 구성원으로 이루어지는 가족을 정의하고 있다. 우리나라의 민법「친족」편에 있는 가족에 대한 정의를 살펴보면 "호주의 배우자, 혈족과 그 배우자, 기타 본 법에 의하여 그 가(家)에 입적한 자는 가족이 된다"라고 가족의 범위를 확정하고 있다. 이는 부부와 자녀 이외에 다세대로 구성된 가족구성원이 포함되는 개념이다. '건강가정기본법'[1]에서도 '가족은 혼인·혈연·입양으로 맺어진 관계'라고 규정하고 있는 것을 보면 우리나라의 가족개념은 부모와 자식으로 이루어진 전통적인 가족형태를 전제로 한 정의임을 알 수 있다(김윤재 외, 2011 : 227~228).

2) 가족 기능의 변화

사회변화에 따라 가족의 구조뿐 아니라 가족의 기능도 다양하게 변화되어 왔다. 한국 가족에게 나타나고 있는 기능적 변화는 다음과 같다(김윤재 외, 2011 : 228~229).

첫째, 가족의 경제적 기능은 산업화로 인해 가정과 일터가 공간적으로 멀리 떨어져 있어 생산기능은 점점 약화 혹은 상실되고 소비기능은 점점 강화되었다. 이것은 가족의 직업 및 수입 정도에 따라 이러한 소비생활수준이 가족생활 만족도에 직접적인 양향을 미치고 있다.

둘째, 가족의 출산 및 성행위 규제기능은 현대사회에 들어와서도 가족의 주요 기능으로 남아 있다. 그러나 성행위 및 출산과 관련된 사회구조 및 가치관의 변화로 통제기능은 점점 약화되고 있는 반면, 부부간 성생활의 중요성은 점차 증대되고 있다. 즉, 의학기술의 발달로 인한 임신·출산의 자유, 피임방법의 개발로 인한 성생활의 자유, 향락산업 및 부부의 성과 관련된 각종 서비스산업의 발달을 가져왔다. 이것은 가족의 성 규제기능을 약화시키는데 기여하는 동시에 성에 대한 규범 및 가치관의 혼란이 야기되었다. 그러나 우리나라의 경우 남성이 결혼을 하는 중요한 이유 가운데 하나가 '대를 잇기 위함'임을 고려해 볼 때 가족의 출산기능은 여전히 중요한 기능으로 남아 있으며,

1) '건강가정기본법'은 2004년 2월 9일 법률 제07166호로 공포되었고 2005년 1월 1일부터 전국적으로 시행되었다. '건강가정기본법'이란 건강가정 구현을 위해 국가와 지방자치단체가 적극적으로 가정생활을 지원하기 위한 법을 말함.

아들을 낳으려는 강한 욕구는 의학기술을 이용한 선택출산을 초래하기도 하며, 결과적으로 남아 대 여아의 성비가 깨지는 부작용을 초래하고 있다.

셋째, 자녀양육 및 사회화의 기능은 그 어느 때보다 결속되어 가족에게 큰 부담으로 남아 있다. 우리나라 가족은 부모-자녀관계가 부부관계보다 전통적으로 중시되어 온 바, 서구의 부부중심 가족과는 다른 양상을 가지고 있음은 주지의 사실이다. 오늘날 자녀는 출자적 경제성의 '효용가치의 감소'에도 불구하고 가족 내에서 여전히 중요한 자리를 차지하고 있다. 그러나 급격한 사회변화 과정에서 가족은 자녀양육 및 사회화 기능에 혼란을 경험하고 있다.

넷째, 가족의 정서적 유대기능과 여가의 기능이 다양화되고 있다. 서구의 가족은 부부간에 사랑이 식으면 굳이 함께 살아야 할 이유가 없다고 헤어진다. 그러나 한국 가족은 여전히 가족은 가족으로 강하게 남아 있다. 즉, 가족은 경제부양자의 책임자로서의 역할에 대한 기대나 가족 간의 사랑이 성생활에 대한 기대보다 우선하고, 아내에게는 여자로서보다 어머니로서의 역할에 대한 기대가 우선되어 왔다. 그러나 젊은 세대로 갈수록 부모-자녀관계보다는 부부관계가 중요시되는 경향을 보이고 있다. 한편, 여가는 일만큼이나 중요한 기능으로 부각되고 있다.

다섯째, 가족은 지금까지 노인과 환자를 돌보는 사회보장제도로서의 기능이 있었다. 그러나 오늘날 부양의식이 점점 약화되어 가면서 가족의 사회보장기능도 약화되고 있다.

여섯째, 가족의 지위계승 기능은 직업의 다양한 선택으로 달라지고 있으나, 자녀교육과 결혼, 재산상속 등을 통해 계속 강화되고 있다.

일곱째, 페미니즘 가족론의 시각에서는 생물학적 성을 사회문화적 성으로 연결시키는 성 역할 사회화의 기능과 가사노동의 분담성에 주목하고 있다. 즉, 부모는 성차별적 사회화과정을 통해 자녀들로 하여금 기존의 성 역할 고정관념을 탈피하고 남성도 가사부담의 가치관을 인정한다는 것이다. 이와 같은 맥락에서 가사노동의 책임과 부담이 일차적으로 부부에게 부여된다는 점, 가사노동은 유급 노동으로서 사회적인 가치를 인정하여야 한다는 점 등이 논란이 되고 있다.

3) 가족구조와 가치관의 변화

가족구조와 가치관에 관한 변화는 다음과 같다(김혜영 외, 2018 : 183~186).

가족의 전통적인 의미와 규범적·개인적 성격이 퇴색하고 개인적 행복과 자아실현을 위한 수단으로 바뀌었으며 자유로운 선택과 계약에 기초한 하나의 생활양식에 불과한 것이 되었다. 산업화와 여성의 경제활동 참여의 증가로 가족의 규모가 축소되고 가족의 기능도 취약해졌다. 결혼하지 않은 독신 가구는 증가한 반면, 결혼한 가족의 경우 무자녀이거나 자녀수가 감소하고, 여성의 경제활동 참여로 맞벌이 가구가 증가하고 있고, 국제화시대에 '세계가 한 가족'인 현대사회에서는 한 지역과 한 도시는 물론이고 나라에 거주하지 않는 가족도 증가하고 있다.

세계적인 이주화 현상으로 한국인들이 해외에 많이 거주하고 있고, 많은 외국인들이 우리 사회에 이주해 오고 있다. 가족가치관의 변화로 전통적인 가족관계를 지배해 온 가족관과 가치관은 민주적 사고방식, 평등의식, 개인주의적 사고, 독립의식 등에 대한 사회교육으로 가치의 혼돈을 일으키고 있다. 이러한 혼돈과 갈등은 가족구성원 간에 심리적 압박감, 저항감, 긴장감 등을 유발하므로 가족구성원 간의 갈등, 부부 간의 갈등 또는 이혼 부모와 자녀 간의 갈등, 자녀들의 비행이나 일탈행동 발생의 중요한 요인이 된다. 이 외에도 노인들의 거처 문제, 가병문제, 소외와 고독의 문제, 제반 경제적·심리적·정서적 문제 등이 증가하고 있다.

4) 가족생활주기의 체계

가족생활주기는 가족치료를 인간발달이론에 접목시킨 것으로 사회학으로부터 차용한 모형이다(Nichols & Schwartz, 2001). 모든 가족은 이러한 가족생활주기의 단계를 반드시 거치게 되며, 각 단계에서 다음 단계로 넘어갈 때 적응상의 문제가 발생하게 된다. 이러한 적응상의 문제가 심각할 경우 가족은 엄청난 스트레스를 받게 되는데, 이때 가족발달의 각 단계마다 새로운 적응기술을 배우는 것을 요구한다(이영호, 2008). 또한 개인의 생활주기와 마찬가지로 가족도 생활주기에 따라 발달한다. 가족발달과 가족생활주기 관점은 생활에서 발생하는 예측 가능한 생활위기를 이해하는 이론적 틀로, 가족의 특정 단계에서 일어나는 문제를 규명하는 데 도움이 된다(이원숙, 2004). 가족을 형성하고 가족이 발달하는 과정에서 일반가족은 대체로 유사한 주기를 거치게 되는데, 이를 '가족생활주기'라고 한다. 또한 가족은 성인 남녀의 결혼에 의해 시작되고 자녀의 출생과 청소년기 그리고 자녀의 독립기를 거치면서 가족구성원의 수가 증가하거나 감소하는 과정을 거친다(김혜영 외, 2018 : 187).

한편 가족생활주기의 각 단계별 특징은 다음과 같다(김혜영 외, 2018 : 188).

첫째, 자신의 가족을 형성하기 직전의 단계를 의미한다.

둘째, 자신의 가족을 형성하는 단계이다.

셋째, 자녀의 출생으로 새로운 가족을 맞이하고 자녀양육을 체험하는 단계이다.

넷째, 사춘기 자녀를 둔 가족체계이다.

다섯째, 자녀가 점차 독립하여 다시금 부부 둘만의 빈둥지 단계이다.

여섯째, 노년기의 단계로 가족 내 노년 부부의 역할을 찾아나가고, 자녀와 손주세대의 성장을 위해 집안의 어른 노릇을 한다.

체계로서의 가족을 살펴보면 다음과 같다(김윤재 외, 2011, 236~241).

가족은 가족구성원 개개인으로 구성된 전체이며 지역사회를 구성하고, 이에 적응하는 부분으로서의 체계이다. 이처럼 가족을 하나의 체계로 보는 관점은 가족구성원 간의 상호작용뿐 아니라 가족과 주변 환경과의 상호작용까지 모두 관찰하고 개입할 수 있다는 점에서 매우 유용하다. 체계로서의 가족은 상호의존성과 상호작용성을 가지며, 가족체계의 목표를 달성하기 위해서 가족은 일련의 상호작용 패턴을 형성하고 가족의 규칙을 가진다. 가족체계와 하위체계 간의 의사소통이 잘 이루어지고, 정보와 에너지 교환이 활발히 이루어질 때 가족은 목표를 달성하기가 쉽다.

(1) 가족의 하위체계(Subsystem)

가족체계는 여러 하위체계로 구성되어 있다. 각 가족구성원 하위체계를 비롯하여 부부하위체계, 형제하위체계, 부모-자녀 간 하위체계는 물론 활동이나 취미, 가까운 정도에 따라 다양한 하위체계가 형성된다. 가족의 각 하위체계에서는 각기 다른 정도의 힘(주도권)이 행사되고 각기 다른 기술이 배워진다. 각 가족구성원은 여러 하위체계에 동시에 속하기 때문에 다른 가족구성원과 다른 상호보완적 관계를 갖게 된다. 각 하위체계에서 다른 역할을 하지만 다른 패턴의 상호작용을 하도록 기대될 수도 있다.

❶ 부부하위체계

부부하위체계는 서로 다른 성을 가진 두 성인이 생리적, 심리적 및 사회적 욕구를 만족시키기 위해 합해질 때 형성된다. 부부는 가족체계의 시작이고 핵심이므로 부부하위체계의 정서적 안정과 원활한 기능은 가족체계의 안녕을 좌우한다. 그러므로 부부하위체계는 어떠한 다른 하위체계보다도 중요하며 다른 체계의 필요와 욕구에 의한 방해로부터 보호하기 위해 명확한 경계선을 그어야 한다. 부부 간의 경계가 너무 경직되어 있으면 격리감과 긴장을 유발하고 부부 간의 경계가 너무 이완되어 있으면 다른 하위체계가 부부 간의 기능을 방해하여 가족 내의 질서를 해치기 쉽다.

❷ 부모하위체계

부모하위체계는 자녀가 출생하면서 부부는 부모로서 기능하게 된다. 부모하위체계의 중요한 기능은 자녀의 발달을 위한 양육과 적절한 지도, 통솔 그리고 자녀의 사회화이다. 따라서 부모는 가족의 규칙을 정하고 부모의 권위를 적절히 사용하되 융통성 있는 규율과 통제, 지지를 통해 자녀의 자율성을 침해하지 않도록 주의해야 한다.

❸ 형제하위체계

형제하위체계는 자녀들 간의 협동, 경쟁심, 협상, 지지를 배우고 동료관계를 배우는 체계이다. 그러므로 부모가 자녀의 발달과정 욕구를 알고 부모의 권리를 보호하는 범위에서 자녀의 자율성과 권리를 찾도록 도와주고 부모의 개입 없이 형제 간의 문제를 해결하도록 교육하며 부모체계와 형제체계 사이의 통역자 역할을 담당하는 동시에 가족과 사회와의 경계를 명확히 긋는 중간 역할을 맡아 한다.

(2) 경계선

가족체계에 있어서 경계는 관계의 성격을 규정하는 행동유형과 가족의 관습 및 가치를 바탕으로 형성된다. 따라서 가족 개개인의 상호간 정보 의사소통을 기초로 하여 다른 가족과 구별되는 경계를 만들어 간다. 가족은 어느 정도의 침투적인 경계를 갖고 외계와 교류할 수 있고, 적절한 가족기능을 위하여 하위체계들도 자신의 경계를 유지하면서 각 각의 역할과 책임을 수행하고 서로 교류한다. 체계가 더 복잡해질수록, 체계를 사정할 때 가족이 개방체계로서 기능할 수 있는 능력, 가족구성원의 계급질서, 역할이 분담되는 방법과 가족 내의 행동기준 등 가족과 외계와의 경계를 규정짓는 규칙 등을 함께 고려하여야 한다.

개인과 개인 사이에 또는 하위체계와 하위체계 사이의 경계선에 의해 정보가 흘러가는 것이 통제되거나 규정되기도 한다. 이처럼 경계선은 모호한 경계선, 분명한 경계선, 경직된 경계선 등으로 구분하기도 한다. 모호한 경계에서는 가족구성원 사이에 모든 정보를 공유하지만, 모든 문제에 지나치게 얽혀 있어 필요 이상의 밀착된 관계를 하게 된다. 반면 경직된 경계는 가족구성원 사이에 생각이나 감정, 정보 등을 공유하지 못한다는 단점도 있다.

분명한 경계는 경계가 적절히 투과적이어서 지나침과 전혀 관계가 없다든지의 문제가 없는 유연한 관계를 의미한다. 대부분의 가족문제는 하위체계 간에 경계가 극도로 모호하거나 경직되어 있을 때 발생한다. 경계가 모호한 경우에는 밀착된 관계로써 지나치게 친밀하고 깊이 관여하며, 각자의 개인적 정체감이 덜 발달되어 있다. 반면 경계가 경직되어 있는 경우는 유리된 관계로써 고립되어 있고, 친밀감이 부족하며 부모와 연합하거나 부모를 존중하는 정도도 매우 낮고, 가족 외의 다른 집단에서 강력한 연합을 추구할 수도 있다. 또 폐쇄적이고 경직된 경계를 지닌 가족체계는 지역사회 이웃, 직장, 친척, 친구 등과의 관계에서 정보교환과 상호작용이 매우 제한적이다.

(3) 가족항상성

가족의 항상성은 가족 내에서 가족 스스로가 안정을 도모키 위한 제반 가족활동으로, 가족 내부에서 일어나는 계속적인 관계를 유지시켜 주는 상호작용적 과정을 뜻한다. 이것은 가족의 내적인 균형을 유지 개선하며 안정을 추구해 나간다. 미누친(Miunchin)과 그의 동료가 지적한 바에 따르면, 체계는 커다란 변혁을 원하지 않고 서서히 안정된 범위에서 변화와 성장하기를 원하고 있어 스스로를 유지하고자 하는 항상성이 작용한다. 이러한 항상성은 그들의 가족규칙을 활성화하고 지속적인 관계를 유지, 향상시킨다. 자녀들이 성장하면서 가족의 규칙으로 어려움을 당하거나 도전을 받을 경우 이러한 상황은 가족 내에 불균형을 가져오게 된다. 이 새로운 패턴이 가족의 균형을 회복할 때까지 항상성의 순응기간이 필요하고, 이 기간 동안 상실감과 거리감이 생긴다.

모든 체계는 일정한 상태나 바람직한 균형을 유지하고자 하는 성향이 있다. 가족 역시 일반적으로 잘하고 있다고 생각되는 가족목표가 있다. 바람직한 목표를 가진 가족은 가족구성원들 간에 경계를 두면서 피드백을 잘하도록 상호교류를 통하여 관계의 균형을 유지 형성한다. 그러나 가족항상성을 유지하는 것이 모든 가족구성원에게 최적의 유익성을 보장하는 것은 아니다. 가족이 어떤 가족구성원에게 자극을 주는 역할을 감당하여 가족체계에 불리한 변화가 일어나지 않도록 방해함으로써 가족항상성을 유지하는 경우도 있다. 가족항상성은 한 가족구성원의 문제가 개선됨에 따라 다른 가족구성원이 문제를 드러내는 상황에서도 작용한다. 그리고 가족의 기본구조의 틀을 골격으로 유지한 채 한 사람의 문제가 개선된다면 현재의 상태를 유지하고자 하는 성향 때문에, 이러한 균형을 깨뜨리지 않기 위한 반응으로 다른 구성원에게 결과적인 문제가 생긴다. 그러므로 가족치료자는 가족문제에 개입하고자 할 때 이 부분에 유념하여야 한다.

(4) 가족규칙

모든 가족은 가족 특유의 규칙을 가지고 있다. 이 규칙은 그 가정 내에서의 가르침과 가치관과 밀접한 관련이 있으며, 가문의 전통과도 연관되어 있다. 이처럼 가족은 규칙에 의하여 지배되는 체계로서 가족구성원은 조직화되고 반복적인 상호작용 패턴으로 행동한다. 가족 내에는 힘의 논리에 의한 분배 역할 등에 관한 규칙이 존재하며, 이는 오랜 기간 동안 전통을 이어오면서 조직화되어 자연스런 맥락으로 반복되는 가운데 은연중 강한 성격이 지배하는 불문율이 만들어진다. 그러므로 가족의 규칙이 일정하게 있고 가족구성원의 발달단계에 영향을 주는 좋은 규칙으로 유연하게 생산적으로 작용하는 규칙이 필요하다. 또한 가족 개개인이 다른 사람에 대한 행동을 자유롭게 선택할 수 있고, 또 자신에 대한 다른 사람의 행동에 대하여 자유로운 반응이 있도록 가족규칙이 작용한다. 그리고 기능적인 가족에서는 질서와 안정성을 유지시키는 규칙과 함께 변화하는 환경에의 적응을 허용하는 규칙이 공존한다.

(5) 가족 삼각관계

삼각관계는 보웬(Bowen)에 의하여 처음 제안된 것으로 세 사람의 인간관계를 기술하는 개념이다. 어떤 두 사람이 또는 그중 한 사람이 자신들이 안고 있는 문제를 해결하지 않은 채 제삼자를 끌어들여 두 사람 간의 긴장을 완화시키고자 노력하는 것이다. 이와 같이 두 사람이 이인관계를 맺으면 불안이나 긴장이 유발되어 긴장을 최소화하기 위하여 제삼자나 문제를 끌어들여 삼각관계를 형성하고자 하는 심리이다.

병리적이고 역기능적인 삼각관계는 대부분의 세대가 다른 사람들 간에 맺어지며 자신의 연합사실을 인정하고 싶지 않아 부정하고 관계유형이 정형화되어 있다. 그리고 보웬은 개인의 자아는 가족의 집단자아에 종속되려는 성향을 가지고 있어 가족 내 스트레스나 긴장이 높아질 때 가족의 미분화된 자아가 증가한다고 하였다.

02 가족의 변화 실태

가족의 변화에 관한 변화를 통계청 자료(가족 관계 만족도, 분거 가족, 가사 분담, 부모와 동거, 부모 생활비 주 제공자, 부모 부양에 대한 견해, 결혼문화에 대한 태도, 결혼식 문화에 대한 인식, 결혼·이혼·재혼에 대한 견해)로 살펴보면 다음과 같다(통계청, 2019).

1) 가족 관계 만족도

가족 중 「자녀와의 관계」 에 대한 만족도가 75.6%로 가장 높으며, 2년 전(71.6%)보다 4.0%p 증가하였다.

- 「배우자와의 관계(69.5%)」, 「자기 부모와의 관계(66.9%)」, 「배우자 부모와의 관계(56.5%)」 만족도도 2년 전보다 증가하였다.
- 「배우자와의 관계」는 남자는 75.8%, 여자는 63.0%가 만족하여 부인보다 남편의 만족도가 상대적으로 더 높게 나타났다.
- 「배우자 부모와의 관계」 만족도 또한 남자가 62.9%, 여자가 49.2%로 남편의 만족도가 더 높게 나타났다.
- 부모의 자녀에 대한 만족도는 75.6%, 자녀의 부모에 대한 만족도는 66.9%로 부모의 자녀에 대한 만족도가 더 높게 나타났다.

2) 분거 가족 실태

직장, 학업 등의 이유로 배우자나 미혼자녀와 떨어져 살고 있는 가구는 20.1%이며, 따로 살고 있는 주된 이유는 「직장(62.9%)」, 「학업(29.4%)」 순으로 나타났다.

- 분거비율은 2014년 이후 증가 추세임
- 분거비율(%) :16.5%('08) > 15.1%('10) < 19.6%('12) > 18.7%('14) < 19.4%('16) < 20.1%('18) 순으로 나타났다.

- 가족이 국내에서 따로 사는 이유는 직장의 비율이 학업보다 2배 정도 높은 반면, 국외의 경우는 직장과 학업의 비율이 비슷한 수준으로 나타났다.
- 배우자와 떨어져 사는 경우는 직장(67.3%) 때문이 주된 이유이고, 미혼자녀와는 직장(57.3%)과 학업(35.6%)으로 인해 떨어져 사는 경우가 대부분이다.

3) 가사 분담에 대한 견해

가사를 「부인이 주도」해야 한다고 생각하는 비율은 38.4%로 2년 전에(43.8%)에 비해 5.4%p 감소하고, 「공평하게 분담(59.1%)」해야 한다고 생각하는 비율은 5.6%p 증가하였다.

- 가사 「공평하게 분담」 : 32.4%('08) < 36.8%('10) < 45.3%('12) < 47.5%('14) < 53.5%('16) < 59.1%('18)
- 가사 「부인이 주도」 : 66.5%('08) > 61.3%('10) > 52.0%('12) > 50.2%('14) > 43.8%('16) > 38.4%('18) 순으로 나타났다.
- 한편, 실제로 가사분담을 「부인이 주도」하는 비율은 감소하고, 「공평하게 분담」하거나 「남편이 주도」하는 경우는 증가하였다.
- 연령대별로는 19~29세가 공평하게 분담하거나, 남편이 주도하는 비율이 높고, 40~50대는 부인이 주도하는 비율이 상대적으로 높게 나타났다.

4) 부모와 동거

2018년 부모가 자녀와 동거하는 비율은 27.1%로 2008년(38.0%)에 비해 10.9%p 감소하고, 부모만 따로 사는 경우는 69.5%로 2008년(60.2%)에 비해 9.3%p 증가하였다.

- 부모와 자녀가 동거하는 비율 : 38.0%('08) > 35.3%('10) > 33.7%('12) > 31.4%('14) > 29.2%('16) > 27.1%('18)
- 부모만 따로 사는 비율 : 60.2%('08) < 62.8%('10) < 64.1%('12) < 66.0%('14) < 68.2%('16) < 69.5%('18) 순으로 나타났다.

- 자녀 중에서는 장남(맏며느리)과 사는 비율이 12.0%로 가장 높으나, 감소 추세이다.
- 장남과 동거하는 비율 : 20.1%('08) > 17.5%('10) > 16.0%('12) > 14.6%('14) > 12.1%('16) > 12.0%('18) 순으로 나타났다.

5) 부모 생활비 주 제공자

부모님 스스로 생활비를 해결하는 비율은 55.5%로 2008년(46.6%)에 비해 8.9%p 증가하였으며 계속 증가하는 추세이다.

- 「부모 스스로 해결」하는 비율 : 46.6%('08) < 48.0%('10) < 48.9%('12) < 50.2%('14) < 52.6%('16) < 55.5%('18) 순으로 나타났다.
- 부모의 생활비를 「자녀」가 제공하는 비율은 44.4%로 점점 감소하였다.
- 자녀 중에서는 아들, 딸 구별 없이 「모든 자녀」가 함께 생활비를 드리는 경우가 27.2%로 가장 많았다.
- 「자녀」가 제공하는 비율 : 52.9%('08) > 51.6%('10) > 50.7%('12) > 49.5%('14) > 47.4%('16) > 44.4%('18) 순으로 나타났다.
- 도시 지역은 부모의 생활비를 「스스로 해결」하는 비율이 「자녀」가 제공하는 비율보다 높고, 농어촌 지역은 「자녀」가 제공하는 비율이 더 높게 나타났다.

6) 부모 부양에 대한 견해

부모의 노후 생계는 「가족과 정부·사회」가 함께 돌보아야 한다는 견해가 48.3%로 가장 많고, 다음은 「가족(26.7%)」으로 나타났다.

- 부모의 노후를 「가족」이 돌보아야 한다는 생각은 지속적으로 감소하고 「스스로 해결」해야 한다는 생각은 증가 추세이다.
- 부모 부양은 「가족」 : 40.7%('08) > 36.0%('10) > 33.2%('12) > 31.7%('14) > 30.8%('16) > 26.7%('18)

- 부모 부양은 「스스로 해결」: 11.9%('08) < 12.7%('10) < 13.9%('12) < 16.6%('14) < 18.6%('16) < 19.4%('18) 순으로 나타났다.
- 가족 중 「모든 자녀(72.0%)」와 「자식 중 능력 있는 자(18.3%)」가 부양해야 한다는 사람은 2년 전보다 증가하였다. 반면 장남(맏며느리, 5.0%)이나 아들(며느리, 3.7%)이 부모를 부양해야 한다고 생각하는 사람은 2년 전보다 감소하였다.

7) 결혼문화에 대한 태도

13세 이상 인구 중「남녀가 결혼을 하지 않더라도 함께 살 수 있다」고 생각하는 사람은 56.4%로 2010년 이후 계속 증가하였다.

- 「남녀가 결혼을 하지 않더라도 함께 살 수 있다」: 40.5%('10) < 45.9%('12) < 46.6%('14) < 48.0%('16) < 56.4%('18) 순으로 나타났다.
- 「결혼하지 않고도 자녀를 가질 수 있다」는 생각에 30.3%가 동의하였으며, 2년 전(24.2%)보다 6.1%p 증가하였다.
- 「결혼하지 않고도 자녀를 가질 수 있다」: 20.6%('10) < 22.4%('12) < 22.5%('14) < 24.2%('16) < 30.3%('18) 순으로 나타났다.
- 「결혼하면 자녀를 가져야 한다」고 생각하는 비율은 69.6%로, 남자(72.6%)가 여자(66.6%)보다 더 높게 나타났다.
- 13세 이상 인구 중 72.6%가 「외국인과 결혼해도 상관없다」고 생각하며, 2년 전(66.1%)에 비해 증가하였다.
- 「결혼생활은 가족 간의 관계가 우선해야 한다」는 의견에는 51.5%가 반대하며, 2년 전보다 반대하는 의견이 3.5%p 증가함
- 「결혼생활은 당사자보다 가족 간의 관계가 우선해야 한다(반대)」: 46.9%('14) < 48.0%('16) < 51.5%('18) 순으로 나타났다.
- 남자는 결혼생활에서 당사자보다 '가족 간의 관계를 우선시 하는 비율(50.9%)'이 높은 반면, 여자는 '당사자가 우선이라는 비율(53.7%)'이 더 높게 나타났다.

8) 결혼식 문화에 대한 인식

우리 사회의 결혼 비용이나 의식 절차 등을 포함한 결혼식 문화에 대해 70.6%가 「과도한 편이다」라고 생각하며, 2년 전(75.4%)보다 4.8%p 감소하였다.

- 미혼 남자(64.6%)보다는 미혼 여자(70.5%)가, 농어촌(66.4%)보다는 도시(71.5%)에 사는 사람이 「과도한 편이다」라고 응답한 비율이 높게 나타났다.
- 연령대별로는 30대(76.5%)와 40대(77.2%)가 높게 나타났으며, 가구의 월평균 소득이 높을수록「과도한 편이다」라고 응답한 비율이 높게 나타났다.

9) 결혼·이혼·재혼에 대한 견해

결혼을 「해야 한다」고 생각하는 비율은 계속 감소하여 2018년에 48.1%로 절반 이하로 떨어짐

- 결혼「해야 한다」: 64.7%('10) > 62.7%('12) > 56.8%('14) > 51.9%('16) > 48.1%('18) 순으로 나타났다.
- 성별로 보면 남자(52.8%)가 여자(43.5%)보다 결혼의 필요성에 대해 더 높은 비율을 나타내고, 결혼에 대한 반대 의견은 상대적으로 여자(3.8%)가 남자(2.2%)보다 높게 나타났다.
- 이혼에 대해서는 「할 수도 있고 하지 않을 수도 있다」고 생각하는 사람의 비율은 46.3%로 증가하는 추세인 반면, 「해서는 안 된다」고 생각하는 비율은 33.2%로 감소하는 추세이다.
- 이혼「할 수도, 하지 않을 수도 있다」: 31.9%('08) < 33.4%('10) < 37.8%('12) < 39.9%('14) < 43.1%('16) < 46.3%('18) 순으로 나타났다.
- 이혼「해서는 안 된다」: 58.6%('08) > 56.6%('10) > 48.7%('12) > 44.4%('14) > 39.5%('16) > 33.2%('18) 순으로 나타났다.
- 재혼에 대해서는 남녀 모두 중립적인 의견이 가장 높게 나타났다.

10) 결혼이민자·귀화자 가족

(1) 결혼이민자·귀화자의 일반적 특성

2018년 다문화가족실태조사의 모집단 정의에 따라 본 조사에 응답한 배우자 수는 총 17,073명이며, 가중치 적용 시 추정치는 총 280,020명이다. 본 연구에서는 모든 문항에 대해 결혼이민자·귀화자 가중치를 적용하여 분석하였으며, 아울러 다문화가족유형, 결혼이민자·기타귀화자의 성별, 연령, 학력, 혼인상태, 국내 거주기간, 출신국적, 지역규모 등 주요 변수에 대해 분석함으로써 각 이슈에 대한 집단 간 차이를 확인하고자 하였다.

주요 변수별 결혼이민자·귀화자의 분포를 살펴보면, 성별로는 여성 82.7%, 남성 17.3%로 여성이 월등히 많았다. 이번 조사에서부터 층화변수로 투입된 결혼이민자와 기타 귀화자 간의 비율은 결혼이민자(혼인귀화자 포함)가 85.2%, 기타 귀화자가 14.8%이다. 거주 지역별로는 동부 거주자가 77.0%, 읍면부 거주자는 23.0%이다. 연령대별로는 29세 이하 19.7%, 30대 35.1%, 40대 23.7%, 50대 15.0%, 60세 이상 6.5%로, 2015년에 비해 29세 이하 연령층은 감소하고 30대 연령층은 증가한 것으로 나타난다. 이는 2015년 당시 20대 후반 연령층에 있던 결혼이민자·귀화자가 시간의 흐름에 따라 30대 연령층에 진입하는 한편, 지난 3년간 20대 연령층의 결혼이주, 귀화는 예전보다 감소하면서 29세 이하 연령층이 차지하는 비중은 감소한 것으로 보인다. 주민등록인구와 비교해 결혼이민자·귀화자는 40대 이하 연령층의 비중이 월등히 높은 반면, 50대 이상 연령층의 비중은 크게 낮은 수준이다. 특히 30대 연령층이 차지하는 비중은 국민 일반보다 20%p 가까이 높은 반면, 60세 이상 연령층의 비중은 20%p 가까이 낮아 고령인구 비중이 매우 적은 특징이 있다.

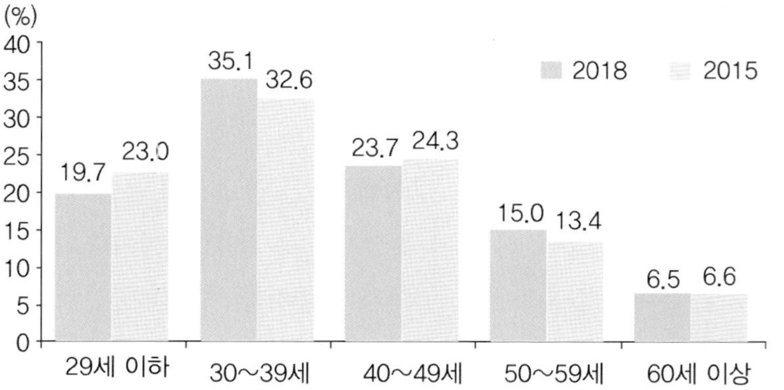

그림 8-1 결혼이민자·귀화자의 연령대 분포(2015, 2018)

자료: 행정안전부(2018). 주민등록 인구통계,

국내체류기간 분포를 보면 10~15년 미만 33.0%, 15년 이상 27.6%로 전체 결혼이민자·귀화자 가운데 60.6%가 10년 이상 국내에 거주하고 있다. 2015년과 비교해 보아도 10년 미만 거주자 비율은 크게 감소한 반면, 10년 이상 거주자비율은 12.7%p 늘어 결혼이민자·귀화자의 국내체류 장기화 현상이 두드러진 것으로 나타난다.

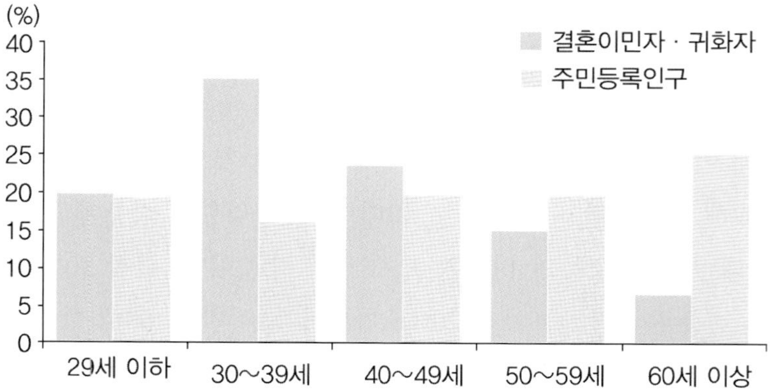

그림 8-2 결혼이민자·귀화자와 주민등록인구의 연령대 분포

자료: 행정안전부(2018). 주민등록 인구통계,

이들의 출신국적은 한국계 중국 출신이 31.1%로 가장 큰 비중을 차지하고, 베트남 23.4%, 중국(한국계 이외) 19.3%의 순으로, 중국 출신이 결혼이민자·귀화자 중 절반 가량을 차지한다. 2015년과 비교하면 베트남 출신의 비중은

2.6%p 증가한 반면, 중국(한국계 이외) 출신은 3.1%p 감소하였다.

(2) 결혼이민자·귀화자의 가족형성과 혼인관계 실태

❶ 혼인 상태

결혼이민자와 귀화자의 혼인 상태는 '배우자 있음'이 73.5%로 가장 높고, '이혼·별거' 16.4%, '배우자 사망' 4.8% 그리고 '미혼'이 5.2%로 나타난다 28). 결혼이민자와 기타 귀화자는 혼인상태에서 큰 차이를 보인다. 결혼이민자의 경우는 유배우자가 79.5%, 사별 4.5%, 이혼·별거 16.0%인데 비해, 기타 귀화자는 유배우 비율이 39.0%로 비교적 낮고 미혼(35.3%), 이혼·별거(19.2%)의 비율이 상대적으로 높게 나타난다. 혼인 상태는 연령, 국내거주 기간에 따라 크게 달라진다. 유배우 비율은 20대와 30대의 경우 약 80%에 이르지만, 40대 연령층에서는 75.5%, 50대 58.6%, 60세 이상은 45.0%로 감소하고 있다. 마찬가지로 배우자와 사별한 사람의 비율은 20대 0.8%이지만, 60세 이상 26.3%로 증가하며, 이혼·별거자 비율도 20대(6.1%)에 비해 연령이 높아질수록 증가한다(30대 11.5%, 40대 19.7%, 50대 31.3%, 60세 이상 28.1%). 전반적으로 결혼이민자와 귀화자의 한국 체류기간이 길어지고 연령도 점차 고령화됨에 따라 유배우 비율이 낮아지는 반면 사별, 이혼·별거 비율이 높아지고 있다. 거주 지역에 따라서는 도시지역인 읍면부에서 유배우자 비율이 높은 데 비해, 동부에서는 이혼·별거 비율 및 미혼 비율이 상대적으로 높게 나타난다. 가구소득별로 살펴보면 월 100만원 미만의 저소득층에서 이혼·별거(44.2%), 사별(20.0%)이 매우 높게 나타난다. 교육수준별로도 중학교 이하 학력자에서 사별, 이혼·별거 비율이 대학교 졸업 이상 학력자보다 더 높게 나타난다. 배우자 없이 생활하는 이민자 및 귀화자들이 빈곤 위험에 노출될 가능성이 높은 것으로 보인다.

❷ 유배우 가족

- 만남의 경로

배우자와 만나게 된 경로에 대해 질문한 결과, 친구 또는 동료의 소개(31.5%)가 가장 많고, 스스로(24.6%), 결혼중개업체(21.1%), 가족 또는 친척의 소개(19.0%)의 순으로 나타났다. 2015년 조사에 비해 친구나 동료의 소개가 약간 늘어났지만(27.4% → 31.5%), 아울러 중개업체를 통한 만남도 소폭 증가하고 있다는 점이 주목할 만하다. 특히 여성은 중개업체에서 소개받은 경우가 4명 중 1명(24.8%) 꼴이지만 남성은 1.9%에 불과하며, 남성은 스스로 만났다는 응답(40.3%)이 여성(21.6%)의 2배에 이른다. 한국 체류기간이 5년 미만 또는 5~10년인 사람들은 중개업체를 통한 결혼 비율이 28% 이상으로 높게 유지되고 있다. 출신 국적별로 보면 캄보디아(52.3%), 베트남(50.9%) 출신이 결혼중개업체를 통해 배우자를 만나는 비율이 월등히 높다. 한편 태국과 그 외 동남아 지역은 스스로 만났다는 응답이 높게 나타나(태국 44.9%, 그 외 동남아 지역 41.6%), 인접한 동남아 지역이라도 결혼의 경로는 국가에 따라 분화되고 있다. 거주 지역별로는 동부 거주자(17.1%)에 비해 읍면부 거주자(32.7%)가 결혼 중개업체의 소개로 배우자를 만났다는 응답이 높으며, 중개업체를 통한 결혼이 도시보다 농촌지역에서 더 빈번한 현상은 2015년 조사결과(동부 17.0%, 읍면부 32.9%)와 거의 비슷하다. 결혼이민자와 귀화자들의 결혼 경로가 성별에 따라 확연히 구분되는 현상은 지난 조사와 큰 차이 없이 지속되고 있다. 현재 배우자가 있는 결혼이민자·귀화자의 혼인통로를 2015년 조사와 비교해 보면 전체적으로 배우자와 만나게 된 경로에 큰 변화는 없지만, 성별에 따라 확연히 경로가 분화되는 현상이 지속된다는 점이 주목된다. 결혼중개업체나 중개업자를 통한 만남이 여전히 결혼이민자·귀화자의 혼인 통로로 상당한 비중을 차지하고 있으며, 특히 여성과 읍면부 거주자, 출신 국가별로는 특정 국가에 집중되어 있다.

- 초혼과 재혼

현재 배우자가 있는 결혼이민자·귀화자를 대상으로 초혼 여부를 조사한 결과, 78.5%는 초혼, 21.5%는 재혼인 것으로 나타난다. 이는 2015년 조사에 비해 초혼이 0.7%p 감소한 반면, 재혼이 그만큼 증가한 것이다. 2012년부터 이번 조사에 이르기까지 전체적인 초혼, 재혼 비율이 비슷하게 지속되는 양상이 나타난다. 연령별로는 큰 차이가 나타나는데, 20대 연령층은 대다수가 초혼(96.6%)이고, 30대 연령층에서도 91% 정도가 초혼이나, 40세 이상에서는 30% 이상이 재혼으로 나타난다. 체류기간이 길어질수록 재혼 비율도 높아진다. 가구소득별로는 소득이 낮은 층에서 재혼 비율이 높게 나타난다. 가구소득 100만 원 미만 응답자에서는 재혼 비율이 32.5%, 100~200만 원 미만에서는 28.7%로 조사되었다.

한편, 유배우 결혼이민자·귀화자와 그 배우자가 모두 조사에 응답한 부부를 대상으로 부부의 초혼 여부를 분석한 결과, 부부가 모두 초혼인 경우는 68.4%, 모두 재혼인 경우는 14.9% 그리고 초혼인 결혼이민자·귀화자가 재혼자와 만나 혼인한 경우는 10.1%로 나타난다. 한편 본인은 재혼이고 배우자가 초혼인 경우는 6.6%로 조사되었다. 이는 2015년 조사 대비 부부 모두 초혼인 비율은 2.2%p 감소한 것이다.

• 유배우 가구의 혼인지속 기간 및 동거 여부

혼인지속기간은 유배우 응답자가 현재의 배우자와 함께 살아온 기간은 평균 9.59년으로 조사되었다. 2015년 조사 결과 평균 혼인지속 기간이 9.77년인 것과 비교해 보면 결혼이민자·귀화자가 배우자와 함께 생활하는 기간이 다소 짧아진 것으로 나타난다. 구간별 분포를 보면 혼인기간 5년 미만인 비율은 2012년 36.7%, 2015년 24.9%에서 이번 조사에서는 22.1%로 점차 감소하고 있다. 반면 혼인 기간이 10년 이상인 응답자는 40.9%로 2015년 조사(36.7%)에 비해 4.2%p 증가하였다. 전체적으로 국제결혼 부부의 국내 거주 기간이 길어지는 자연스러운 변화가 진행되고 있다. 그런데 평균혼인 지속기간 수치는 2012년(8.83년)에서 2015년(9.77년) 사이에는 1년 가까이 늘어났지만, 2015년과 이번 조사(9.59년)를 비교하면 소폭 감소하였다. 한국으로 들어오는 결혼이민의 흐름이 1990년대부터 증가한 점을 고려하면, 결혼이민자의 생애주기가 특정 단계에 집중되어 있던 이민 초기와 달리 여러 단계로 펼쳐지면서 노령화에 따른 사별자가 증가, 이혼·별거 중인 응답자가 증가하였고, 유배우자의 혼인지속기간도 증가기에서 정체기에 이른 것으로 볼 수 있다. 이러한 추이에 대해서는 향후 지속적 분석이 필요해 보인다.

배우자와 동거 여부를 살펴보면, 최근 한국 사회에서는 기혼자라 하더라도 직장이나 생업 등 여러 가지 이유로 배우자와 같은 거주지에서 생활하지 않는 경우가 많아지고 있다. 결혼이민자·귀화자들이 배우자와 현재 함께 살고 있는지 여부를 조사한 결과, 함께 살고 있다는 응답은 96.9%로 나타난다. 이는 2015년 조사 결과(97.3%)에 비해 약간 감소하였다. 거주 지역별로는 비동거 비율이 동부(2.9%)보다 읍면부(3.4%)에서 약간 높은데, 이는 2015년 조사결과(읍면부 1.6%, 동부 3.1%)와 달라진 양상이다. 연령별로는 40대 이상에서 배우자가 비동거하는 경우가 늘어나며, 특히 월 가구소득 100만 원 미만에서는 비동거 비율이 4.9%, 100~200만 원 미만 집단에서는 3.7%로 가구소득이 낮을수록 비동거 비율이 높다. 결혼이민자나 귀화자 중 직업 및 소득 기반이 불안정한 사람들이 생업 또는 경제 활동을 위해 배우자와 떨어져 생활하는 경우가 많은 것으로 보인다.

- 이혼·별거 및 사별 가족

이혼·별거 후 현재까지의 기간을 살펴보면, 2018년 조사에서 배우자와 이혼 또는 별거 중인 응답자는 전체 결혼이민자·귀화자 중 16.4%로 나타났다. 이들이 이혼 또는 별거 이후 현재까지 얼마나 기간이 경과되었는지를 조사한 결과, 3년 미만이라는 응답이 31.3%로 가장 많았다. 이혼 또는 별거 이후 5~10년 미만이 지났다는 응답은 이와 비슷한 29.6%, 3~5년 미만이 지났다는 응답은 17.1%, 10~15년 미만은 16.1%로 조사되었다. 거주 지역별로는 이혼·별거 이후 3년 미만이 경과한 응답자 비율이 동부(29.5%)보다 읍면부(40.8%)에서 더 높게 나타났다. 읍면부에 거주하면서 배우자와 이혼·별거중인 응답자 중 62.6%가 이혼·별거 후 5년이 지나지 않은 것으로 조사되었으며, 이는 동부 거주자(45.7%)보다 크게 높은 수치이다. 결혼중개업체를 통해 한국으로 들어오는 이민자들이 동부보다 읍면부에 더 많이 거주한다는 점을 고려할 때 이러한 지역별 차이는 주목할 만한 것이다.

- 이혼·별거 사유

이혼 및 별거 사유를 살펴보면 성격 차이(52.0%)로 응답한 사람이 가장 많다. 그 다음은 경제적 문제(12.6%), 학대·폭력(8.6%), 외도 등 애정문제(8.4%) 등의 순이다. 특히 2015년 조사에 비해 학대·폭력 때문에 이혼이나 별거에 이르렀다는 응답이 3.0%p 증가한 것은 주목할 만하다. 이러한 응답은 결혼이민자(9.5%) 그리고 여성(10.2%)에게서 더 높게 나타났다. 결혼이민자·귀화자의 연령과 한국 체류기간에 따라 이혼·별거 사유도 크게 달라진다. 20대 응답자들의 경우 학대·폭력을 이혼·별거 사유로 지목한 응답이 24.8%로 매우 높다. 체류기간에 따라 이혼·별거 사유가 크게 달라지는 점도 주목된다. 5년 미만 체류자는 성격 차이(37.6%)와 더불어 배우자 가족과의 갈등(24.7%)이 이혼·별거 사유라고 응답하였다. 결혼 초기에 배우자 가족과의 갈등이 부부관계에 상당한 영향을 미치는 것으로 보인다. 자녀문제(11.9%)라는 응답도 체류기간이 5년 미만인 응답자에서 가장 높게 나타난다. 국내 거주기간이 5~10년 미만인 응답자들은 학대·폭력 때문에 이혼·별거에 이르게 되었다는 응답이 14.9%로 매우 높은 편이다. 배우자 가족과의 갈등(11.9%)도 상대적으로 높게 나타난다. 그런데 체류 기간이 10년 이상으로 길어질수록 성격 차이가 이혼·별거의 이유라는 응답이 높아진다. 결국 한국 생활 초기에 배우자 가족과의 갈등, 학대와 폭력 때문에 이혼·별거에 이르는 결혼이민자·귀화자의 비율이 높다는 조사 결과는 이 시기 정책적 관심과 지원이 필요하다는 점을 보여준다. 출신국가별로는 배우자 가족과의 갈등이 이혼·별거 사유라는 응답이 캄보디아(25.3%), 몽골(20.5%) 출신자에게서 높은 편이었고, 학대·폭력 때문이라는 응답은 태국(26.8%), 베트남(19.5%), 필리핀(17.4%), 일본(16.0%) 출신자에서 상대적으로 높게 나타난다. 거주 지역에 따라서는 경제적 문제를 이혼·별거 사유로 응답한 비율은 동부(12.5%)와 읍면부

(13.1%)의 차이가 크지 않았지만, 학대·폭력 때문이라는 응답은 읍면부에서 훨씬 높게 나타난다(읍면부 12.5%, 동부 7.9%). 출신국가나 거주 지역에 따라 부부 및 가족관계에서 발생하는 문화적 갈등이나 폭력, 학대의 양상이 다르다는 점이 주목된다.

• 부부 갈등

부부 갈등 경험 여부 및 갈등 사유를 살펴보면, 유배우자를 대상으로 지난 1년간 배우자와 갈등 경험이 있는지 질문한 결과 61.8%는 '있다,' 38.2%는 '없다'라고 응답했다. 2015년 조사결과와 비교하면 배우자와의 갈등경험은 3.0%p 줄어들었다. 성별로 보면 남성(56.4%)보다 여성(62.9%)이 부부 간에 갈등 경험이 더 많다. 연령별로는 30대(66.0%), 국내 거주기간별로는 5~10년 미만 체류자(64.4%)가 부부 간 다툰 경험이 비교적 많은 편이며, 그 이후 나이가 들고 체류기간이 길어질수록 부부 간 다툼은 줄어드는 양상을 보인다. 거주 지역별로는 동부(60.6%)보다 읍면부(65.2%)에서 부부 간 다툼 경험 비율이 높다. 지난 1년간 배우자와 갈등 경험이 있다는 응답자들을 대상으로 그 이유를 조사한 결과(복수응답), 성격 차이(54.8%)가 가장 많고, 그 다음은 자녀 교육 또는 행동 문제(24.1%), 생활비 등 경제 문제(22.0%), 언어소통의 어려움(21.0%)의 순으로 나타난다. 문화·종교 등 가치관의 차이(18.1%), 음주문제(10.1%), 배우자 가족과의 갈등(8.9%) 때문에 배우자와 다툰 적이 있다는 응답도 비교적 높은 편이다. 2015년 조사결과를 보면 성격 차이(53.6%)에 이어 생활비 등 경제 문제(29.1%), 자녀 관련 문제(24.9%), 언어소통의 어려움(21.1%), 문화, 종교, 가치관 차이(18.9%) 등이 부부 간 갈등의 원인으로 조사된 것은 비슷하나, 생활비 등 경제 문제(29.1%→22.0%)와 음주 문제(14.2%→10.1%), 배우자 가족과의 갈등(13.7%→8.9%)은 2015년 조사에 비해 뚜렷하게 낮아졌다. 성별에 따른 응답 경향을 보면 여성들은 남성에 비해 자녀 문제(25.0%), 언어소통 어려움(23.1%), 문화적 차이(19.1%), 음주 문제(10.6%), 배우자 가족과의 갈등(9.7%)을 다툼의 원인으로 더 많이 지목하고 있다. 남성들은 성격 차이(65.1%)와 생활비 등 경제 문제(23.9%)로 인해 다투었다는 응답이 여성에 비해 높은 편이다.

연령별 차이를 보면 성격 차이로 인한 다툼은 60세 이상(70.4%)에서 높은 편이고, 문화적 차이나 언어 소통 문제로 인한 다툼은 20대(22.2%)와 30대(18.4%)의 젊은 층에서 많은 것으로 나타난다. 자녀 문제와 관련된 갈등은 30대(29.0%)가 가장 높고, 생활비 등 경제 문제는 50대(29.9%)에서 비교적 높다. 국내 거주기간별로는 5년 미만 체류자들이 언어 소통의 어려움(36.1%), 문화적 차이(24.8%)로 부부 간 갈등을 겪는 경향이 나타났다. 언어 소통의 어려움으로 인한 부부 갈등은 베트남(33.8%), 태국(33.8%), 필리핀(33.4%), 캄보디아(31.6%) 등 동남아출신 결혼이민자·귀화자에서 높은 편이다. 거주 지역별로도 동부(19.6%)보다 읍면부(24.9%)에서 언어 소통 문제 때문에 부부 간의 갈등을 경험했다는 응답이 높다는 점도 주목된다.

- 성역할 인식 및 의사결정

성역할 인식을 살펴보면 결혼이민자·귀화자들의 성역할 인식을 알아보기 위해 네 항목으로 조사하였다. 성역할 인식은 부부간 역할분담과 아울러 일반적인 가치관을 포괄하기 때문에 유배우자뿐 아니라 모든 결혼이민자와 귀화자에게 질문한 결과를 분석한다. '가족의 생계는 주로 남성이 책임져야 한다'는 데 대해 결혼이민자·귀화자 중 57.4%는 동의하는 반면, 42.5%는 동의하지 않는다는 의견을 보인다. 남성의 생계책임에 대해서는 여성보다 남성이 더 많이 동의하고 있다. 교육수준에 따라서는 교육수준이 높을수록 동의 응답률이 낮아져 남성의 생계책임에 대한 고정관념이 다소 약화되는 것으로 나타난다. 4점 척도로 평균값을 비교해보면 결혼이민자·귀화자의 체류기간, 거주지역에 따라 남성의 생계부양 책임에 대한 인식에 다소 차이가 나타난다. 평균값은 점수가 높을수록 성평등 인식이 높은 것으로 코딩하였다. 15년 이상 장기체류한 응답자들은 생계는 반드시 남성의 책임은 아니라는 인식(2.41점)이 5년 미만 체류자(2.25점)보다 높은 편이고, 읍면부(2.27점)보다 동부(2.33점) 거주자들의 평균점수가 다소 높게 나타난다. 출신지역별로는 미주·유럽·대양주(2.62점), 대만·홍콩(2.55점) 출신자들은 생계부양이 반드시 남성 책임은 아니라는 인식이 보다 높은 편이다. '여성이 경제적으로 자립하는 것은 중요하다'는 문항에 대해서는 88.7%의 대다수 응답자들이 동의하였다. 남성(81.9%)보다 여성(90.1%)이 여성의 경제적 자립을 더 중요시 하는 것으로 나타난다. 척도 평균점수를 기준으로 살펴보면 교육수준이 높을수록 여성의 경제적 자립을 중시하는 태도가 더욱 뚜렷해진다. 혼인상태별로도 태도의 차이가 나타나는데, 유배우자(3.08점)에 비해 이혼·별거(3.20점), 사별(3.17점)한 사람들이 여성의 경제적 자립이 중요하다는 의견이 두드러진다. 혼인 지위에 따라 여성이 가족을 부양해야 하는 상황에 직면하는 경험들이 이러한 태도에 반영된 것으로 보인다. 출신국적 별로는 중국(3.16점), 미주·유럽·대양주(3.13점), 필리핀(3.13점), 그 외 동남아시아(3.13점)에서 여성의 경제적 자립 중요성에 동의하는 태도가 비교적 높게 나타났다. '여성은 자신의 직장 생활보다는 어린 자녀를 돌보는 것을 더 우선시해야 한다'는 문항에 대해서는 결혼이민자·귀화자 중 72.5%가 동의했다. 여성(73.6%)이 남성(67.7%)보다 찬성하는 응답률이 더 높아, 현실에서 자녀 돌봄을 담당하고 있는 여성들이 그 중요성에 동의한 것으로 보인다. 4점 척도 평균점수로 보면 어린 자녀를 양육하고 있을 연령대, 즉 20대와 30대에서 40대 이상 연령대에 비해 척도점수가 더 낮다. 즉, 20대(2.02점)와 30대(2.06점) 응답자들은 여성이 직장생활보다 자녀 돌봄을 더 우선시해야 한다고 생각하고 있다. 거주 지역별로는 읍면부(2.04점)에서 동부(2.12점)보다 여성의 돌봄을 더 중시하는 태도를 보였다. 출신 국적별로는 캄보디아(1.93점), 그 외 동남아시아(1.93점), 베트남(1.95점), 필리핀(1.96점) 출신자들이 타지역 출신자들에 비해 여성의 자녀 돌봄 역할을 우선시하는 고정관념이 더 강하게 나타난다. '남성도 다른 사람의 도움 없이 아이를 돌볼 수 있어야 한다'는 데에 동의하는 사람은 87.8%로 조사되었다. 남성

(86.4%)보다 여성(88.2%)이 남성의 돌봄 역할 수행에 찬성하는 비율이 조금 더 높다. 4점 척도의 평균 점수를 보면 어린 자녀를 양육하는 나이인 30대 응답자(3.14점)가 20대(3.07점)보다 남성의 돌봄 역할에 더 많이 찬성하는 결과가 눈에 띈다. 또한 교육수준이 높을수록 남성의 돌봄 참여에 찬성하는 태도가 더 강하다. 성역할 인식을 묻는 네 가지 문항에 대한 응답을 종합해 보면, 결혼이민자·귀화자들은 남성은 생계 책임을, 여성은 자녀 돌봄을 우선시해야 한다는 전통적 고정관념에서 벗어나는 데 있어 4점 척도 기준으로 각각 2.32점과 2.10점, 즉 '그렇지 않다'에 가까운 태도를 보인다. 다수의 응답자들은 남성이 가족을 부양하고 여성이 자녀를 우선적으로 돌보는 성별 분업에 약한 동의를 표시한 셈이다.

그러나 여성의 경제적 자립이 중요하고, 남성도 타인의 도움 없이 아이를 돌볼 수 있어야 한다는데 대해서는 각각 3.11점과 3.06점, 즉 '그렇다'를 약간 넘어선 수준의 동의를 하고 있다. 다시 말해, 기존의 전통적 성역할 분담에서 벗어나는 데에는 다소 소극적이지만, 여성이 경제적으로 자립하고 남성도 스스로 자녀를 돌보는 데에는 어느 정도 긍정적인 태도를 보인다. 한편으로 기존의 성별 분업이 요구하는 역할을 계속 수행하면서도, 경제활동이나 자녀 돌봄에 남녀 모두가 참여해야 한다는 점도 긍정적으로 수용하는 태도를 보이고 있다. 이는 아마도 결혼이민자·귀화자로 한국에서 생활하면서 자녀를 양육하는 부모들의 현실적 경험이 어느 정도 반영된 것으로 보인다.

가사 분담에 대한 견해를 살펴보면, 일상생활에서 꼭 필요한 가사 일을 부부 간에 어떻게 분담하는지 조사하였다. 먼저 식사준비를 부부가 똑같이 한다는 응답은 22.3%인데 비해, 항상 또는 대체로 '내가 한다'는 응답이 60.8%로 훨씬 많다. 가구원 중 다른 사람이 한다는 응답은 4.2%로 높지 않다. 가사 분담은 성별에 따라 크게 달라지는데, 결혼이민자 중 61.9%, 여성응답자의 70.7%가 식사준비를 항상 또는 대체로 '내가 한다'고 응답했다. 가사 분담 정도를 척도 점수로 환산

하기 위해 '가구원 중 다른 사람이' 하는 경우를 제외하고 평균을 구하였다. -2점에 가까울수록 응답자 자신, 2점에 가까울수록 배우자가 많이 담당하는 것을 의미하며, 0점은 부부가 똑같이 하는 것을 의미한다. 연령별로 보면 연령이 높아질수록 평균 점수가 0점에 가까워지는데, 이는 나이가 젊은 층에서는 응답자 자신이 주로 식사준비를 담당하지만, 연령이 높아지면서 부부가 분담하는 경우가 늘어난다는 것을 의미한다. 교육수준에 따라서는 교육수준이 높을수록 식사준비를 부부가 좀 더 많이 분담하는 경향이 나타난다. 거주 지역에 따른 차이도 확연히 나타나는데, 읍면부(-1.05점)에 비해 동부(-0.68점) 거주자들이 식사준비를 부부가 좀 더 분담하고 있다. 부부 간 연령 차이를 보면, 부부간의 나이 차이가 5년 미만(-0.48점)인 경우가 15년 이상 차이가 나는 경우(-1.05점)에 비해 식사준비를 더 많이 분담하는 경향이 나타난다. 세탁을 부부가 똑같이 한다는 응답은 23.9%, 항상 또는 대체로 '내가 한다'는 응답이 59.1%, 항상 또는 대체로 '배우자가 한다'는 13.6%, 가구원 중 다른 사람이 한다는 응답은 3.5%로 조사되었다. 성별에 따른 차이를 보면 세탁도 주로 여성들이 맡아서 하고 있는데, 결혼이민자 중 60.1%, 여성 응답자의 68.6%가 세탁을 항상 또는 대체로 '내가 한다'고 응답했다. 척도 점수를 비교해 보면 연령이 높아질수록 척도 점수가 0점에 가까워져 부부가 세탁을 분담하는 경향이 상대적으로 높아진다. 교육수준별로는 교육수준이 높을수록 세탁을 부부가 좀 더 많이 분담하는 경향이 나타난다. 거주 지역별로는 읍면부(-1.02점)에 비해 동부(-0.63점) 거주자들이 세탁을 부부가 좀 더 분담하고 있다. 또한 부부 간의 나이 차이가 5년 미만(-0.43점)인 경우가 15년 이상 차이가 나는 경우(-0.98점)에 비해 세탁을 더 많이 분담하는 경향이 나타났다. 집안 청소에 대해서는 부부가 똑같이 한다는 응답은 28.2%로, 식사준비(22.3%)나 세탁(23.9%)보다는 다소 높게 나타난다. 성별에 따른 차이를 보면 집안 청소도 여성들이 더 많이 하고 있는데, 결혼이민자 중 56.3%, 여성 응답자의 64.1%가 집안 청소를 항상 또는 대체로 '내가 한다'고 응답했다.

척도 점수를 비교해 보면, 식사준비나 세탁과 마찬가지로 집안 청소도 연령이 높아질수록 0점에 가까운 경향을 보인다. 즉, 연령이 높을수록 부부 간 집안청소를 분담하는 경향이 상대적으로 높아진다. 식사준비, 세탁에서와 마찬가지로 집안청소에서도 교육수준이 높은 집단(대졸 이상 －0.45점), 읍면부(－0.96점)보다는 동부 거주자(－0.58점)들이 부부 간 분담을 더 많이 하는 경향은 유사하게 나타난다. 세 문항의 평균 점수를 성별에 따라 비교해 보면, 식사준비, 세탁, 집안 청소 모두 여성들이 대체로 맡아서 하는 경향이 뚜렷하게 나타난다. 반면 남성들은 세 문항 모두에서 배우자가 주로 맡아서 한다고 응답했다. 세 가지 집안일 중에서도 식사준비가 주로 여성들에게 많이 집중되어 있음을 알 수 있다.

09 CHAPTER

가족사회복지실천기술

01 가족개입실천 초기과정

가족개입실천 초기과정에서는 접수면접을 통해 사례를 확인하고 기관이 서비스 방향과 맞는지 판단한다. 주요 과업으로는 클라이언트와의 관계를 형성하여 참여를 유도하고, 클라이언트의 문제를 이해하기 위한 자료를 수집하며 수집된 자료를 해석하고 문제를 규정해야 한다(장수미 외, 2010; 임상록 외, 2010).

1) 접수 및 자료수집

(1) 접수

가족개입실천의 초기단계에서 접수(intake)는 가족복지실천과정을 시작하는 단계이며, 상담이 성공을 좌우할 정도로 중요한 단계이기도 하다. 클라이언트가 서비스를 받기 위해 기관을 찾아와 접수를 했을 때 사례의 적격 여부를 판별하여 접수를 결정한다. 신청자의 욕구가 기관의 서비스 방향이나 내용과 맞지 않을 때 혹은 더 적합한 기관이 있을 경우에는 그 기관에 의뢰한다. 접수된 사례에 대해서는 클라이언트와 긍정적인 원조관계를 수립함으로써 클라이언트의 참여를 유도한다.

대부분의 클라이언트들은 가족 전원이 상담에 참여하는 것에 부담감을 가지며 거부하거나 소극적인 태도를 보이게 된다. 이때 사회복지사는 가족 전원이 참여하면 상담이 원활히 진행되며 문제해결에 도움이 된다는 장점 등을 설명하고 설득하는 노력을 기울여야 한다. 부득이한 사정으로 상담에 불참하는 가족을 위해서는 상담내용을 녹음하여 보내주는 것도 좋은 방법이 될 수 있다. 사회복지사는 클라이언트가 원조과정 동안 적극적으로 참여할 수 있도록 동기를 부여하며, 클라이언트의 고통을 이해하고 격려하며 문제해결의 희망을 갖게 한다.

(2) 자료수집

자료수집과정은 클라이언트의 문제를 이해하고 분석·해결하는 데 필요한 자료를 모으는 과정이다. 자료수집과정에서는 클라이언트의 문제를 이해하고 해결하는 데 도움이 되는 자료를 마련하며, 클라이언트의 진술이나 이야기가 일차적인 정보제공자로서 가장 중요한 출처가 된다. 다음으로 클라이언트의 비언어적 행동, 초기 면접지 자료, 관련 인물들(가족, 이웃, 친구, 다른 기관 등)의 면접을 통한 부수적 정보, 각종 검사결과(심리·신체검사)와 기록(학교·병원 기록), 관찰과 가정방문, 직접 상호작용하면서 느끼는 사회복지사의 개인적 경험 또는 사례와 관련된 신문이나 인터넷 뉴스 등의 자료를 통해 자료를 수집하게 된다.

2) 가족사정 및 사정 시 고려 사항

(1) 가족사정

가족의 사정과정을 통해 사회복지사는 체계적 관점에서 다양한 요소들이 문제의 형성과정에서 어떻게 상호 순환적으로 영향을 주고받아 현재 내담자가 제시하는 문제로 나타나게 되었는지 종합할 수 있게 된다(이영분, 2008). 가족들은 말로 관심사를 표현하는 것보다는 가능한 문제에 대해 체크리스트나 세분화된 질문지에 답하는 것이 더 쉬울 수도 있다. 가족사정도구를 살펴보면 다음과 같다.

❶ 가계도 작성법

개인이 속한 가족관계를 알아내기 위해서는 가계도(genogram)를 활용한다. 가계도는 가족의 구조를 파악할 수 있을 뿐만 아니라 가족구성원들의 특성들을 포함시킴으로써 문제를 가지는 것으로, 지목된 개인(identified patient)의 특성을 파악할 수 있으며, 가족구성원들 간의 상호작용을 좀 더 깊이 있게 파악할 수 있다. 가계도를 작성하는 이유는 가족관계에 관한 많은 정보를 한눈에 파악할 수 있도록 하기 위해서이다. 요즘과 같이 이혼이 급속히 증가하고 복합가족이 늘어가는 시기에 가족에 관한 정보는 간단하지 않은 경우가 많다. 또한 이러한 사실을 풀어서 설명하는 방식은 상당히 복잡하고 혼란스러울 수 있다. 따라서 간단히 도표로 작성하게 되면 파악이 쉬워지게 된다.

가계도의 기본적인 형태는 현재 가족의 상황과 동거가족을 간단히 기록하는 것이다. 보편적으로 남자는 ■, 여자는 ●이며, 클라이언트는 두 겹으로 표시하고 현재 동거가족은 ……으로 묶어서 표시했다. 그들의 나이를 기입하고, 사망은 X표, 결혼은 ㅡ, 이혼은 ─/ /─, 별거는 ─/─이다. 그러나 경우에 따라서는 가족관계에 관한 좀 더 자세한 정보가 필요할 때도 있다. 그럴 경우에는 관계의 정도를 선의 굵기로 나타낼 수 있다. 즉, 진한 **——**은 긍정적·지지적 관계, ——선은 보통의 관계, /\/\/\ 은 갈등의 관계, ………은 소원한 관계를 나타낸다.

가족관계를 선으로 표시하면 가족관계에 대한 많은 정보를 한눈에 파악할 수 있어 클라이언트가 속한 가족 내에서의 가족관계를 쉽게 알 수 있다. 여기에 더해서 좀 더 깊은 가족관계적인 자료를 파악하기 위한 방법으로는 좀 더 정교한 가계도를 그릴 수 있다. 보웬(Bowen)의 3세대 가계도를 통한 세대 간의 흐름을 파악할 수 있는 방법과 사티어(Satir)의 의사소통유형과 가족의 신상에 관한 정보를 함께 그리는 방법이 있다.

가계도의 종류에는 보웬(Bowen)의 3세대 가계도, 사티어(Satir)의 가계도, 생태도(ecomap) 작성법, 연대기표 작성법 등이 있다(김윤재 외, 2011 : 249).

❷ 생태도

• 생태도의 개념

- 앤 하트만(Ann Hartman)에 의하여 1975년 고안된 가족관계에 대한 도식(그림)이다.

- 클라이언트 및 클라이언트와 관련된 사람, 관련된 사회복지기관과 환경의 영향과 그 상호작용의 변화를 묘사하기 위해 전문가가 사용한다.
- 생태도는 '환경 속의 인간'에 초점을 두기 때문에 클라이언트를 생태학적 관점에서 이해하는 데 도움이 된다.
- 생태도는 개입 초기에 가족을 사정하는 도구로 활용할 뿐 아니라 변화를 확인하는 도구로 반복해서 사용할 수 있다. 이를 연속생태지도라 하고, 생태도를 분석해서 개입의 방향을 결정할 수 있다.

• 생태도의 기능

- 가족생활 및 가족이 집단과 단체, 조직, 다른 가족, 개인들과 맺는 관계의 본질에 대한 전체적인 시작 또는 생태학적 시각을 가지도록 돕는다.
- 생태도는 결혼 및 가족상담, 입양과 위탁가정 연구 등의 다양한 상황에도 활용된다.
- 생태도는 기본적인 사회적 정보를 간편하게 기록하는 방법이므로 전통적인 사회력과 사례기록을 보완하는 역할을 한다.

• 생태도의 작성 방법

- 가족을 표현하는 원을 중앙에 그려 클라이언트와 그 가족을 표시한다.
- 가족이 일상적으로 상호작용하는 관련된 주변 환경체계는 중심원 주변에 각각의 원으로 표시한다.
- 생태도 사용자는 나름의 약어와 기호를 만들어낼 수 있다.
- 가족과 환경체계와의 관계를 다양한 선으로 표현한다.

흐름은 화살표로 나타낸다.

직선(—)은 강한 관계, 점선(---)은 미약한 관계, 사선(+++)은 긴장이 많거나 갈등적인 관계를 보여준다(구혜영, 2010 김윤재 외, 254).

❸ 사회적 관계망

• 사회적 관계망의 개념

- 사회적 지지란 사회적으로 친밀한 사람이나 친밀한 존재로 생각되는 사람들이 제공하는 언어적·비언어적 충고나 가시적인 도움이나

행동, 수혜자에게 정서적으로나 행동적으로 바람직한 효과를 제공하는 것으로, 사회적 관계망은 이러한 사회적 지지를 제공하는 관계의 망을 의미한다.

- 사회적 관계망 지도는 클라이언트의 사회적 지지 자원을 사정하는 도구로 활용된다(배은숙 외, 2013).
- 여기에는 동거가족, 확대가족과 친척, 친구, 직장 또는 학교 등에서 형성된 유대, 클럽조직체 종교집단을 통해 맺은 유대, 이웃, 기관 또는 공식적 서비스 제공자의 7개 영역에서 지지망을 구성한다.
- 클라이언트가 사회복지기관에 도움을 요청할 때 사회복지사는 클라이언트가 자신의 문제 상황을 해결하기 위해 어떠한 노력을 하였으며, 어떠한 자원을 활용 혹은 동원하였는가 사정한다. 이때 사정에서 유용한 도구가 사회적 지지 혹은 사회적 관계망이다.

• 사회적 지지의 유형과 지지원
  - 사회적 지지원은 공식적인 지지과 비공식적인 지지가 있다. 먼저 공식적인 지지는 사회복지서비스와 같이 공적 혹은 민간적으로 학교, 종교단체, 비영리단체, 정부 등에서 제공하는 서비스이다. 다음으로 비공식적 지지는 가족, 친구, 이웃 등이 있다.
  - 사회적 지지의 유형은 정서적 지지, 물질적/도구적 지지, 정보적/평가적 지지가 있다. 정서적 지지는 위로의 말과 창찬, 돌봄 등이 있고, 물질적/도구적 지지는 물건이나 물품을 빌려주는 것이 있으며, 정보적/평가적 지지는 조언이나 환류 등이 있다.

• 사회적 지지의 구조적 측면
  - 사회적 지지의 구조에는 사회적 지지의 방향성, 빈도, 기간, 지리적 거리, 밀집도 등이 포함되고, 사회적 지지의 방향성은 지지를 주고 받는 방향이 일방향인지 쌍방향인지를 나타내며, 빈도와 기간은 이러한 지지가 얼마나 자주 오랫동안 지속되는지를 나타낸다. 또한 사회적 지지의 밀집도는 일정 공간 내에 얼마나 많이 몰려 있는가를 파악하는 것이다(이영호, 2014).

- 사회적 관계망 표의 기능
  - 사회적 관계망 표에서는 개인에게 제공하는 사회적 지지, 비판, 원조의 방향, 친밀정도, 접촉 빈도, 관계 지속기간 등을 기록한다(배은숙 외, 2013).
  - 가족이 현재 지지받고 있는 구체적인 영역과 정도에 대한 통찰을 제공한다.
  - 가족이 향후 개선하고 개발할 필요가 있는 사회적 지지의 영역은 무엇인지 발견하고 대안을 모색한다.

표 9-1 사회적 관계망 표

성명		생활영역	물질적 지지	정서적 지지	정보/조언	비판	원조 방향	친밀도	접촉빈도	알고 지낸 기간
이름	번호	1. 가구원 2. 다른 가족 3. 직장/학교 4. 조직 5. 다른 친구 6. 이웃 7. 전문가 8. 기타	1. 거의 없다 2. 가끔씩 3. 거의 항상	좌동	좌동	좌동	1. 양방향 2. 그들에게만 3. 그들이 당신에게만	1. 거의 친하지 않다 2. 가까운 정도 3. 매우 가까움	1. 보지 않음 2. 1년에 몇 번 3. 한 달에 몇 번 4. 주마다 몇 번 5. 매일	1. 1년 ㅁ 만 2. 1-5년 3. 5년 0 상
	01									
	02									
	03									
	04									

자료: 이영호(2014); 이재선 외(2018). 사회복지실천기술론 pp. 205.

④ 생활력 도표

- 생활력 도표의 개념
  - 가족 사정도구의 하나로 여러 시기에 가족이 경험한 것이나 가족이나 가족구성원에게 발생한 중요한 사건이나 시기를 조사하여 그 자료를 연대기적으로 조직화한 것으로 표로 제시한다.
  - 이 도표로는 현재 문제나 기능수행에 어려움이 특정 시기의 경험과 어떤 관계가 있는지 이해할 수 있다.

– 특히 아동과 청소년 대상의 활동에서 유용하게 사용된다.

- 생활력 도표의 작성방법

가족의 다양한 시기의 자료를 조직화하여 표현하고, 이 가족구성원의 삶의 중요한 사건을 시계열적으로 나열한다(구혜영, 2010).

표 9-2 생활력 도표의 예

연도	나이	소재지	건강	가족	학교	활동	문제	기타
1995	1	공주	정상	부모30 모25				자연분만
1986	2	경주로 이사		할머니와 동거			고부갈등	
1987	3	서울로 이사	발육이 늦음	할머니 입원			할머니 간호로 가족의 부담	병원비문제로 친척과 갈등
1988	4		감기를 자주 앓음	할머니 사망			경제적 이유로 부모님의 잦은 싸움	고모가 주로 양육
1989	5			부모의 이혼	유치원 적응의 어려움	피아노 시작	또래와의 부적응	엄마가 양육

자료: 오봉욱 외(2013); 이재선 외(2018). 사회복지실천기술론. pp. 206.

❺ 생활주기표

가족 내 모든 구성원의 발달단계를 그래프로 나타낸 것으로 다음과 같다.

표 9-3 생활주기표의 예

가족성원	발달단계								
	0–1	2–4	5–7	8–12	13–17	18–22	23–34	35–60	61+
조모									X
아버지								X	
어머니								X	
자녀1					X				
자녀2			X						
자녀3		X							

자료: 이재선 외(2018). pp. 207.; 서울대 사회복지실천연구회 역(2001).

❻ 그 밖의 가족 사정도구

- **원가족 척도** : 클라이언트가 자기가 출생한 가족, 즉 어린 시절을 함께 보낸 가족구성원과 가족의 측정, 개인의 원가족에 대한 만족도 및 영향도를 이해하는 데 도움을 준다.
- **부부의 개인 및 관계평가척도** : 미혼 남녀나 결혼 초기 부부를 위하여 각자의 이해와 서로의 차이를 이해하는 데 도움이 된다.
- **비버스-팀버론 가족평가척도** : 가족의 자신감과 구조 및 융통성을 사정한다.
- **맥마스터 모델의 가족사정척도** : 가족의 기초 과업, 발달과업, 힘든 과업을 포함하여 현재의 가족기능을 검사하는 사정도구이다.

(2) 사정 시 고려 사항

사회복지사는 가계도를 통해 가족배경이 현재의 문제에 어떻게 영향을 미쳤는지 등 가족의 기원에 관한 정보를 얻을 수 있는 효과적인 수단이라는 점을 가족에게 설명한다. 가계도를 그리는 동안 다음에 유의해야 한다(김혜영 외, 2018 : 197).

첫째, 초기의 과제이므로 치료자는 모든 가족구성원이 참여하도록 격려해야 한다.

둘째, 치료자가 재치를 발휘하여 가족으로 하여금 가계도를 그리는 경험이 부담스럽지 않도록 해야 한다.

셋째, 치료자는 가계도를 그린 후 가족에 대한 각자의 견해와 느낌을 서로 나누도록 도와야 한다.

02 중기과정

중기과정은 가족치료의 개입단계로서 변화를 위한 주된 작업이 행해지는 단계이다. 이 단계는 가족으로 하여금 자신들의 관계를 보게 하고 치료를 받게 한 구체적인 문제를 다루게 되며, 가족치료의 효과적인 방법을 발달시키고 파괴적인 행동을 변화시킬 수 있게 된다. 사회복지사는 변화를 촉진하는 역할을 담당하고, 클라이언트가 가족의 기능과 문제점에 긍정적 변화를 지각하며, 자율적인 문제해결능력을 습득하도록 돕는다. 개입에 관련된 개입기술은 가족치료모델에 따라 접근법이 달라지는데 가족치료모델별 주요 기술의 임상현장에서의 공통적 활용기법은 다음과 같다(김우호 외, 2019 : 177~179).

1) 임상현장에서의 공통적 활용기법

(1) 문제의 재정의

사회복지사는 가장 많이 쓰는 개입방법의 하나가 재정의, 재명명화, 긍정적 의미부여라고 불리는 역설적 방법으로 문제를 보는 시각을 바꿈으로써 새로운 해결책을 찾아내려고 하는 것인데, 이것은 짧은 언급이나 긴 문장으로 진술된다. 어떤 가족의 특정 행동과 성격 특성은 재명명화에 의해서 새롭게 이름 붙여지는데 가족은 이러한 과정을 통해 스스로 재조명해 볼 수 있으며, 재명명은 부정적이기보다는 긍정적인 용어를 사용하는 것이 바람직하다.

(2) 칭찬

사회복지사의 칭찬은 가족을 변화시키는 데 도움이 된다. 특히 해결중심적 가족상담에서는 개입에서 다른 것보다 칭찬에 많은 시간을 할애한다. 의외의 칭찬은 이들의 자존감을 높이고, 더 나아가 변화하고자 하는 동기를 자극하므로 가족이 성공적으로 과제를 수행할 때 사회복지사는 칭찬 등의 보상을 아끼지 말아야 한다.

(3) 경험적 기법을 사용한 상담

경험적 상담 시 지켜야 할 규칙은 다음과 같다. 첫째, 역할극을 하는 상담 초기에 미리 가족에게 알려야 한다. 둘째, 가족이 자연스럽게 역할극의 역할을 할 수 있도록 유도한다. 셋째, 역할극에서 하게 될 역할을 자세하게 설명함으로써 가족 자신이 무엇을 해야 하는지 정확하게 파악할 수 있어야 한다. 사회복지사가 이때 직접 시범을 보이며 가족은 더 쉽게 알 수 있다.

(4) 직면

상담에서 직면의 위상은 양면적이다. 직면은 가족을 변화시키는 가장 효과적인 공헌을 할 수 있으며, 때로는 정반대로 상담을 파국으로 이끌 가능성도 있다. 그러므로 적절한 충격과 완충상태를 제공해 줄 수 있는 관계로 발전한 후에 직면하는 것이 바람직하다.

(5) 과제

사회복지사에 따라 가족에게 어떤 과제를 수행하도록 요구하게 되는데, 가족에게 과제를 제공할 경우 가족이 그 과제를 수행할 수 있는지의 여부를 파악한다. 가족에게 그 과제의 중요성과 과제를 수행함으로써 얻을 수 있는 것이 무엇인지, 그리고 과제를 수행하는 방법에 대해서 구체적으로 설명해 주어야 한다.

2) 다양한 개입 기법

가족개입의 중간과정에서는 가족이 새로운 인식을 갖고 행동을 연습하는 데에 도움이 될 수 있도록 관계의 안정성을 바탕으로 다양한 기법들이 활용되며 그 내용은 다음과 같다(김윤재 외, 2011 : 262~269).

(1) 탈삼각화(detriangulation)

삼각관계로부터의 분화기법은, 가족체계 내의 갈등적인 관계과정이 그 증상과 관련된 삼각관계를 가지고 있다는 가정을 기초로 하고 있다. 보웬(Bowen, 1978)에 따르면 구성원들의 분화가 이루어지지 않은 가족일수록 두 구성원들 간 불안수준이 높아지며, 다른 구성원을 끌어들여 삼각관계를 형성한다고 한다. 이때 치료자는 의도적이며 일시적으로 삼각관계에 들어가기도 하고 벗어나기도 하면서 가족의 삼각관계를 깨는 것이다.

(2) 코칭(coaching)

코칭은 치료자가 가족문제를 가지고 오는 내담자에게 개방적이고 직접적으로 접근하도록 하는 기법으로 대안을 제시하거나 지시하기도 하며, 가족들이 가족정서과정과 그 안에서 자신의 역할을 명확하게 알도록 질문하기도 한다.

(3) 증상처방(sympton prescription)

증상처방은 전략적 가족치료 역설적 기법 중에 하나이다. 즉, 가족의 증상을 계속 유지하도록 처방하여 이를 지속하는 과정에서 가족은 자신들이 외부의 명령에 의해서 조종당했다는 것을 알게 되어 치료자의 처방에 반항하므로 증상이 변하게 되는 역설적 개입 전략이다.

(4) 경계 만들기(boundary making)

경계 만들기는 구조적 가족치료 기법 중의 하나로서 가족 내 하위체계들 간의 경계가 지나치게 밀착되거나 분리된 경우에 활용한다. 즉, 경계선이 밀착된 가족에게는 가족구성원들의 개별화를 촉진시키기 위하여 경계선을 강화시키고 명확히 한다. 반대로 경계선이 지나치게 분리된 가족에게는 가족구성원 간의 지지적이고 서로를 통제하는 기능을 강화하여 하위체계 간의 교류를 촉진시키고 경직된 경계선을 완화시킴으로써 분명한 경계선을 갖도록 한다.

(5) 가족과제(task of family)

가족과제는 가족이 행할 필요가 있는 분야를 개발시키기 위하여 주는 것이다. 이렇게 함으로써 가족의 상호교류를 증진시키고 변화를 가져오게 한다.

(6) 재구성(reframing)

재구성은 부정적인 의미를 긍정적인 것으로 변화시키기 위한 기법이다. 이는 가족구성원들이 문제 혹은 이슈를 다른 시각에서 보도록 혹은 다른 방법으로 이해하도록 돕는 것을 의미한다. 즉, 표면적으로 보기에는 역기능적인 것을 긍정적인 것으로 강조해주기 위하여 합리적이고 이해할 수 있는 언어로 재구성해주는 것이다.

(7) 순환적 질문하기(circular questioning)

밀란(Milan) 팀이 개발한 독특한 치료기법인 순환적 질문하기는 가족관계에 관하여 혼돈된 생각을 끄집어내어 명확하게 하며, 새로운 질문을 함으로써 가족들이 갖고 있는 견해의 차이점을 인식하도록 돕는 것이다(Goldenberg & Goldenberg, 2000). 가족구성원들이 문제에 대해 제한적이고 단선적인 시각에서 벗어나 문제의 순환성을 깨닫도록 돕기 위한 질문을 연속적으로 하는 기법이다. 치료자는 동일한 관계에 대한 가족구성원들의 태도에 대해 똑같은 질문을 함으로써, 관계에 참여한 가족구성원들과 직면하지 않고도 인식이나 지각 차이를 보다 깊이 탐색할 수 있게 된다.

(8) 긍정적 의미부여(positive connotation)

긍정적 의미부여는 가족구성원들 간의 관계를 상호보완적인 것으로 규정하고, 긍정적인 새로운 의미를 부여하는 방법을 통하여 가족에 대해 체계적 접근을 시도하는 것이다. 즉, 가족의 증상행동이나 다른 가족구성원들의 행동을 긍정적으로 재정의하고 재해석하는 것을 말한다.

(9) 가족조각(family sculpture)

가족조각이란 구성원들이 가족에 대해 어떻게 인식하고 있는지를 시각적으로 표현함으로써 가족에 대한 이해를 돕기 위한 방법이다. 가족조각은 비언어적이며 가시적인 기법으로서 각 가족구성원들의 관계에 있어서 가깝거나 거리감이 있는 관계의 균형상태를 나타낼 수 있고, 가족구성원 간의 연합이나 가족구조의 세력관계도 나타낼 수 있다. 이 기법은 내담자와의 언어적 상담과 관찰로는 부족한 측면들을 단시간에 관찰하고 개입할 수 있는 강점이 있다.

(10) 기적질문(miracle question) · 예외질문(exception question)

기적질문 기법은 기적질문에 응답하는 과정을 통하여 기적을 만드는 사람은 바로 자기 자신임을 알게 하고, 작은 일부터 시작해야 한다는 것을 인식토록 하며, 변화된 생활을 구체적으로 상상해보고 그것 자체가 자신의 치료 목표임을 재인식하도록 하는 것이다. 예외질문은 성공했던 경험과 현재 잘하고 있는 것을 발견하게 하는 질문이다. 따라서 의식적이고 의도적으로 성공하였던 행동을 하도록 강화시키는 전략 또는 기법이다.

(11) 외부화(externalization)

이야기치료에서 사용하는 문제의 외부화 기법은 사람이나 가족이 문제가 아니고, 문제 자체가 문제라고 보도록 하는 것이다. 즉, 문제를 외부 침입자로 간주하여 문제를 사람과 분리시킴으로써 외부화하는 것이다. 이 기법은 가족이 병리적이라고 생각하는 것에서 벗어날 수 있다는 것을 발견하게 하는 것이다. 그렇기 때문에 문제의 원인보다는 문제의 영향에 대해 질문한다.

03 종결과정

가족상담의 종결은 상담관계 전체의 종결과 마찬가지로 상담을 받는 가족에게는 특별한 의미를 가진다. 사회복지사는 가족이 상담에 의존한 것에서 벗어나 사회의 네트워크 속으로 상호 의존관계를 향하도록 유도한다. 그러므로 종결에 대한 사회복지사의 세심한 치료적 배려가 필요하다.

1) 종결계약과 종결지표

(1) 종결계약

상담이 한정된 계약이라면 가족은 상담을 시작하는 시점에서부터 종결을 준비하는 셈이다. 계약이란 유연성을 가져야만 한다. 즉, 상담의 빈도는 가족에게 변화가 일어나 문제의 강도가 소멸됨에 따라 감소할 수 있는 것이다. 한정된 계약을 한 가족은 처음부터 상담이 언제 끝날 것인가를 알고 종결에 대한 준비를 하지만 한정이 없는 계약을 하는 경우는 어떤 시점에서 종결이란 주제를 다루어 그것에 관련된 문제를 서로 말할 수 있도록 해야 한다.

(2) 종결지표

사회복지사는 다음과 같은 상황에서 종결을 결정하는 것이 바람직하다.

1. 상담 초기에 설정한 목표가 달성되었을 경우이다.
2. 상담의 종결을 준비하거나 최초에 설정한 특정한 목표는 충분히 달성되지 않았지만, 상담이 더 이상 필요하지 않다고 판단될 정도로 가족기능에 변화가 있는 경우이다.
3. 외부로부터의 자원이 더 이상 필요하지 않다고 판단되는 경우이다.
4. 사회복지사가 여러 가지 노력을 해 왔음에도 불구하고 상담의 효과가 없다는 것을 알았을 때이다.
5. 가족이 상담에 대한 동기를 상실했거나 결여되었을 때 종결을 결정하는 것이 바람직하다.

2) 종결개입과정

사전 준비 작업을 마친 사회복지사는 성공적으로 완수할 수 있도록 도와야 한다. 가족으로 하여금 종결을 완수하도록 돕는 과정은 다음과 같다(김우호 외, 2019 : 180~182).

(1) 가족으로 하여금 종결에 대한 감정에 대처할 수 있도록 한다.

가족구성원들이 종결을 앞두고 느끼는 감정은 적절한 것이고, 그들이 그렇게 느끼는 것은 당연하다는 것을 얘기해 줌으로써 클라이언트의 감정을 수용하는 반응을 보이는 것이다. 종결에 대해 털어놓은 자신들의 감정을 사회복지사가 받아주는 것을 볼 때 그들은 큰 짐을 덜어 놓는 것 같은 느낌을 갖는다.

(2) 목표달성 및 미래에 대한 준비를 위한 작업이다.

사회복지사는 가족구성원들이 치료 초기에 이룬 변화에 대한 것은 물론 치료 마지막 몇 주 동안에 그들이 실행한 작업에 대한 재검토를 해야 한다. 이러한 가족치료에 대한 전반적인 평가는 사회복지사와 가족 양방향에게 성취감을 부여할 뿐 아니라 가족이 앞으로 나아가야 할 방향을 제시해 준다.

(3) 종결 후의 사후관리

가족치료 종결 후 사회복지사의 사후관리에 대해서는 가족이 처한 상황에 따라 다를 수 있다. 이때 사후관리 방법 및 빈도에 대해서 서로 나눌 수 있으며 주로 사후관리는 치료면담 약속과 전화 연락을 들 수 있다.

CHAPTER 10 지역사회복지실천의 이해

01 지역사회와 지역사회실천에 대한 이해

1) 지역사회의 정의

지역사회(community)라는 정의는 다양한 영역과 사람들이 일반적으로 사용하고 있지만, 명확한 개념적 정의를 내리는 것은 매우 어렵다. 그 이유는 지역사회가 일정한 지역에서 사람들이 함께 거주하는 것만을 의미하는 것이 아니라, 그 이상의 상호관계를 맺고 서로의 생활과 행동에 영향을 미치는 의미를 함축하고 있기 때문이다.

지역사회는 영어 'community'의 개념에 근원을 두고 있다. 'community'는 '지역사회'로 번역되기도 하고, '공동체(공동사회)'로 번역되기도 한다. 여기서 '지역사회'는 일정한 지리적 구역을 전제조건으로 일정한 지역에 사는 집합체를 말한다. 이에 비해 '공동체'는 공동의 관심과 이해관계를 전제조건으로 기능적 기준에 의해 형성되며, 그 구성원이 공동의 이익을 추구하고, 이해관계를 같이 하는 개인이나 집단조직체를 의미한다(김윤재 외, 2016, 11~12).

'지역사회복지'는 지역사회 내에 존재하는 다양한 전문·비전문, 조직·비조직, 공적·사적, 공식·비공식, 공공·민간의 체계를 통해서 지역사회의 문제를 논의하고 토의하여 공공의 정책으로 문제해결을 시도하는 것을 의미한다(조추용 외(2018 : 21).

지역사회복지(community welfare)는 지역사회에서 발생되는 욕구와 사회문제와 위기를 예방하고 극복하며, 해결해 나가도록 대처하기 위해 지역사회 차원에서 주민의 자율적 참여와 노력, 민간과 공공부문의 협력을 바탕으로 지역사회의 내적·외적 자원을 동원하며, 조직하고 행동화하는 역량강화를 통해 주민의 삶의 질을 향상시켜 나가는 실천과정이라고 할 수 있다(남일재 외, 2019 : 31).

'지역사회복지'는 지역사회 주민의 복지 향상을 도모한다는 목적적인 개념과 생활상의 과제를 해결하려는 실천서비스를 제공하는 실천적 개념이 내포되어 있다. 그리고 문제해결의 과정에서도 전문가의 직접적인 원조뿐만 아니라 지역사회 주민들의 주도적인 역할이 강조되고 있다. 따라서 지역사회복지는 지역사회 수준에서의 사회복지실천으로, 지역사회 내에서의 사회복지실천과 지역사회를 대상으로 한 사회복지실천이라 할 수 있다(양정하 외, 2019 : 28).

2) 지역사회실천의 의미

우리 모두는 지역사회 범위 내에서 살아가고 일한다. 지역사회 거주자로서 우리는 사회가 제공하는 기회를 얻게 되고, 지역사회는 우리들의 경제적·정치적·교육적·사회적·문화적 자원으로서 기여한다.

지역사회사업이란 지역사회의 문제를 해결하는데 있어 전문기술을 가지고 계획입안이나 운영관리의 기법을 함께 가지는 포괄적인 지역원조 기술이다. 또한 지역사회사업은 지역사회의 환경개선 측면적인 과제로서 파악하고 있기 때문에 그 전개에 있어서 주체는 민간의 조직이나 단체만으로 한정시키지 않으며, 행정기관 혹은 공공기관과의 협동이나 연계가 중시되며, 당사자를 포함한 주민참여의 촉진이 필수적인 요건이 되고 있다. 그러나 보다 효과적인 실천을 위해서는 지역사회복지사가 일반적인 지역사회와 조직에 대한 지식과 그가 활동하고 있는 특수한 지역사회와 조직에 대한 지식 그리고 모금의 원천과 모금의 순환에 대한 지식이 필수적이다. 따라서 지역원조기술이란 지역사회의 다양한 복지에 관한 문제를 해결하는 원조기술을 말하며, 지역사회에서 발생하고 있는 다양한 복지욕구에 대해서 실태를 파악(지역진단)하고 계획을 세우고(지역계획), 원조활동을 행하는 것을 말한다(전재일 외, 2002; 김윤재 외, 2011 : 273~274).

3) 지역사회의 중요성

사회복지실천에서 지역사회가 중요한 이유는 다음과 같다(장수미 외, 2018 : 293~295).

(1) 클라이언트 환경으로서의 지역사회

사회복지실천에서 사회복지사가 지역사회에 주목해야 하는 이유는 지역사회가 사람들의 삶의 거주공간이기 때문이다. 인간은 누구나 공간 안에서 존재하는 공간적 존재이다. 그래서 인간의 현상이나 문제를 접해야 하는 사회복지실천에서는 사람이 존재하는 공간에 주목하게 된다. 따라서 지역사회를 기반으로 한 사회복지실천에서는 클라이언트 환경으로서의 지역사회에 대한 사정을 해야 한다.

(2) 변화대상으로서의 지역사회

지역사회를 변화 대상으로 삼고자 하는 것은 환경문제, 특정 지역사회만의 독특한 경제적 상황, 주거문제 등 사회문제의 원인이 지역사외에서 비롯되는 경우에 대부분 이루어진다. 또는 문제해결의 접근법에 있어 지역사회 단위일 때 효과적이거나 효율적인 경우에 이루어진다.

(3) 지역사회의 기능

지역사회는 오래전부터 지역사회 구성원을 위해 상부상조기능, 경제적 기능, 사회화기능, 사회통제기능, 사회참여 또는 사회통합기능의 5가지 기능을 하는 것으로 여겨져 왔다.

02 지역사회복지 유형과 영역

1) 지역사회복지 유형

지역사회의 정의는 이러한 두 가지 속성 중 어느 것을 강조하느냐에 따라 다음의 네 가지 범주로 나누어 볼 수 있다(김윤재 외 : 2016, 14~16).

(1) 지리적 의미의 지역사회

이 모델은 한 지역을 구성하는 사람들과 조직들의 지리적 분포라는 관점을 강조한 경우로, 대표적인 것으로는 파크(Park)와 버제스(Burgess)의 정의를 들 수 있다. 이들에 따르면 모든 지역사회는 사회이지만, 모든 사회가 지역사회는 아니다. 즉, 지역사회는 지리적으로 정해진 경계에 의해 결정되는 것으로, 이와 같은 관점은 주로 행정적·자연적 의미의 지역사회를 의미하는 것이다. 예를 들면, 행정단위인 특별시, 광역시, 도·시·군·구·읍·면·동으로 구분하는 지역사회이고 우리나라와 같이 지역적 범위에서 지역성이 강한 생활문화권에서는 지역사회의 구성요소에서 지리적 요인이 차지하는 부분은 다른 국가보다 그 중요성이 높다.

(2) 사회적 의미의 지역사회

지역사회 주민들 간에는 합의성, 일체감, 공동생활양식, 공통적인 관심과 가치, 공동노력 등이 강조된다. 즉, 지역사회라고 하는 것은 공통의 관심과 상호유대감이 이루어져야만 그 교류단위를 지역사회라고 할 수 있고, 같은 지역사회 내에서 생활하더라도 단절된 생활과 공동체의식이 형성되지 않으면 지역사회라고 할 수 없다. 여기서 공동 유대감은 혈연 또는 지연 등으로부터 나오는 원초적인 공동의 의식보다는, 그 지역사회의 주민들이 사회생활을 통하여 나타나는 이차적이고 획득적인 공동의식으로, 예를 들면 종교, 생활방식, 사회적 계급 등이다. 이러한 관점은 다음 세 가지 유형으로 나누어 볼 수 있다.

❶ 지역사회로 규정된 지역에 특정한 지리적 경계를 두지 않는 형태의 유형으로, 소수의 부락집단에서 국가 혹은 더 넓은 사회조직이 포함되는 것이다.

❷ 지역사회란 민주주의 이상을 실현시킬 수 있는 가장 기본적인 단위라는 입장으로, 가정과 같은 '작은 사회'나 대도시 내의 일정 지역과 같은 어느 정도 공동운명에 대해서 개인적으로 영향력을 행사할 수 있는 조건을 갖춘 지역을 말한다.

❸ 사회적 상호작용의 역동성을 강조하는 정의로서, 지리적인 특성보다는 구성원들의 상호작용에 역점을 두고 있다.

(3) 자연적 의미의 지역사회

지리적인 특성과 지역 내에 거주하는 사람들의 상호작용에 있어서의 동질성을 동시에 고려하는 개념으로, 지역사회에 대한 사회학의 개념이라고 할 수 있다. 이 개념은 기존의 지역사회에 대한 개념들은 급속한 산업화와 도시화를 경험하고 있는 현대 지역사회에는 적합하지 않다고 주장하고 있다. 그러므로 지역사회란 심리적인 면에서는 공동의 이익, 특성, 연합을 의미하며, 지리적인 면에서는 사람들이 함께 모여 사는 특정 지역을 의미하고, 사회적으로는 이 두 가지 면을 결합시키는 것이다. 따라서 지역사회는 일정한 공간적 의미를 갖는 지역사회뿐만 아니라 공동의 소속감을 갖는 사람들의 집단, 기관 조직체까지도 포함하고 있다.

(4) 기능적 의미의 지역사회

정보화사회 혹은 대도시 아파트 단지에서는 지리적인 인접성만으로 지역사회가 형성되기 어렵다. 기능적 지역사회란 공통적인 관심과 이해관계로 형성된 공동체를 의미한다. 이러한 의미의 공동체는 직업, 취미, 활동영역 등 기능적 기준에 기초하여 형성되는데, 예를 들어 복지, 농업, 경제, 교육, 예술, 종교 등에 있어서 공통의 관심과 기능을 함께 하는 사람들의 집단이다.

2) 지역사회복지 영역

지역사회복지 영역은 지역사회보호, 지역사회조직화(옹호실천), 자원개발 및 자원동원, 서비스 전달체계 촉진활동으로 나누어 볼 수 있다(장수미 외, 2018 : 295~297).

(1) 지역사회보호

지역사회보호는 지역사회조직화와 함께 지역사회복지실천의 오랜 전통을 지닌 실천 영역이다. 지역사회보호란 5세 이하의 아동, 65세 이상의 노인, 거동이 불편한 장애인 등 사회적 보호가 필요한 사람을 자신의 가정이나 지역사회에서 보호하는 것을 말한다.

(2) 지역사회조직화(옹호실천)

지역사회조직화 실천의 목표는 옹호실천에 있다. 지역사회주민이나 사회문제 당사자들 중심으로 연대를 도모함으로써 집단의 힘을 결집하여 사회적 문제를 해결하고자 하는 실천이다.

(3) 자원개발 및 자원동원

지역사회를 기반으로 한 실천에서 가장 중요한 것은 자원개발 및 자원동원 영역이다. 이 활동은 지역사회 내의 다양한 사회서비스조직의 자원관리 맥락에서 이해관계가 모두에게 있는 실천 영역이다. 지역사회 자원개발 및 자원동원에서 제일 먼저 인식해야 할 것은 지역사회 내 자원의 한정성을 이해해야 한다는 것이다.

(4) 서비스 전달체계 촉진활동

지역사회복지실천의 고유 영역 중 하나는 다양한 사회복지 조직이 존재하는 지역사회 내에서 이러한 기관 간의 협력을 도모하고 사회서비스 제공의 중복을 피하기 위한 조정활동을 한다는 것이다. 이를 위해 기관 간의 네트워킹기술과 정보의 공유가 필히 갖추어져야 한다.

03 지역사회를 바라보는 관점과 지역사회실천모델

1) 지역사회를 바라보는 관점

지역사회를 바라보는 관점에 대하여 살펴보면 다음과 같다(이영철, 2014; 이재선 외, 2018 : 219~221).

(1) 기능주의 관점

지역사회에 적용되는 기능주의 관점의 내용을 다음과 같이 요약할 수 있다. 첫째, 지역사회는 다양한 사회제도로 구성되어 있는 하나의 체계이며, 중요한 제도적 체계들은 하위체계들로서 정부, 경제, 사회, 종교, 가족 등이 있다.

둘째, 하위체계 내의 구성원 간에 그리고 하위체계 간에 상호 관련성이 있으며, 이들 체계 간에는 다양한 사회적 또는 결사체적 집단으로 구성되어 있다.

셋째, 지역사회를 포함한 모든 사회체계는 균형 상태를 향해서 움직인다. 따라서 한 사회체계의 다양한 부분 간에는 조절, 조정, 통합이 이루어지면서 균형 상태를 유지한다.

넷째, 지역사회를 구성하는 여러 가지 하위체계 간에는 상당한 정도의 상호 관련성, 상호작용, 협동이 존재한다는 사실이 광범위하게 받아들여지고 있다.

다섯째, 각각의 하위체계는 상호 관련성이 있지만 하나의 분리된 실체를 이루고 있으며, 모든 사회체계 구성원은 의식적, 무의식적으로 다양한 경제 유지활동에 종사한다.

결론적으로 지역사회를 바라보는 기능주의 관점은 지역사회의 유지와 균형, 조화에 주로 관심을 가지고 있기 때문에 지역사회의 변화나 지역사회에서의 자원, 권력을 둘러싼 집단 간 갈등을 설명하는 데에는 다소 취약한 것으로 평가되고 있다. 하지만 지역사회는 상호 관련된 집단 및 제도들로 이루어져 있으며 이러한 상호 관련성은 모든 사회체계가 내적·외적 유형을 가지고 있기 때문에 생겨난다는 사실을 규명하고 있다.

(2) 갈등주의 관점

지역사회갈등에 대한 콜만(Coleman)의 관점을 살펴보면 다음과 같다.

첫째, 지역사회갈등은 경제적 문제로 인한 갈등, 권력이나 권위로 인한 갈등, 문화적 가치와 신념의 차이로 인한 갈등 등에서 비롯된다.

둘째, 지역사회갈등의 역동성 측면에서 보면 특정한 쟁점에서 일반적 쟁점으로 옮겨 가는 경향이 있다.

셋째, 지역사회구조에 대한 갈등의 영향은 지역사회에 존재하는 사회조직 간의 변동에서 일어난다.

넷째, 일단 지역사회갈등이 지속되면 색다른 쟁점이 출현하는 경향이 있다.

다섯째, 영향력 있는 지역사회 지도자 및 지역사회조직은 갈등에 많은 영향을 미칠 수 있다.

결론적으로 지역사회를 바라보는 갈등주의 관점은 지역사회문제나 주민의 욕구를 해결하기 위해서는 지역사회갈등의 주요소인 권력, 권위, 경제적 자원의 재분배를 요구하게 되고, 이러한 결과 사회행동으로 표출된다는 점을 강조하고 갈등을 사회발전의 요인과 사회통합이라는 관점에서 다루고 있다. 사회복지에 있어 사회복지에 있어 갈등주의 관점은 종래의 전통적·심리적 요법을 비난하고 오히려 사회행동이나 급진적 관점에 의존하려 하고 있다.

(3) 통합주의 관점

통합주의 관점은 일명 '신갈등주의'라고도 하며 이는 기능적 갈등주의 또는 갈등적 기능주의 입장을 취하고 있다. 통합주의자는 갈등을 사회화의 한 형태로 보고 있으므로 갈등이 사회를 분열시키는 것이 아니라 재통합시킨다고 보고 있다. 뿐만 아니라 이들은 이익의 대립성만을 주장하지 않고 이익의 조화성을 주장하며 이해관계도 생산관계에서만 나오는 것이 아니라 분배관계 또는 다양한 자원의 불평등한 배분에서 찾고 있는 것이 특징이다. 지역사회를 바라보는 통합주의 관점에서는 지역사회에 존재하는 갈등현상에 주목하면서 갈등이 사회를 재통합시킨다고 본다. 즉, 입법과 정책수립을 통해 지역사회 내의 갈등을 수용하려 한다. 사회복지영역에서의 지역사회조직사업이 여기에 해당한다.

2) 지역사회실천모델

지역사회복지활동을 체계적으로 분류하여 지역사회복지실천모델로 제시한 대표적인 학자로 로스만을 들 수 있다. 로스만(2001)은 지역사회조직을 한 가지 형태로 보지 않고 적어도 세 가지 다소 독특한 모델, 즉 지역사회개발, 사회계획 및 정책, 사회행동으로 구분하였다(오정수 외, 2018 : 89).

(1) 로스만(Rothman)의 실천모형

로스만의 지역사회복지모델은 지역사회문제를 해결하기에 가장 적합한 실천모델로 인식되고 있다. 로스만은 지역사회복지활동들을 체계적으로 분류하여 지역사회복지의 실천모형으로 제시한 대표적인 학자이다. 지역사회복지의 실천모형에서 가장 전형적인 것으로 인식된 로스만의 지역사회복지의 실천모형은 1968년에 처음으로 로스만의 논문에 발표되었다. 그 이후 로스만(1995)은 지역사회조직을 한 가지 형태로 보지 않고 세 가지의 모형, 즉 지역사회개발모형, 지역사회계획모형, 지역사회행동모형으로 구분하였다. 다시 로스만(2001)은 이 세 가지 모형을 제시한 다음 12개의 실천변수(practice ariables)-목표, 지역사회의 문제 상황에 대한 가정, 기본적 변화전략, 변화전술과 기법, 실천가의 역할, 변화의 매개체, 권력구조에 대한 견해, 수혜자의 범위규정, 지역사회의 이해관계나 하위체계에 대한 가정, 수혜집단에 대한 인식, 수혜집단의 역할에 대한 인식, 임파워먼트 개념에 대한 인식-를 기준으로 이 유형들의 특성을 비교하였다(김윤재 외, 2016 : 109).

❶ 지역사회개발모형(Locality Development Model)

지역사회개발모형은 지역사회구성원들의 의식개선과 역량강화를 통해 지역사회의 통합능력을 기르는 모형으로, 주로 개발도상국이나 선진국의 낙후된 도시지역에서 많이 사용된다. 의식과 태도 등의 강화를 위한 프로그램들과 교육, 건강, 주택, 사회복지, 청소년과 여성을 위한 프로그램 그리고 지역사회발달에 중요한 요소가 되는 지역사회 지도자의 훈련 프로그램 등을 강조한다. 또한 지역사회개발모형은 자조 기반에 근거하여 지역사회구성원들이 지역사회문제를 함께 해결하기 위해 함께 노력하는 주체로 설 수 있어야만 문제해결의 진정한 의미가 있다고 보기 때문에, 시민참여의식을 갖도록 돕는 과정을 매우 강조한다. 따라서 지역사회개발모형은 사회복지사로 하여금 지역사회 구성원들이 스스로 문제해결을 할 수 있도록 돕는 조력자, 촉매자, 조정자, 문제해결 기술을 가르치는 교육자로서의 역할을 수행할 수 있어야 하며, 관계를 조정하거나 소집단을 이끄는 기술을 필요로 한다(김윤재 외, 2016 : 109~110). 그러나 지역사회개발모델은 다음과 같은 한계점이 있다(Hardina, 2002; 오정수 외, 2018 : 90).

첫째, 지역사회의 변화 노력을 위해 지역사회의 관련 집단 간의 합의와 협력을 이끌어 내기가 용이하지 않다.

둘째, 지역사회의 관련 집단이 성, 계급, 인종 등과 관련된 경계를 초월하는 공통의 이해관계를 가지고 있다는 가정의 현실성 문제이다.

셋째, 실질적인 정책결정자가 사회변화를 지지할 수 없는 경우 지역사회개발을 위한 협상을 거부할 수 있는 권력구조의 문제 등이 한계점으로 지적되고 있다.

❷ 지역사회계획모형(Locality Social Planning Model)

지역사회계획모형은 문제해결과정에서 합리성에 기반을 두고 비용효과면에서 가장 적합한 방안을 찾는다. 이 모형은 합리성에 기반을 두기 때문에 철저하게 실증적 자료에 기반을 두고 문제를 해결해 나가므로, 지역사회복지실천에서는 지역사회개발모델에서 지역주민들 스스로가 주체가 되어 문제를 해결해 나가기보다 전문가들에 의한 합리적이고 과학적인 문제해결의 대안을 찾는 데 주력한다. 그래서 이 모형은 '아래로부터 접근하는 모형'이라기보다는 '위로부터 접근하는 모형'이라는 평가를 받기도 한다. 이때 전문가는 계획가, 행정가 또는 관리자의 역할을 수행할 수 있고 해결하려는 문제에 대한 전문지식을 보유하여 관련자료 수집 및 분석, 이에 근거한 프로그램 개발 및 실천 그리고 효율성·효과성에 대한 평가도 행할 수 있어야 한다. 따라서 지역사회복지실천에서는 지역사회개발모델보다 지역사회계획모형이 더 자주 사용된다.

한편, 계획과정을 중시 여기는 지역사회계획모형은 한국에서 2003년 개정된 사회복지사업법에 따라 기초 지방자치단체에게 사회복지계획을 수립하도록 규정하고 있어, 향후 지역사회계획모형에 의한 지역사회복지실천이 중요하게 부각될 전망이다. 그러나 사회계획모델은 다음과 같은 한계점이 있다(Hardina, 2002; 오정수 외, 2018 : 91).

첫째, 계획가가 무제한적인 시간과 자원을 가지고 있지 않다는 점이다. 둘째, 계획과정의 합리성을 전제하고 있기에 문제해결과정에 미치는 정치적 영향력은 고려하지 못하고 있다는 점 등이다.

❸ 지역사회행동모형(Locality Social Action Model)

지역사회행동모형은 지역사회에서 자기권리를 인정받지 못하는 구성원들을 중심으로 권력균형을 추구한다. 따라서 이 모형에서는 이들 구성원들을 불이익을 받는 집단으로 인식하고, 이들을 조직화하여 스스로 자기 권리를 찾을 수 있도록 지역사회문제를 변화시켜 나간다. 그런데 이 과정에서 사회행동모형은 대결 및 집단행동을 통한 압력 등의 전술과 의도적으로 갈등을 부각시키는 전술을 사용하여 표적체계에 대해 공격적 접근을 할 수도 있다.

지역사회행동모형에서 사회복지사는 조직가, 행동가, 대변가, 교육가 등의 역할을 담당하며, 사회적 약자를 지지하고 옹호하는 역할을 담당한다. 이 모형은 1960년대 미국에서 크게 유행하였고, 아직도 여성운동, 빈민운동, 환경운동 등의 다양한 시민운동 조직에서 활용되고 있다.

그러나 지역사회행동모델은 다음과 같은 점이 한계점으로 지적되고 있다(Hardina, 2002; 오정수 외, 2018 : 92).

첫째, 일부 실천가는 지역사회 상황에서 실천 활동을 대항 활동(confrontation)으로 제한하고 있다는 점이다.

둘째, 일부 조직가와 지역사회구성원이 대항 전략에 대해 주저할 수 있다는 것이다.

셋째, 윤리적 이슈와 관련된 것으로 대항형태의 불법성이 있을 수 있으며, 긴급 상황에서 사용될 수 있어 조직가와 조직구성원이 위험에 놓일 수 있다는 점이다.

(2) 웨일과 갬블(Weil & Gamble)의 실천모형

웨일과 갬블은 목표, 변화의 표적체계, 일차적인 구성원, 관심영역, 사회복지사의 역할 등 5개의 특징에 따라 8가지 유형으로 구분하고 있다(남일재 외, 2019 : 117~118).

❶ 근린지역사회조직모형(Neighborhood and Community Organizing Model)

근린지역사회조직모형은 능력개발과 과업수행이라는 두 가지 목표를 강조하며, 지리적으로 가까운 지역사회조직화에 초점을 두고 있다. 또한 이 모델의 주된 목적은 구성원들로 하여금 그들의 문제를 효과적으로 옹호할 수 있도록 권능과 역량강화를 통해 특정한 관심사에 대한 사회적 변화를 유도하는 것이다.

❷ 기능적 지역사회조직모형(Functional Community Organizing Model)

기능적 지역사회조직모형은 지리적인 의미보다 기능에 초점을 두고 구성원들을 교육시켜 자신들의 이슈에 대한 옹호활동을 강화시켜 나간다. 그래서 이 모형의 핵심적인 관심과 목표는 자신들이 선택한 이슈의 정책, 행위, 태도의 옹호나 변화에 있는데, 이를 위해서 조직원의 내적능력의 증진, 리더십 개발 등에 전념한다. 오늘날 많은 사람들은 동호회와 같은 공통적인 관심을 공유하려는 경향이 증가하고 있어, 기능적인 지역사회조직모형의 조직활동이 활발하게 이루어지고 있다.

❸ 지역사회의 사회·경제 개발모형(Community Social and Economic Development Model)

지역사회의 사회·경제 개발모형은 저소득계층 및 불이익을 받는 지역사회 주민의 삶의 질과 기회를 증진시키는 데 있기 때문에 사회·경제적 영역의 투자를 통한 외부적 지원을 강화시켜 나간다는 데 초점을 둔다. 따라서 이 모형의 주요 관심영역은 지역사회 변화과정에 자원을 가진 사람이나 조직들을 참여하도록 유도하는 것이기 때문에, 사회·경제적 영역의 투자의 균형, 리더십기술의 향상에 있다.

❹ 사회계획모형(Social Planning Model)

사회계획모형은 전문성과 합리적인 계획수립에 기반을 두고 지역사회의 문제를 해결하려는 모형이다. 그러므로 이 모형에서는 합리적 의사결정을 통해 문제에 대한 우선순위와 자원의 배분 등이 중요하다. 주요 관심영역은 휴먼서비스의 관계망을 계획하고 조정하는 데 있으며, 공공영역의 지역계획에 사회적 욕구를 통합시키는 일이다.

❺ 프로그램 개발과 지역사회연결모형(Program Development and Community Liaison Model)

프로그램 개발과 지역사회연결모형의 중요성은 지역주민과 함께 보다 상호적인 계획 수립전략을 발전시키는 것을 점점 더 강조하고 있다는 것이다(Well, 1996 : 53). 그래서 이 모델의 주된 관심은 특정 대상이나 지역사회를 위한 서비스 개발이다. 그리고 이 모델의 목적은 새로운 서비스의 창출 또는 지역사회의 요구에 보다 적극적으로 반응할 수 있도록 지역사회복지기관의 프로그램을 확장하거나 방향을 조정하는 것이다.

❻ 정치·사회행동모형(Political and Social Action Model)

정치·사회행동모형은 지역사회의 불평등과 구조적 모순을 해결하기 위한 방법으로, 정책결정자에 대한 압력을 행사하여 가지지 못한 사람에게 권력을 배분하기 위한 것이다. 즉, 권력의 균형을 이동시킴으로써 초기 의사결정과정에서 배제된 사람들이 미래의 의사결정에 중요한 역할을 하는 것이다. 이 모형은 또한 정책 또는 정책결정자를 변화시키는 데 있기 때문에 사회적 약자 계층과 함께 사회정의를 구현하도록 촉진시키려는 노력을 한다.

❼ 연합모형(Coalitions Model)

연합모형은 분리된 집단 및 조직을 집합적인 사회변화에 동참시키는 데 있기 때문에, 함께 힘을 모아서 지역사회가 가진 문제들에 대해 집합적 변화를 만들어내는 것을 추구하는 모형이라 할 수 있다. 이 모형의 주요 관심영역은 연합의 구성집단과 조직들이 지지하는 구체적인 이슈들이며, 이 모델이 추구하는 목표는 지역사회 문제를 해결하는 데 개별적 노력만으로는 충분한 효과를 나타내기 어려울 때 잠재력을 가진 연합조직을 형성하여 영향력을 행사하는 것이다.

❽ 사회운동모형(Social Movements Model)

사회운동모형은 가장 바람직한 사회변화 모델로서 지역사회구성원들과 다양한 형태의 지역사회조직체에게 새로운 패러다임을 제공함으로써 사회변화를 이루고자 하는 모형이다. 사회운동의 성공 여부에 따라 합법화된 정치적·사회적 규범이 만들어지기도 한다.

CHAPTER 11

지역사회복지실천기술

01 지역사회복지실천과정

지역사회복지실천과정은 각 지역복지실천모형의 특징과 지역사회의 상황에 따라 다소 다를 수 있다. 그럼에도 불구하고 지역복지실천과정은 일반화할 수 있는 공통 요소들을 가지고 있다. 지역사회복지실천의 구체적 과정 구분은 학자들 간에 다소 차이를 보이고 있지만, 이 장에서는 지역사회의사정단계, 지역사회의 욕구파악단계, 실천계획의 수립단계, 실천계획의 실시단계, 평가단계 등의 5단계로 구분하고자 한다.

1) 지역사회복지실천과정

(1) 지역사회의 사정단계

지역사회대상 사회복지실천과정의 전제는 그 대상인 지역사회의 특징을 파악하는 것이다. 지역사회의 파악을 위해서는 그 지역사회에 대한 사정이 필요하고, 지역사회의 사정을 통해서 지역주민들이 지역사회의 문제에 대해 어떠한 경험을 하고 있으며, 어떠한 인식 등을 하고 있는지 등을 사회복지사가 인지할 수 있다.

지역사회의 특성을 파악하기 위한 기본 요소는 다음과 같다(남일재 외, 2015).

❶ 지역사회의 역사와 문화

❷ 지역사회의 물리적인 환경상의 특징

❸ 지역주민에 관한 정보(인구동태, 주인의식, 지역의 네트워크, 주민의 가치관과 행동양식 등)

❹ 주민조직이나 단체의 활동상황 및 지역문제에 대응하기 위한 기능 분석

❺ 지역사회 내에서 정보가 전달되는 정도 및 의사결정에 중요한 영향을 미치는 사람이나 조직의 의사소통 방향성

❻ 지역사회의 권력구조

❼ 지역사회의 사회자원 활용상황 및 문제점

(2) 지역사회의 욕구파악단계

지역사회의 사정을 마치고 나면 지역사회의 문제를 해결하기 위해 본격적인 과정이 시작된다. 지역사회에서 발생하고 있지만 충족되지 않는 욕구나 해결을 필요로 하는 문제를 파악하는 것은 지역사회대상 사회복지실천의 계획과 목표를 설정하기 위한 중요한 단계이다. 욕구파악은 지역사회의 전체적 상황에 대해서 개괄적으로 파악하는 방법과 구체적 이슈에 초점을 맞추어 그 문제가 되는 이슈의 본질에 좀 더 심층적으로 다가가는 방법을 동시에 활용해야 한다. 욕구를 파악하는 방법으로는 기관이나 단체의 기초자료 같은 기존 자료에 의해 파악하는 방법, 실제 해당 지역에 나가 직접 파악하는 방법, 상담이나 주민모임 등으로 파악하는 방법, 설문지를 통한 방법 등 다양한 방법이 사용될 수 있다(서혜석 외, 2013).

(3) 실천계획의 수립단계

지역사회의 다양한 욕구나 문제를 동시에 해결하는 것은 어렵기 때문에 다른 수준의 사회복지실천과 마찬가지로 어떤 문제부터 우선 개입할 것인지를 결정하는 것이 중요하다. 실천계획의 수립에 있어서는 이념, 실현가능성, 합리성을 고려하여야 하며, 실천계획을 수립한 후에는 실천에 옮길 수 있는 프로그램을 개발하여야 한다.

- 고려해야 할 점
  - 긴급성이나 사태의 심각성이 크고 서둘러 다루어야 하는 문제 혹은 문제에 대한 지역주민의 욕구가 높은 사안이다.
  - 지역사회 내의 전문가와 비전문가 또는 단체 등이 문제를 해결할 수 있는 능력이 있는 사안이다.

- 소수이거나 지역의 일부에 관련된 문제이지만 지역 수준에서 접근하거나 배려가 요구되는 문제이다(서혜석 외, 2014).

(4) 실천계획의 실시단계

실천계획의 실시단계에서는 지역사회의 문제해결, 주민참가에 의한 자체적 문제해결능력 함양, 지역사회 내부의 다양한 연계망이나 협력망 강화 등이 중점이 되어 실시된다. 실시단계에서는 무엇보다 홍보활동이 우선적으로 고려되어야 한다. 지역사회복지실천계획에 대한 인식을 최대한 넓히는 것이 필요하기 때문이다. 홍보를 통해 문제해결의 중요성과 해결을 위한 수단에 대해서 주민의 이해를 구해야 하고, 주민의 참여와 협력을 구해야 한다. 홍보활동의 방법으로는 신문, 방송, 소셜네트워크 서비스 등 매스컴이나 주민간담회, 반상회, 각종모임 등의 의사소통을 이용할 수 있다(서혜석 외, 2014; 이재선 외, 2018 : 227).

(5) 프로그램 평가

최일섭(2014)은 평가는 사회복지실천의 전 과정에서 계속적으로 일어나는 일로서, 사회복지실천의 목적과 목표의 달성 정도의 효과성을 나타내며, 동시에 목적과 목표를 성취하기 위해 사용된 수단의 적합성을 심사하는 과학적 방법을 적용하는 과정이기도 하다. 최종단계에서의 평가는 두 가지 목적을 염두에 두어야 하는데, 그중 하나는 프로그램 실천과정에서 수집된 정보를 모니터링하고 그 결과를 반영하여 실천의 궤도를 수정하는 것이다. 다른 하나는 문제해결 전 과정 결과의 최종산물을 평가하는 것이라고 언급했다. 전자를 형성평가 또는 중간평가라고 하며, 후자를 총괄평가라고 한다. 평가는 목표의 달성 정도나 효과는 어느 정도였는지 등을 파악하여 향후 지역사회복지실천에서 그 결과를 반영하는 일련의 과정이기 때문에 실천의 최종단계이면서 계속적인 순환과정이라고 보는 것이 타당하다. 평가단계에서 사회복지사는 지역사회복지실천과정에서 지역주민이 스스로 지역의 문제는 어느 정도 해결되었는지, 지역주민의 욕구는 어느 정도 충족되었으며, 그들의 삶의 질은 향상되었는지 등의 지역사회복지실천계획에서 설정한 목표를 평가해야 한다(이재선 외, 2018 : 228).

2) 지역사회주민의 욕구사정

지역사회복지실천과정에서 욕구사정은 중요한 의미를 지니고 있다. 지역사회복지실천에서 욕구사정은 지역사회의 다양한 이슈와 문제를 포괄해야 하며, 다양하고 상이한 자료수집방법으로 이루어지기 때문에 욕구사정에 관한 방법론에 대해 정확히 이해할 필요가 있다(김윤재 외, 2011 : 282~283).

(1) 욕구사정의 고려사항

욕구사정에서 고려해야 할 사항은 다음과 같다(오정수·류진석, 2009).

첫째, 정보와 이용 가능한 자원에 대한 파악이다. 어떤 자료에 기초하여 지역사회문제나 주민들의 욕구를 확인, 추산할 것인가를 결정해야 하며, 원하는 자료를 손쉽게 수집할 수 있는 방법은 무엇이며, 자료의 정확성과 유용성 등 지역사회에 대한 정보문제에 대해 고려해야 한다. 그리고 자원의 이용 가능성, 자료수집의 비용, 바람직한 정보를 수집하는 데 자원의 기여 정도 등을 포함해야 할 것이다.

둘째, 현재 이용 가능한 서비스가 지역사회문제 또는 욕구에 대해 포괄하고 있는가를 판단해야 하며, 자료수집방법 및 욕구사정의 내용과 관련하여 지역사회가 어느 수준에서 허용할 수 있는가도 고려해야 할 것이다.

셋째, 욕구사정은 자료수집과 분석을 통한 공식적이고 체계적 접근이 요구된다. 공식적인 욕구사정은 인터뷰, 설문조사, 통계자료를 통한 자료분석이 사용되며, 문제분석을 위해 다양한 관점에 입각한 접근과 사정의 신뢰도를 높일 수 있고, 지역사회문제를 보다 정확하게 확인할 수 있다는 것이다.

넷째, 욕구사정 방법을 선택하는 데 있어서 조사방법 및 조사 수행시간, 실제 수행하는 데 필요한 자원, 지역사회구성원들의 포함 여부에 대한 실천가의 정향(orientation) 등을 고려해야 할 것이다.

(2) 욕구사정 주요 고려 문항

효과적 욕구사정을 실천하기 위한 욕구조사에 포함해야 할 관점으로 지역사회에 대한 관점, 서비스 욕구에 대한 관점, 지역 자산에 대한 관점이 있다.

지역사회욕구사정의 유형은 포괄적 사정(comprehensive assessment), 탐색적 사정, 문제중심 사정(problem-oriented assessment) 및 하위체계 사정(subsystem assessment)으로 구분할 수 있고, 지역사회 전반을 대상으로 행하는 사정으로 1차 자료의 생성이 목적이다. 조사대상 규모가 다른 조사에 비해 커 비용의 제한이 있을 경우는 대략적 욕구만을 파악할 가능성이 높다.

❶ 탐색적 사정(familiarization assessment)

지역사회의 상태를 개괄적으로 살펴보기 위해 실행되는 초보적 단계의 사정으로 사정 대상이나 참여자, 비용 등이 상대적으로 적다.

❷ 문제중심 사정(problem-oriented assessment)

지역사회에서 우선적으로 해결해야 할 문제중심에 초점을 두고 사정이 실행되는 경우이다. 포괄적 사정보다는 좀 더 전문적 사정이 이루어질 가능성이 높다.

❸ 하위체계 사정(subsystem assessment)

이 사정은 지역사회의 특정 하위체계 욕구중심으로 이루어지며, 이때 하위체계의 역동성을 고려해야 한다. 이 사정은 지역사회의 특정 하위체계를 중심으로 이루어진다는 점에서 문제중심 사정과는 차이가 있다.

(3) 지역사회복지 욕구의 파악 방법

지역사회복지 욕구를 파악하기 위한 방법으로 다음과 같은 방법들이 있다.

❶ 기존 자료에 의한 파악

지역 내의 기관이나 단체는 정기적으로 기초자료나 사업에 관한 자료를 공표하고 있어 지역사회의 욕구나 문제를 파악할 수 있다. 또한 지역사회 내에 어떤 특징이 있는지도 알 수 있다.

❷ 현지답사에 의한 파악

실제로 해당 지역사회에 나가 파악하는 방법으로 실제 눈으로 보고 확인하는 작업이다.

❸ 모임이나 대화를 통한 파악

직접적으로 지역주민이나 관계자, 관련된 전문기관이나 시설 직원 등의 의견이나 요망을 듣는 것에 의해 지역사회복지 욕구나 지역사회의 실정을 파악하는 방법이다.

(4) 통계조사를 통한 파악

지역사회복지 욕구파악을 설문지를 통해 지역사회주민을 대상으로 실시하는 방법이다. 이 통계조사에서는 우편조사나 집합조사, 면접조사, 전화조사 등 상황이나 대상에 적합한 방법을 활용해야 한다.

❶ 실천계획의 수립 및 프로그램 실행

지역사회의 사정조사를 마친 후에는 지역사회의 실천계획을 수립해야 하는데, 이를 위해서는 먼저 목적과 목표를 설정한 후에 구체적 실천계획을 세우는 것이 좋다(김윤재 외, 2011 : 286~289).

- 목적과 목표 수립

  목표설정은 개입과정의 방향을 명확히 제시해주어 계획대로 진행할 수 있도록 도와주고, 개입이 끝난 후 그 결과를 효과적으로 평가할 수 있게 해주기 때문에 중요하다. 만약 실천계획 수립 시 무엇을 목표로 할 것인가에 대해서 의견일치가 되지 않았다면 합의될 때까지 기다려야 한다.

  - 목표의 종류 및 내용

    목표는 변화하며, 서로 다른 상황은 서로 다른 변화와 서로 다른 종류의 목표를 필요로 한다.

  - 목표의 설정 및 선정 지침

    목표는 지역사회주민들이 바라는 목표결과와 관련되어야 하며, 목표는 명시적이며 측정 가능한 용어로 진술되어야 한다. 또한 목표는 가능하다면 성장을 강조하는 긍정적 용어로 진술되어야 한다.

- 목표의 상호적 합의과정

목표의 상호적 합의과정은 지역사회실천가가 지역주민들에게 목표의 필요성을 설명하고자 할 때 상호 협의하여 선정하도록 하고, 지역주민이 선택한 목표를 향하여 헌신할 수 있도록 목표의 순위를 정한다.

- 실시계획

지역사회의 문제해결을 위하여 우선순위를 결정하고 구체적 대책이나 활동계획을 세운다. 구체적으로 언제, 누가, 어디서, 무엇을, 어떻게, 어떤 방법, 어느 정도의 비용으로 어떤 협력자와 함께 어느 정도의 횟수와 빈도로 실시할 것인가 등에 대한 내용을 명확하게 해야 한다. 이때 융통성 있게 계획을 세우되 각자의 책임과 역할분담을 명확히 할 필요가 있다.

- 실천계획의 추진

실천계획을 수립한 후에는 이를 적극적으로 추진해야 한다.

– 재원의 확보

아무리 훌륭한 실천전략이라 할지라도 안정적 재원이 없으면 기대만큼의 성과를 기대하기 어렵다. 때문에 실천전략을 추진하는 기관에서는 재원을 확보하고 재원확보 후에는 지역주민에게 재원과 관련된 불필요한 불신 요소들을 제거시켜야 한다.

– 추진 인력의 확보

잘 수립된 실천계획은 안정적 재원뿐만 아니라 우수 인력의 확보도 중요하다. 실천 추진 인력 중 가장 중요한 인력은 지역사회의 토착 지도자 발굴이다. 이러한 지도자를 발굴하기 위하여 지역사회복지실천가는 열린 마음으로 지역주민들과 접촉하여 발굴할 수 있도록 노력을 아끼지 말아야 한다. 또한 우수한 추진 인력을 확보하기 위해서는 다양한 훈련 프로그램을 통하여 계속적인 교육을 시키는 것도 중요하다.

– 추진 기관의 리더십

지역사회의 중요 추진기관으로는 사회복지협의회, 종합사회복지관, 사회복지공동모금회, 자원봉사센터, 복지관련 시민단체라고 할 수 있다. 이들 기관에서는 지역사회실천 전략이 추진되도록 리더십을 개발해야 한다.

• 실천계획의 실시단계

프로그램의 실행은 목표를 달성하기 위하여 행하게 되는 일련의 활동을 말한다. 목표를 달성하기 위한 프로그램의 실천과정에서는 사업을 추진하는 기관이 여러 관련 집단과 협력적인 활동을 전개하는 것이 보통이다. 그리고 프로그램이 실천되는 과정에서 새로운 문제가 발생할 수 있는데, 이는 사업의 외부적인 요인에 의해서 발생할 수도 있고, 사업의 행동체계 내의 변화 등에서 비롯될 수도 있다. 때로는 대폭적인 수정을 가해야 할 경우도 발생한다(서혜석 외, 2014). 이에 지역사회복지실천가는 프로그램 실행단계에서의 변화를 예측할 수 있는 통찰력과 예기치 못한 상황에서 신속하게 대처할 수 있는 능력과 기술이 필요하다.

02 지역사회복지실천 개입기술

사회복지사는 지역사회복지 실천과정에서 다양한 실천기술들을 활용한다. 지역사회복지실천의 기술로 조직화의 기술, 자원동원 개발의 기술, 사회행동의 기술, 옹호 및 임파워먼트의 기술 등이 있다.

1) 조직화(organizing)

조직화는 지역사회에서 가장 널리 쓰이는 지역사회실천모델 전술 중의 하나로 지역주민들로 하여금 지역사회발전에 지속적으로 함께 일할 수 있도록 하는 것이다.

(1) 조직화의 원칙

효과적인 조직화를 이루기 위해서는 다음과 같은 원칙들에 주의할 필요가 있다(김종일, 2007; 남진열 외, 2009).

❶ 사적 이익에 대한 관심을 조직화에 활용하라.

사람들은 누구나 자신의 이익과 크게 상관이 없으면 그다지 관심을 보이지 않는다. 그럴지라도 이들로 하여금 조직화가 사적 이익의 추구와 상충하지 않는다는 점을 인식시켜 조직화에 참여시킨다.

❷ 조직화는 동적인 과정이다.

조직화는 지속적인 관심과 노력을 요구하는 동적인 과정이므로 헌신적이고 활동적인 멤버들이 끊임없이 들어와서 조직을 성장시킨다. 따라서 성장하지 않는 조직은 결국 해체된다.

❸ 갈등과 대결(confrontation)에 익숙해지는 법을 배워야 한다.

지역사회의 상당히 많은 부분들이 조직화 과정에서 문제와 직면하기 때문에, 이런 문제들을 해결하기 위해서는 갈등과 대결 그리고 협상에 익숙해져야 한다.

❹ 이슈(issue)는 명확해야 한다.

지역사회의 조직화는 이슈를 중심으로 해서 이루어지므로 조직가는 구체적으로 명시할 필요가 있으며, 이슈를 다시 정립할 때에는 먼저 시급한 문제부터 표현해야 하며, 문제를 구체적으로 표현해내야 한다. 또한 이슈는 실현가능한 것이어야 하며 명분에 치우쳐서는 안 된다.

(2) 조직화의 내용

조직화의 주요 내용은 사람과 자원을 끌어 모으고(동원), 모인 사람들이 조직의 목표와 방법을 논의하여(회의), 조직을 이끌 사람들을 찾아내는 일(리더십 개발)로 채워진다(김종일, 2007).

❶ 동원

우선 동원 작업은 지역사회에서 활동하고 있는 기존 조직의 멤버들을 접촉하는 것부터 시작된다. 어떠한 형태의 조직이든 상관없이, 조직 활동을 이미 하고 있는 사람들일수록 사회운동에 적극적일 가능성이 높기 때문이다.

❷ 회의

조직의 일상적인 운영은 회의를 통해 이루어진다. 그렇다면 조직을 성공으로 이끄는 양질의 회의는 과연 어떠한 것일까? 좋은 회의는 철저한 준비와 계획이 있어야 하며, 민주적이면서도 생산적이어야 한다.

❸ 리더십 개발

조직의 성패는 바로 이 리더십에 의해 결정된다고 해도 지나치지 않기 때문에 특히 지역사회실천처럼 다양한 사람과 문제를 다루는 상황에서는 더욱 그러하다.

(3) 조직화의 단계

조직화의 단계는 크게 준비단계, 계획화단계, 조직화단계, 지역활동 및 복지운동단계, 평가 및 과제전환단계 등 다섯 단계로 구분할 수 있다(서울복지재단, 2005).

❶ 준비단계

준비단계는 조직화를 위한 준비작업을 하는 단계로 기획사업을 전체적으로 알 수 있는 기획 작업이 필요하다.

❷ 계획화단계

계획화단계에서는 주로 지역사회 및 주민욕구 평가, 지역사회자원 평가, 프로그램 개발과 평가계획 등이 이루어진다.

❸ 조직화단계

이 단계는 계획화단계의 설계내용을 기초로 한 실제 조직화를 이루는 것으로, 조직화단계에서는 모집, 정서 강화형 및 문제 해결형 소집단 구성 등이 이루어진다.

❹ 지역활동 및 복지운동 단계

이 단계는 앞 단계에서의 개입 활동을 의미한다. 여기에서 지역활동은 지역사회의 복리향상을 위한 일체의 제반활동을 말하며, 복지운동은 주민복리의 불합리성을 전체 지역주민에게 알리고 주민들의 힘을 규합해 이를 개선하려는 활동을 말한다.

❺ 평가 및 과제 전환단계

평가단계는 지역사회 조직사업의 성과를 공론화하기 위하여 양적 및 질적 방법으로 효율성에 대해 객관적이고 체계적으로 평가하는 것을 말한다.

(4) 사회복지사의 조직화 기술

지역사회복지현장에서 사회복지사는 지역사회주민들이 그들의 문제를 해결할 수 있도록 조직을 결성하고, 그들로 하여금 효과적으로 수행할 수 있도록 훈련시키며, 다른 한편으로는 그들 스스로 추진해 갈 수 있도록 사기를 북돋아 주어야 한다. 이러한 사회복지사의 조직화 기술은 다음과 같다(표갑수, 2007).

❶ 사실발견과 조사

사회복지사는 적어도 지역사회에서 일어나는 주요 이슈와 관련해 지식이 있어야 한다. 그리고 사실을 파악하고 평가하며 해석하는 방법을 알아야 한다.

❷ 집단회의

지역사회주민들이 문제에 대해 논의할 수 있도록 사회복지사는 집단회를 개최하되, 생산적이고 효율적인 회의가 될 수 있도록 회의 목적을 분명히 하며, 안건을 구조화하고, 참석자들이 회의의 목적과 안건, 시간과 장소를 주지할 수 있도록 해야 한다. 그리고 참석자 전원에게 동등한 권리가 부여되도록 하고 비판적 사고를 장려하는 것도 필요하다.

❸ 위원회 활동

지역사회 주요 현안들을 다룰 때 지역주민을 대표할 수 있는 대표자들을 선출해 위원회를 구성하여 함께 일하는 것이 일의 효율성을 증가시키는 방법이다.

❹ 협상

지역사회에서 기관과 이사회, 기관 내 간부와 이사 혹은 전문가와 비전문가 간에 갈등이 일어날 수 있다. 이러한 갈등을 해결하기 위해 사회복지사는 위원회 개최, 집단회의, 개별상담 등을 통해 협상을 행할 수 있어야 한다.

(5) 효과적 조직화기술

효과적 조직화기술은 다음과 같다(김민경, 2017 : 280).

❶ 사적 이익에 대한 관심을 조직화에 활용한다.
❷ 조직화는 지속적 관심과 노력이 요구되는 역동적 과정이다.
❸ 갈등과 대립상황을 의도적으로 만든다.
❹ 조직화는 쟁점을 중심으로 이루어지므로 쟁점을 명확하게 한다.
❺ 지역사회의 불만을 공통된 불만으로 집약한다.
❻ 정서적 활동을 포함한다.

2) 자원개발·동원기술

지역사회복지실천에서 자원이란 지역사회실천의 목표와 목적을 달성하는 데 도움이 되는 모든 것을 포함한다. 자원에는 인적 자원과 물적 자원이 있다(김윤재, 2011, 294~300).

(1) 인적 자원

사회복지사는 자원의 효과적인 활용을 위해서 각 인적 자원의 특성을 파악하여 접근하는 것이 중요하다. 지역토착 지도자나, 주변 공공조직 지도자, 잠재적 인물 등의 주요 인적 자원의 특성을 파악한 후 지역사회복지실천에 참여시킨다. 이때 인적 자원의 동원 전술로는 기존 조직의 활용, 개별적 접촉, 사회·경제적 네트워크 활용 등의 기술이 있다(Rubin H, and I. Rubin, 2001 : 152-163).

❶ 기존 조직의 활용

기존 조직을 활용하는 것은 가장 빨리 사람을 동원할 수 있는 방법이다. 이때 사회복지사는 면밀히 조사한 후에 참여 가능성이 높은 사람들과 접촉하여 동참할 것을 권유하도록 한다.

❷ 개별적 접촉

개별적 접촉의 방법은 지역사회주민들을 개별적으로 접촉하여 지역사회실천에 동참하도록 하는 방법으로, 이때 지지할 가능성이 높은 사람을 찾아서 그들의 힘을 토대로 변화를 가져올 수 있다는 확신을 강조하는 것이 효과적이다.

❸ 네트워크(network)의 활용

네트워크란 이미 사회적으로 알고 있는 사람들 사이의 결속관계를 의미하는데, 서로 상대방의 견해나 정서를 잘 이해하고 있는 네트워크 내부의 동료를 통해 접촉하는 것이 더 효과적이다.

(2) 물적 자원

대부분의 민간 사회복지실천기관들의 자원 마련은 사회복지사의 역량에 의존한다고 해도 과언이 아니다. 그러므로 현금이나 물품을 효과적으로 확보하기 위해서는 마케팅 전략이 필요하다. 그리고 지역사회실천조직의 모금활동은 단순히 모금이 모금으로 그치는 것이 아니라, 지역사회구성원들의 관심과 참여를 이끌어내는 과정이 되어야 한다. 우리나라 지역사회복지에서 물적 자원을 동원하는 방법으로는 다음과 같은 것들이 있다(남진열 외, 2009).

❶ 사회복지공동모금회를 통한 사회복지시설 및 기관지원 모금

❷ 대한적십자사, 전국재해대책협의회 등 전국적 규모의 법정단체를 통한 모금

❸ 한국복지재단, 월드비전, 굿네이버스 등 전국적 규모의 사회복지기관 사업수행을 위한 모금

❹ 개별 사회복지시설 또는 기관에서 결연사업이나 기타 사업수행을 위한 모금
❺ 구세군, 기독교단체 등 종교기관이나 사회단체에 의한 모금
❻ 방송, 신문 등 언론기관이 위의 모금활동을 돕기 위한 모금

그런데 이러한 모금활동에서 무엇보다도 현금이나 물품의 사용에 대한 투명성이 유지되어야 한다는 점이다. 그러므로 조직차원에서도 조직구성원에게 책임성 확보를 위한 책임감이 요구된다.

(3) 사회행동

사회행동(social action)이란 지역주민들의 생활에 영향을 미치는 중요한 결정에 대해 자신들의 통제력을 향상시키기 위한 집단적인 노력을 말한다.

❶ 특성

사회행동의 특성으로는 다음과 같은 점들이 있다(표갑수, 2007 : 120-121).

- 사회행동은 항상 사회실천에 있어서 변화를 위한 제안과 이 제안에 대한 옹호나 반대를 위한 것이다.
- 사회행동은 사회행동가에 의하여 수용될 수 있는 바람직한 목적을 포함한다.
- 사회행동은 항상 사회행동보다는 개인 또는 소수인에 의해서 시작된다.
- 사회행동의 목적과 방법은 합법적일 수도 있고 비합법적일 수도 있다.
- 사회행동은 사회적 가치보다 방법과 과정에 중점을 둔다.
- 사회행동의 특수방법은 여러 가지 사회상황에서 사회적으로 바람직할수도 있고 그렇지 않을 수도 있다.
- 사회행동은 사회복지의 영역일 수도 있고 그렇지 않을 수도 있다.

❷ 기본전략

사회행동을 보다 효과적으로 전개하기 위한 기본전략은 다음과 같다.

- 전술적 연결

사회행동을 전개할 수 있는 전술은 다양한 방법으로 접근할 수 있는데, 중요한 것은 행동집단이 특정한 성과를 거두기 위해서는 여러 가지 전술을 어떻게 연결할 것인가이다. 사회행동의 전술로는 압력전술, 법적 전술, 항의전술 등이 있다.

- 힘의 결집

사회행동은 문제해결과정에서의 힘겨루기라고 할 수 있다. 어떠한 힘의 원천에 의존하여 사회행동을 전개해 나갈 것인가는 대단히 중요하다. 이때 조직의 힘을 극대화하기 위한 방법으로 다음과 같은 방법들이 있다.

첫째, 공격의 대상을 정확히 선정해야 한다. 아울러 공격의 대상은 될 수 있는 대로 제도나 기관을 상대로 하는 것보다는 개인화(personalize)하는 것이 좋다. 왜냐하면 공격의 대상선정에서 가장 중요한 것은 양보를 얻어낼 수 있는 상대인가가 중요한 관건이기 때문이다.

둘째, 강한 상대를 이기는 방법 가운데 하나는 상대방의 힘을 역이용하는 것이다. 상대방이 이쪽에 비해 압도적으로 많은 자원을 보유하고 있다면 이런 상황에서 정면 공격은 소모적이며 실패할 확률이 높다.

셋째, 상대방이 자신들의 가치와 규범을 제대로 지키지 않을 때 사회행동조직은 이것을 쟁점으로 삼아 상대방에게 타격을 가할 수 있다.

- 합법성 확보

사회행동에 대한 합법성은 지역주민과 상대집단 뿐만 아니라 조직 내부에서도 보편적으로 수용될 수 있는 전술을 선택하는 것이다. 그런데 이 과정에서 과격한 전술은 집단이 추구하는 목표를 무산시키는 결과를 가져올 수 있기 때문에, 사회에서 인정받는 합법성을 확보하는 전술을 택하는 것이 바람직하다. 그러므로 어떠한 전술이든 대중의 승인을 받을 수 없는 것이라면 사용하지 않는 것이 좋다. 특히 폭력의 사용은 금물이다.

- 협상의 전개

사회행동이 목표를 달성하기 위해서는 갈등의 범위를 결정해야 하는데 갈등을 최소화하고 의미 있는 성과를 거두기 위해서는 협상을 통해야 한다. 그런데 지역사회의 행동집단은 곧바로 협상에 응할 수 없기 때문에 협상이 의미 있도록 하기 위해서는 대안도 준비하는 것이 좋다. 한편, 푸르이트(Pruit, 1981)는 협상을 위한 기술들을 다음과 같이 제시하였다.

- 어느 때까지 협상이 이루어지지 못하면 쌍방에게 피해가 될 수 있다는 것을 보여줄 수 있는 기한을 정해야 한다.
- 요구하는 것이 적절해야 하고, 그 요구를 관철시키기 위해서는 확고하게 실천하는 것이 필요하다.
- 언제 어떻게 양보할 것인가를 배워야 한다.
- 상대방의 제안에 대해서 신중하게 고려해보도록 한다.
- 협상이 계속 원만하게 진행되도록 쌍방 간에 노력해야 한다.
- 쌍방이 도저히 이해관계가 맞지 않을 때에 또 다른 중재자의 개입도 고려해보아야 한다.

(4) 정치적 압력 전술

사회행동의 상당 부분은 정치체계를 상대로 펼쳐진다. 이러한 정치체계에 영향력을 행사하기 위해서는 먼저 정부구조 정책 형성과 입법과정 등에 관해 충분한 지식과 정보를 갖추어야 한다. 그런 다음에 어떠한 전술을 사용할 것인지를 결정한다.

정치적 압력의 대상은 정부에 국한되며, 그 목적은 새로운 법을 통과시키도록 한다거나, 새로운 프로그램을 개발하게 한다거나, 지역사회주민조직에 이로운 정책을 강구하고 시행하도록 하는 것이다. 그러나 만일 이때 정부의 규칙이 공평하지 못하고 주민조직이 승리할 실질적인 기회가 주어지지 않는다면 압력 전술은 무의미하게 된다. 따라서 정부에 대해 효과적인 압력을 가하기 위해서는 첫째, 어디에 압력을 가할 것인가를 파악하고, 둘째, 어떻게 정부 관리나 정치인의 목표에 맞는 논쟁을 전개할 것인가, 셋째, 상황에 맞는 적절한 압력대상을 찾아내고, 넷째, 정치인과 관리들에게 어떠한 구체적인 전술을 사용할 것인가에 대한 기술을 필요로 한다(최일섭·이현주, 2008).

(5) 직접 행동

직접 행동(direct action)은 로비활동과 같은 온건하고 간접적인 방법이 효과를 거두지 못할 때 사용하는 대결 전술의 하나이다. 직접 행동의 종류와 형태는 간단한 서명운동으로부터 정교한 방해전술에 이르기까지 다양하다(김종일, 2007).

❶ 시위전술(demonstration tactics)

다중을 동원하여 세를 과시하고 기득권층의 일상을 교란하는 것이 주된 목적이다. 폭력과 파괴의 위험이 내포되어 있다. 행진, 집회 피케팅(picketing), 농성(sit-ins) 등이 여기에 속한다.

❷ 교육홍보전술(education tactics)

표적집단을 향해 대규모의 교육과 선전전(宣傳戰)을 펼친다. 이 전술의 목적은 문제를 드러내고 해결책을 제시하는 것이다. 상대방과의 면담 또는 공청회를 통해 사안의 내용과 성격을 알리거나 대중매체에 해당 사안에 관한 광고를 내는 것도 이런 전술의 일종이다.

❸ 불평전술(complaint tactics)

문제의 존재를 표적집단에게 알리는 방법으로 청원(petiton)이 대표적이다. 상대방에게 비공개로 불평을 전달하기도 한다.

❹ 경제전술(economic tactics)

반대자 / 상대방의 경제적 여건에 타격을 가하기 위해 사용하는 전술로 불매운동(boycott), 파업 등이 있다.

(6) 법적행동(legal actions litigation)

법적행동은 사회행동조직의 정당성을 확실하게 높일 수 있는 방법으로 법적행동은 크게 가처분 청구와 소송으로 나뉜다. 가처분은 추가적인 사실을 수집할 때까지 상황을 악화시킬 가능성이 있는 행위를 중단시키는 법적 수단이다. 소송은 법원에 손해배상을 청구하거나 잘못된 행위를 시정해달라고 요구할 때 사용한다. 사회행동에서 자주 쓰이는 소송으로는 집단소송(class-action suits)과 정부기관을 대상으로 제기하는 행정소송 등이 있다. 그러나 소송이 지니고 있는 문제점과 한계상황도 적지 않게 소용된다.

(7) 연대

사회행동의 상대방은 강력한 힘과 풍부한 자원을 보유하고 있는 것이 일반적인 현상이다. 이러한 상황에서 독자적인 힘만으로는 상대방을 이기거나 상대방으로부터 충분한 양보를 얻어내기가 어렵다. 연대는 이런 문제를 타개하기 위한 방법으로 널리 쓰이고 있다. 연대의 유형으로는 일시적이거나 단기적인 연대가 필요할 때 주로 쓰이며, 공동행진, 시위단합대회와 같은 특정한 행사를 위해 이루어지는 가장 초보적인 연대의 유형인 협력(cooperative efforts), 이념적 지향이 비슷한 여러 조직이 지속적인 접촉과 정보 교류를 유지하다가 특정한 문제가 발생하면 일시적인 공동 대처에 합의하는 협동 네트워크(networks), 장기적인 쟁점의 해결을 위한 연대형식인 연합(coalitions), 가장 높은 수준의 연대형태인 동맹(alliances) 등의 유형이 있다(Rubin, H, & Rubin, 2001 : 316-321).

3) 옹호(advocacy)

(1) 옹호의 기술

옹호는 지역사회의 클라이언트나 지역사회주민이 부당한 처우나 서비스를 받을 경우에 그들의 이익을 대변하는 모든 활동을 말하며, 표적집단에 대한 강력한 영향력이나 압력을 행사하는 것을 포함하는 개념으로, 설득과 대표행위 등이 핵심기술이다. 옹호기술은 옹호활동의 계획, 문제의 정의, 목표의 설정, 표적정하기, 옹호를 위한 재가의 획득, 개입수준의 결정, 개입전략의 실행, 결과의 평가 등의 과정으로 이루어진다고 하였으며, 옹호의 기술을 다음과 같이 4가지로 설명하였다(김민경, 2017 : 279).

❶ 사회정의를 지키고 유지하려는 목적으로 지역주민이나 지역사회의 입장에서 직접적으로 옹호, 보호, 개입, 지지를 하는 일련의 행동이다.

❷ 지역주민이나 지역사회를 대신하여 일을 진행하고 대변하는 것으로, 특히 그들이 취약한 상태일 때 더 적절하다.

❸ 많은 노력을 요구하며 크고 강렬한 체계와 맞설 경우 위험을 감수해야 한다.

❹ 전문적으로 사회복지사가 생겨난 이래 취약한 상태에 처해 있는 사람들의 옹호는 사회복지사의 책임이다.

또 다른 옹호의 기술로는 설득, 대변, 청문·이의신청·청원, 정치적 압력 등이 있다(남진열 외, 2009; 감정기 외, 2009; 김종일, 2007, 김윤재, 2011 : 301~304).

❶ 설득(persuasion)

설득은 대상자에 대해 호의적인 해석을 얻어내기 위한 제반활동으로 설득의 효과를 높이기 위해서는 개인적인 권위와 정확한 사실 파악이 필수적이다. 설득은 메시지 전달자(communicator), 전달형식, 전달할 메시지 그리고 전달대상 등의 네 가지 요소로 이루어진다. 한편, 설득의 주요 원칙은 다음과 같다.

첫째, 원하는 바를 분명히 하라.

둘째, 사실자료들을 파악하고 그것들이 활용되도록 하라.

셋째, 활용할 권력의 원천에 대해 이해하라.

넷째, 연습하라.

다섯째, 통상적이고 편안한 복장을 갖추라.

여섯째, 분명하고 단순하며 시각적 이미지를 활용하라.

일곱째, 감정과 논리에 호소하라.

여덟째, 시선을 맞추어라.

❷ 대변(representation)

이 기술은 경험 있는 사람이 다른 사람의 의견을 대신해서 표현 또는 전달하는 행위를 말한다. 대변의 주요 원칙은 다음과 같다.

첫째, 문제당사자 외에 누군가가 관여될 필요가 있는지 판단하라.

둘째, 당신이 아는 바를 클라이언트와 공유하라.

셋째, 당신의 클라이언트가 바라는 바를 발견하여 확인하라.

넷째, 선택 대안들을 제시하고 클라이언트로 하여금 바람직한 것을 선택하게 하며 중요한 순서를 정하도록 하라.

다섯째, 특수한 상황에 대해 파악하라.

여섯째, 추진과정의 공식화 수준을 결정하라.

일곱째, 서로 조정하라.

여덟째, 분할통치 전술에 대비하라.

아홉째, 당신에 대한 채용과 해고의 권한을 클라이언트에게 주어라.

❸ 청문(hearing) · 이의신청(complaints) · 청원(petitioning)

청문은 행정기관이 어떤 절차에 대해 처분하기에 앞서 당사자 등의 의견을 듣고 증거를 조사하는 절차이며, 이의신청은 기관의 행위에 대해 불만이나 이의가 있을 경우 관계 법령에 따라 규정되는 절차이다. 그리고 청원은 특정 조직이나 기관이 일정한 방향으로 조치해줄 것을 요청하는 다수인의 서명지를 전달하는 활동으로, 우리나라에서 청문과 의견절차 등은 일반적인 행정절차법에 의하여, 청원은 청원법에 의한다.

❹ 정치적 압력(political pressure)

이것은 새로운 법을 통과시키도록 한다거나 새로운 프로그램 개발을 한다든지 지역사회주민 조직에게 이로운 정책을 강구하고 시행하도록 하는 기술로 선출직 공무원을 대상으로 펼치는 옹호활동이다.

(2) 옹호의 유형

옹호기술은 억압된 집단의 입장을 대변하는 핵심기술이라는 점에서 매우 중요하다. 옹호의 유형을 다음과 같이 6가지로 분류하였다. 어떤 수준의 옹호 전략을 선택하는가는 결국 문제를 어떻게 규정하는가에 따라 다르며, 옹호의 수준에 따라 사용되는 옹호방법과 기술이 다르다.

(3) 옹호의 주요 원칙

효과적인 옹호를 위해서는 다음과 같은 원칙들에 주의해야 한다(김종일, 2007).

1. 옹호활동이 비록 클라이언트를 위한다고 해도 무리한 요구를 고집하는 것은 비효과적이며, 합리적인 수준을 유지하는 것이 좋다.
2. 가능하면 개별적인 옹호활동보다 팀워크에 의한 옹호활동이 더 유리하다.
3. 옹호활동 시 간혹 타협적이거나 양보하는 태도는 상대방에게 약점으로 보일 가능성이 있으므로, 적극적이고도 단호한 결단을 요구할 때도 있다.
4. 유연성을 강점으로 인식을 필요가 있으므로 매사에 경직된 모습만 보이기보다는 때로 상황에 따라 최선보다는 차선에 만족하는 법도 터득해야 한다.

4) 임파워먼트(Empowerment)

임파워먼트라는 용어는 사회적, 조직적 환경에 대한 클라이언트의 통제력(control)을 증가시키고자 하는 임상 실제의 과정, 개입, 기술을 의미한다(Browne, 1995). 즉, 사회복지에서의 임파워먼트란 서비스 주체가 되는 대상자의 삶의 질이나 능력을 향상시키는 데에서 억압요소나 방해요소를 제거하기 위한 과정이며, 대상자의 잠재적 능력과 권한을 강화시켜 주는 과정이라고 할 수 있다(남진열 외, 2009).

임파워먼트(Empowerment)기술은 다음의 2가지로 나누어 설명할 수 있다(Rubin, H, & Rubin, 2001; 김윤재, 2011 : 305~308).

하나는 지역사회 또는 지역사회주민이 처해 있는 어려움의 해결방안은 치료가 아니라 그들이 원하는 것을 얻을 수 있는 능력, 타인의 사고, 느낌, 행동에 영향을 미칠 수 있는 능력 등을 뜻하는 파워를 가짐으로써 가능하다고 본다.

또 다른 하나는 클라이언트의 파워를 가질 수 있는 충분한 잠재능력과 강점이 있다고 보고, 지역주민이나 자기가 속한 지역사회를 긍정적으로 바라보는 시각을 가지도록 한다. 또한 클라이언트의 임파워먼트를 효과적으로 도와주기 위한 임파워먼트의 단계를 의식의 제고, 자기 목소리 내기, 공동의제의 틀을 갖추기, 파워 키우기, 능력 키우기, 사회적 자본의 창출 순으로 제시하였다.

임파워먼트는 개인적이고 대인적인 수준, 조직수준 그리고 사회적 수준의 세 가지 차원에서 실천된다(Zimmerman, 2000).

(1) 개인적이고 대인적인 수준

개인적이고 대인적인 수준에서의 임파워먼트는 클라이언트의 비판적 의식을 증진시킨다. 필요한 자원에 쉽게 접근할 수 있도록 도우며 자기효율성(self-efficacy)을 증가시키고, 의사결정기술과 문제해결능력 그리고 통제감각(sense of control)을 향상시켜 타인과의 관계에서 영향력을 높이는 데 목적이 있다. 이 수준에서 활용되는 전략은 다음과 같다(Zimmerman, 2000).

❶ 자원과 서비스에 대한 정보제공
❷ 법적인 권리주장에 대한 훈련
❸ 욕구충족에 필요한 지식과 전문성의 증가
❹ 환경조정에 필요한 개인적 기술의 증가
❺ 자원획득에 방해가 되는 요인들을 효과적으로 관리하는 기술교육
❻ 기관에 의한 의존을 줄이도록 지역사회에 존재하는 지지망에 연결해주는 것
❼ 클라이언트 자신의 자원을 직접 활용하도록 격려해주는 것
❽ 주위의 협조적인 사람들과의 연합으로 자원획득 기회의 증가

(2) 조직수준

조직수준에서 임파워먼트는 자원활용에 있어서 클라이언트의 참여를 극대화시키려는 데 목적을 둔다. 이 수준에서 임파워먼트의 내용으로는 다음과 같다(Zimmerman, 2000).

❶ 구성원들 간의 공유된 책임성과 지도력의 형성
❷ 구성원들의 통제력 획득에 대한 기회제공
❸ 자원에 대한 효과적인 경쟁
❹ 자원의 효과적인 동원
❺ 다른 조직들과의 네트워크 형성
❻ 정책적 영향력 행사

(3) 사회적 수준

사회적 수준에서의 임파워먼트는 한 사회에서 삶의 질을 개선하기 위한 집합행동과 함께 조직들 및 공공기관 부서들 사이의 연계를 포함한다. 이 수준에서의 임파워먼트는 다음과 같은 특징이 있다(Zimmerman, 2000; 남원석, 2001).

❶ 정부를 포함한 사회조직들 간의 연합 형성
❷ 개방적인 정부구조
❸ 다원화된 지도력 및 다양성의 인정
❹ 자원에 대한 사회적 차원의 접근성 제고
❺ 사회문제 해결
❻ 사회제도의 변호

한편, 지역사회의 임파워먼트를 높이기 위한 구체적인 기술은 다음과 같다(김종일, 2005 : 207~207).

❶ 의식제고(consciousness raising)

무력감을 느끼는 개인들을 한데 모아 문제의 원인이 자신들에게 있는 것이 아니라는 점을 알게 한다. 자신들은 억압과 배제의 희생자라는 사실을 깨닫게 하고, 각자의 경험을 나누도록 한다. 의식화모임을 통해 사람들은 자신만이 문제를 갖고 있는 것이 아니며, 그 문제가 자신의 잘못 때문이 아니라는 사실도 인식하게 된다. 이러한 과정을 거치면서 사람들은 자신들을 억압하는 사회구조에 대해 비판적 의식(critical consciousness)을 갖추게 된다.

❷ 자기 목소리 내기(self-assertion)

문제의 원인과 소재를 파악한 다음에는 공개적으로 자기의 목소리를 내는 것이 중요하다. 개인적인 수준에서는 그 자체가 임파워먼트의 과정이 될 수 있다. 지역사회실천가는 이들이 공개적으로 자기 목소리를 내는데 두려움을 갖거나 위축되지 않도록 도와준다.

❸ 공공의제로 만들기(framing the agenda)

쟁점이 공공의제(public agenda)가 될 수 있도록 그 틀을 짜는 과제이다. 지역사회실천가는 문제의 원인과 소재를 대중이 제대로 인식할 수 있게끔 쟁점을 효과적으로 정리해야 한다. 필요하다면 시위나 대중매체 캠페인을 벌일 수도 있다. 어떤 쟁점을 공공의제로 만드는 과정은 두 가지 면에서 임파워먼트에 도움을 준다. 첫째, 대중으로 하여금 긍정적인 눈으로 쟁점을 바라볼 수 있게 한 것 자체가 하나의 큰 성과이다. 둘째, 쟁점이 공공의제에 포함되는 것을 가로막는 제도적 바이어스(system bias)와 싸움으로써 주민들로 하여금 가능성을 맛보게 한다.

❹ 힘 / 권력 키우기(building power)

자원 동원을 통해 주민들의 힘을 키우는 과정이다. 사람의 수와 열정이 가장 중요한 힘의 원천이다. 그 밖에 법적행동, 전문성, 힘의 위협 등도 힘의 원천이 될 수 있다.

❺ 역량 건설(capacity building)

역량에는 두 가지 요소가 있다. 하나는 조직건설과 캠페인 전개에 필요한 지식과 기술이다. 기득권 세력과의 싸움은 조직적인 것이 되어야 한다. 다른 하나는 성공에 대한 신념이다. 이것은 삶에 배어 있는 고질적 무력감을 극복하는 데 필수적인 요소가 된다.

❻ 사회적 자본의 창출(creating social capital)

사회적 자본은 지역사회구성원의 사회적 관계에 바탕을 둔 자원으로서 구성원 간의 협력과 연대감을 높이는 데 기여한다. 지역사회실천가는 사회적 자본의 창출을 도움으로써 주민 유대와 책임의 공유의식을 강화시켜야 한다.

5) 연계기술

연계(network linkages)는 지역사회 내 사람들의 관계를 강화함으로써 사회적 자신을 형성하는 것이다. 사회적 연계망은 개인 간의 접촉의 통로 또는 연결망의 역할을 한다. 지역사회 내에서 사회복지사의 연계기술은 다음과 같다(김민경, 2017 : 281).

첫째, 지역사회 또는 지역사회주민이 필요한 자원이나 서비스와 연결하는 것을 돕는다.

둘째, 지역사회의 유용한 자원에 대한 정보나 그것을 이용할 지역사회주민의 능력이 부족할 경우, 더 적절하다.

셋째, 서비스의 중복을 방지하고 자원을 효과적으로 관리하기 위하여 정기적 모임 및 회의 등을 가진다.

넷째, 다양한 욕구를 충족시키기 위해 패키지 서비스 또는 원스톱 서비스가 이루어질 수 있도록 한다.

PART

04

사회복지실천 기록 및 평가

CHAPTER 12 사회복지실천 기록기술

01 기록의 개요

1) 기록의 목적

기록은 문자나 숫자 그리고 그림과 같은 기호 등을 통해 실천 활동을 할 때나 실천과정을 남겨두기 위한 목적의 행위나 결과물을 의미한다. 사회복지실천도 시간이 흐르면 잊혀져버리는 개입활동이므로 다른 활동가가 적절히 활용할 수 있도록 기록해야 한다. 기록에 대한 중요성을 살펴보면 다음과 같다(김우호 외, 2019 : 259~260).

(1) 제공서비스나 개입의 책무성을 확인할 수 있는 증거가 된다.

책무성이란 사회복지사의 개입활동의 결과나 효과에 대한 책임을 지고 입증하거나 발생한 시행착오를 수정해야 할 의무를 말하는 것으로, 특히 사회복지사의 행위를 검증받기 위한 용도로 사용된다.

(2) 서비스의 지속성을 유지하도록 정보를 제공한다.

기록은 사회복지사의 이직이나 부서이동, 클라이언트의 이사 등을 이유로 담당자가 변경될 때 서비스가 체계적으로 제공되기 어려우므로 기록은 중요하다.

(3) 다른 전문가와 의사소통의 수단이 된다.

기록은 다양한 학문적 배경의 개입 주체가 협업 작업을 할 경우 오해를 줄이고, 문제발생에 대한 책임의 소재를 명확하게 할 수 있다.

(4) 기록은 슈퍼바이저가 사회복지사에게 슈퍼비전을 제공할 수 있는 기초자료로 활용될 수 있다.

사회복지사가 개입이나 제공서비스의 적절성을 확인받고, 슈퍼비전을 제공받기 위해서는 슈퍼비전을 받을 수 있는 기초자료, 즉 기록이 필요하다.

(5) 기록은 평가자로부터 평가의 근거자료로 활용될 수 있다.

사회복지실천 개입을 위한 프로그램이 외부의 지원금으로 운영될 경우 제공된 지원금이 제대로 사용되었는지를 요구받게 된다.

(6) 기록은 사회복지실천기술 개발이나 확산을 위한 기초자료로 활용될 수 있다.

사회복지실천기술은 클라이언트의 상황과 자원 보유 상태에 따라 사회복지사의 능동적인 개입에 의해 문제해결 방안이 구성된다. 이때 기술의 전수 및 확산은 말에 의해 이루어질 수도 있으나 기록의 방법이 더 효과적이다.

2) 기록의 필요성

기록은 사회복지실천의 일부이며 책임성과도 떨어질 수 없다. 즉, 효과적인 면담과 기록을 통하여 보다 나은 서비스가 제공될 수 있으며, 사회복지사에게나 클라이언트에게 성장의 도구가 될 수 있다. 사회복지실천에서 기록은 일반적으로 다음과 같은 용도를 가지고 있다(Kagle, 1997; 김윤재 외, 2011 : 309~310).

❶ 클라이언트의 욕구를 파악하고 개입을 위한 기초자료를 얻는다.
❷ 해당기관의 서비스 수급자격을 입증할 문서로 사용된다.
❸ 클라이언트와 서비스에 관한 정보를 필요시 이용할 수 있게 보존한다.
❹ 서비스를 전달하는 전문가들 사이의 공조체계를 원활히 해준다.
❺ 사례의 지속성을 보장한다. 사회복지사가 부득이하게 교체되어야 하는 경우에도 기록을 통해 사례에 대한 현재까지의 진행과정을 알 수 있다.

⑥ 사회복지사의 사고를 조직하는 데 도움을 준다.
⑦ 클라이언트와 사회복지사 간의 정보공유를 통하여 의사소통을 촉진시킨다.
⑧ 슈퍼비전, 자문, 동료 검토를 위한 근거를 제공한다.
⑨ 교육훈련의 자료로 사용된다.
⑩ 연구조사의 자료로 사용된다.
⑪ 서비스의 효율성, 효과성, 질을 평가하는 데 사용된다.
⑫ 사회복지사와 사회복지기관이 행정 절차상의 규정이나 기준들을 준수하고 있는가를 보여준다.
⑬ 실무와 행정상의 결정을 위한 정보를 제공한다.
⑭ 전달된 서비스에 대한 비용청구와 프로그램 실시를 위한 재원확보에 사용된다.

3) 기록의 내용

기록은 클라이언트에게 서비스를 제공하는 과정의 근거와 의사결정 그리고 결과를 명문화하는 것이므로 간결하고 서비스의 결정과정과 결과를 중심으로 초점이 분명한 것이 좋다(박병금 외, 2016 : 328~331).

(1) 초기단계에서의 기록

❶ 클라이언트가 처음 기관에 서비스를 요청하기 시작한 날 또는 방문한 날을 중심으로 날짜와 시간을 기록한다.
❷ 클라이언트의 인구학적 특성을 중심으로 정보를 수집하고 기록한다.
❸ 서비스를 제공하게 된 사유에 대한 정보를 기록한다.
❹ 클라이언트와 그 가족의 현재 및 과거의 상황과 문제에 대한 정보를 수집하고 기록한다.
❺ 클라이언트 또는 그 가족이 이용 가능한 공식적이거나 비공식적인 자원을 확인하고, 자원 활용에 있어서 제약이 있는지, 얼마나 도움이 되는지 파악한다.

⑥ 구체적인 준거틀이나 기준에 따라서 클라이언트의 상황과 서비스 진행에 관한 중요한 요인을 분석하고 사회복지사의 소견과 사정의 내용을 기록한다.
⑦ 서비스의 목적과 계획을 기록한다.
⑧ 사정과정을 마친 후 사회복지사와 클라이언트의 계약내용을 기록한다.

(2) 중간단계에서의 기록

서비스 과정을 기록하는 노트를 작성한다. 개입단계에서의 기록에 포함될 수 있는 내용을 다음과 같이 제시하고 있다.

① 클라이언트와의 활동 또는 클라이언트를 위한 활동들을 기록하도록 한다.
② 클라이언트와 문제 상황에 대한 새로운 정보를 기록한다.
③ 중요한 사건들은 즉시 기록되어야 한다.
④ 개입과정에 대한 평가를 기록한다.

(3) 종결단계에서의 기록

종결단계에서의 기록을 종결 또는 의뢰의 이유, 클라이언트와 문제에 대한 재검토, 개입효과에 대한 평가, 향후 서비스를 위한 계획, 추후관리 등의 내용이 포함될 수 있다고 하였고, 최종 기록은 개입의 모든 과정을 재검토해야 하므로 그 내용을 살펴보면 다음과 같다(박병금 외, 2016 : 328~331).

① 최종 접촉의 날짜
② 클라이언트의 이름과 사회복지사의 이름과 직함
③ 서비스 시작일
④ 사회복지사와 클라이언트와의 계약이 성립된 이유
⑤ 합의된 문제와 목표
⑥ 접근방법, 사회복지사가 제공한 서비스 내용, 사회복지사와 클라이언트가 취한 행동
⑦ 진전에 대한 평가와 해결되지 않았거나 달성되지 않은 문제와 목표
⑧ 현재의 문제 상황에 대한 간단한 사정
⑨ 종결하는 이유 등의 내용을 포함한다.

4) 기록과 클라이언트의 권리의 원칙

클라이언트의 사적 권리에는 비밀보장, 축약, 접근성, 익명성 등 4가지 원칙이 있다. 각각의 구체적 내용을 살펴보면 다음과 같다(김윤재 외, 2011 : 315~317).

(1) 비밀보장

비밀보장은 전문적 관계에서 클라이언트가 드러낸 개인정보가 노출되는 것을 보호함을 의미한다. 비밀보장의 책임은 사회복지사에게 있지만 전문직의 윤리강령, 기관의 정책, 다른 서비스제공자의 행동에 의해, 기금 보조기관 혹은 인준기관의 행동강령, 법에 의해 뒷받침되어야 한다. 사회복지사는 규정된 상황이나 사회적으로 공인된 목적이 있을 때에만 개인정보를 공개할 수 있다. 첫째, 클라이언트가 정보노출을 허락한다면 정보를 공개할 수 있다. 둘째, 사회복지사는 서비스전달을 위해 필요할 때 개인정보를 기관 내에서 공개할 수 있으며, 법적 요구 또는 클라이언트와 제삼자를 보호하기 위해서 필수적일 때 외부에 정보를 공개할 수 있다.

(2) 축약

축약은 개인적 정보의 수집, 문서화, 보관을 제한함으로써 클라이언트의 사적 권리를 보호한다. 법이나 기관정책에 의해서 사회복지사는 정보의 출처, 특수 내용, 특정 기간에 한정된 정보만을 기록해야 하는 경우도 있다. 정보의 출처가 클라이언트나 서비스 의뢰자 하나에만 의존할 경우에 사회복지사는 서비스 수혜자로서의 적절성 수립과 서비스전달에 필요한 정보에 초점을 맞추며, 사례 종결 이후에 일정 기간이 지나면 정보를 삭제하거나 축소시켜 클라이언트의 사적 권리를 보장한다.

(3) 접근성

클라이언트, 가족, 대리인이 기록에 접근할 수 있게 하는 것은 서비스 수혜자가 본인에 대해 어떤 정보가 수집되고 문서화되었으며, 정보가 어떻게 해석되었으며, 기관에서 정보를 어떻게 사용하고 있는지 알게 함으로서 클라이언트의 사적 권리를 보장하는 방법이 된다. 그러나 실제로 기록 접근에 대한 정책은 기관마다 다양하다. 클라이언트가 자신의 기록에 접근할 수 있도록 허용하고 장려하는 기관도 있고, 법원의 명령하에서만 접근을 허용하는 기관도 있다.

(4) 익명성

익명성은 클라이언트 성명과 다른 신상정보를 가리게 하고 특수한 목적을 위해서만 클라이언트의 정보를 사용할 수 있도록 허용함으로써 사적 권리를 보호하는 것을 말한다. 기록상의 정보는 교육이나 조사연구의 목적으로 사용되거나 대중에게 제시될 때 클라이언트의 신상이 노출되지 않아야 하며, 해당부서에서 감시해야 한다. 사회복지사는 클라이언트의 익명성을 지키기 위해 교육이나 조사연구에서 기록을 사용할 때 이름을 삭제해야 하며, 기관에서 대외적으로나 대내적으로 발표할 때 익명으로 정보를 제공해야 한다.

02 기록의 유형

1) 과정기록(process recording)

(1) 과정기록의 내용

사회복지기관에서는 거의 사용되고 있지 않고 교육적 목적으로 사용되는 과정기록(process recording)과 사회복지기관에서 주로 사용하고 있는 요약기록(summary recording)으로 구분된다. 요약기록은 다시 이야기체기록(narrative recording)과 문제중심기록(problemoriented recording)으로 나누어진다. 이 밖에도 기록의 방법에는 여러 가지 종류가 있다.

과정기록은 클라이언트와 면담하면서 이야기한 내용, 행동, 관찰한 것과 판단한 것 등을 모두 기록해야 하며, 과정기록에 포함될 내용은 구체적으로 다음과 같다(김혜영 외, 2018 : 281~289).

❶ 면접에 참석한 사람 이름
❷ 날짜, 장소, 면접 진행 시간
❸ 면접 또는 활동의 목적
❹ 계획
❺ 상호작용과 내용에 대한 기록
❻ 사회복지사의 역할과 활동
❼ 클라이언트의 관심사, 상황 또는 문제, 클라이언트의 반응, 클라이언트의 반응에 대한 사회복지사의 사정(분석)
❽ 면접 중 사회복지사 활동에 대해 스스로 분석한 내용
❾ 다음 면접의 계획

(2) 과정기록의 작성요령

과정기록은 사회복지실천에서 가장 오랜 역사를 가지고 있는 기록으로 클라이언트와 사회복지사의 상호작용 과정을 세밀하게 기록하는 방법이다. 그리고 면접과정 중에 일어난 모든 일을 꼼꼼히 있는 그대로 기록하는 것이다. 과정기록은 사회복지사가 수행하기에는 소요시간이 비효율적인 것으로 여겨지고 있고, 효과적인 과정기록의 작성요령은 다음과 같다(김윤재 외, 2011 : 318~319).

❶ 과정기록에서는 면접을 진행하는 동안 일어났던 모든 것을 기록해야 하므로, 면접과 과정기록 작성 사이의 시간은 짧을수록 좋다. 시간이 지날수록 잊어버리는 내용이 많으므로 되도록 면접 후 빨리 작성하는 것이 좋으며 대개 하루를 넘기지 않는 것이 바람직하다.
❷ 기록 작성은 어느 정도의 기억작업이 요구되는 일이다. 그러나 모든 것을 다 기입할 필요는 없으며, 그렇게 할 수도 없다. 면접의 목적을 고려해서 중요한 내용과 활동을 선택하여 기록하거나, 시작, 중반, 종반부의 일정 부분만 선택하여 기록하기도 한다. 또한 자기가 만나고 있는 모든 클라이언트 사례에 대해 작성할 수 없으므로, 자신의 학습에 가장 도움이 될

수 있다고 생각되는 사례를 선택하여 같은 사례를 지속적으로 기록한다.

❸ 과정기록은 경험이 많지 않은 실습생의 서투른 면접장면이 모두 드러나게 되는 부담스러운 작업의 하나이다. 그러나 과정기록의 목적은 민감하고 유능한 실천가가 되기 위한 학습에 도움이 되는 것임을 명심한다. 많은 부분을 실제의 면접과 다르게 편집하게 되면, 그만큼 자신에게 유익한 지도의 기회를 포기하는 것이며, 클라이언트에게는 미숙한 면접 서비스를 반복적으로 제공하는 결과를 낳게 된다.

❹ 과정기록이 클라이언트에 대한 비밀보장을 침해하지 않도록 최선의 노력을 한다. 가명을 사용하거나 약자를 사용하며, 안전한 곳에 보관한다.

❺ 면접 시 약간의 필기를 하여 면접 후의 기록 작성에 도움이 되도록 할 수 있다. 그러나 클라이언트와의 면접 도중 필기는 민감한 부분이므로 주의해야 한다.

(3) 과정기록의 예시

과정기록은 직접인용 과정기록과 간접인용 과정기록으로 나눌 수 있으며 그 내용은 다음과 같다(나눔의 집, 2018 : 391).

❶ 직접인용 과정기록(대화체)

- 면담내용
  - 사회복지사 : 직접인용 과정기록. 어서오세요. 아프신데 여기까지 와주셔서 감사합니다. 많이 불편하시면 병실로 가서 이야기해도 되고, 여기 소파에 누우셔도 됩니다. 불편해하지 마시고 편안하게 이야기하세요.
  - 클라이언트 : 아니에요. 움직이는 것은 가능하고 가끔씩 운동도 할 겸 여기저기 돌아다니기도 해서 괜찮아요(의자에 앉을 때 찡그린다).
  - 사회복지사 : ○○○간호사로부터 상황이야기는 간단히 들었습니다만, 구체적인 이야기를 좀 더 해주시면 도움이 될 것 같습니다.
  - 클라이언트 : ○○○간호사의 이야기를 들어서 아시겠지만 제가 교통사고를 당해서 두 달이 넘도록 입원을 해야 해요. 치료비는 보험회사에서 준다고 하니까 별 문제는 없는데 아이들이 문제에요. 4

살짜리 아들과 2살짜리 딸이 있는데, 어린이집에 안 다니거든요. 제가 데리고 있었는데, 병원에 있으니 아이를 돌봐줄 사람이 없어요. 그동안 이웃에서 좀 봐주었는데 미안하고 그쪽 사정도 안 되고, 그렇다고 남편이 볼 수 있는 것도 아니어서 힘들어요(눈물을 글썽인다).

- 위의 면담내용을 통한 사회복지사의 의견 : 밝은 얼굴로 클라이언트가 들어왔으나 걱정이 많은 듯한 표정이었고, 대화 도중 잦은 한숨을 쉬면서 불안함 모습을 보였다.
- 슈퍼바이저의 코멘트 : 비밀보장이나 사생활 보호차원에서 사회사업과 상담실에서 면담한 일은 좋았으나 장시간 앉아 있는 것이 불편했던 클라이언트를 위한 별도의 서비스가 필요하다.

❷ 간접인용 과정기록(이야기체)

- 이야기체기록(narrative recording)

이야기체 보고서는 비구조화되거나 비조직화되어 있지 않고 오히려 주제별·시간별로 조직화되어 있다. 이야기체기록은 개별적이며 가장 독특한 기록 방식이다. 이것은 이야기체기록의 강점인 동시에 약점이다. 이야기체기록은 클라이언트 상황과 서비스 교류의 특수한 본질을 반영할 수 있어 임상실천을 문서화하는 데 특히 적합하다. 이야기체기록은 인간행동, 사회복지의 이론과 실천, 서비스제공, 기록에 대한 사회복지사의 지식을 반영하게 된다. 그러나 한편으로는 미완성적이며, 지나치게 단순하거나, 길고 초점이 분명하지 않을 수가 있다. 그에 따르는 단점은 기록시간이 길고 비용이 많이 든다는 점이다. 그리고 간략하게 정보를 검색하는 것이 어려울 수 있다. 하지만 이야기체기록은 일반적으로 널리 사용되고 있기 때문에 사회복지사들의 활용능력이 요구된다(김윤재 외, 2011, 319~320).

- 사례(2018년 7월 14일)

외과 간호사 ○○○이 의뢰한 클라이언트와 첫 면담을 했다. 몸이 아픈 상황에서 상담실로 와준 것에 대해 감사하다고 말하고 불편하면

병실로 가서 이야기를 나눠도 되고, 소파에 누워도 된다고 알려주었다. 클라이언트는 가끔씩 운동 삼아 여기저기 돌아다니기도 한다면서 괜찮다고 했다. 클라이언트를 의뢰한 외과 간호사로부터 상황을 들었지만 구체적인 이야기를 직접 듣는 것이 좋겠다고 하자 클라이언트는 교통사고를 당해서 두 달이 넘도록 입원을 해야 한다고 말했다. 치료비는 보험회사에서 처리하지만 두 아이(4살, 2살)를 돌보아 줄 사람이 없다면서 걱정을 했다. 사고 이후 지금까지는 이웃집에서 봐주었지만, 매우 미안하기도 하고 이웃집에서도 사정상 계속 봐줄 수가 없다고 했다. 또한 클라이언트의 남편도 애를 볼 수 있는 상황은 아니라고 하면서 눈물을 흘렸다(나눔의 집, 2018 : 391).

2) 요약기록(summary recording)

(1) 요약기록의 내용

요약기록은 클라이언트의 문제, 클라이언트에게 제공된 서비스 그리고 클라이언트의 진전과정에 대한 요약 혹은 초록으로서, 클라이언트와의 원조과정 중 일정 기간마다 혹은 서비스 중반부나 종결 시에 사용될 수 있는 기록 형식이나, 실습생의 면접에 대한 과정기록의 대안으로 사용되기도 한다. 모든 과정을 기록하기보다 사례에 대한 논의 및 지도가 필요한 부분만을 기록하는 방법으로써 사용되기도 하는 것이다.

그러나 요약 기록이 실습생의 훈련을 위한 과정기록 대신에 사용될 때, 학생이 개입하기 위해 클라이언트에게 무슨 행동을 했는지 그리고 클라이언트는 이에 대해 어떻게 반응하였는지를 요약기록에 포함하지 않는다면 이는 사실상 교육목적으로는 적당하지 않다. 실습지도자는 요약기록을 통하여 실습생이 자신의 개입에 대하여 어떻게 생각하고 있는지를 알 수 있으나, 실제 무엇이 일어났는지 개입에 대한 실제자료에 접근하기 어려우므로, 요약기록을 통하여 실습 지도를 하는 경우에 실습지도자는 면접과정에 대하여 구두로 물어보아야 한다. 이러한 과정에서 실습생 스스로가 상황에 대한 자신의 느낌을 돌아보고, 실천과 지식기반을 연결할 기회를 제공해주어야 한다(김윤재 외, 2011 : 318~319).

(2) 요약기록의 예시

요약기록은 시간흐름에 따른 요약기록, 주제별 요약기록으로 나누어 볼 수 있으며 그 내용은 다음과 같다(나눔의 집, 2018 : 393).

❶ 시간흐름에 따른 요약기록

- 사례(이야기체)

2018년 7월 14일

외과 간호사 000이 클라이언트를 의뢰했다. 오늘 첫 면담을 했는데, 클라이언트는 교통사고를 당해 2개월 이상 입원을 해야 하는 상황이다. 입원기간동안 4살 아들과 2살 딸아이를 돌보아 줄 사람이 없어 걱정을 많이 하고 심리적으로 불안한 상태이며, 입원기간동안 자녀를 돌봐 줄 서비스나 정보제공 등의 서비스를 요청한 상태이다.

2018년 7월 21일

2회 면담을 했다. 지난 일주일 동안 수집한 정보를 전달하였다. 클라이언트의 거주지 근처에 있는 24시 놀이방에서 아이들을 돌보아 줄 수 있다. 비용은 병원의 후원회에서 지원하기로 했다. 이 소식을 들을 클라이언트는 기뻐했다. 아이들에 대한 미안한 마음이 조금은 덜어졌다고 호소했다. 또한 남편에 대한 불만을 이야기했다. 남편과의 갈등, 시댁과의 마찰 등에 대해 이야기하며 많이 울었고, 조만간 다시 만나 이야기하고 싶다는 의사를 보여 2018년 7월 28일에 3회 면담을 약속했다.

❷ 주제별 요약기록

- 사례

클라이언트 : ○○○(30세, 여)

의뢰자 : 외과 간호사 ○○○

의학적 상태 : 교통사고로 전치 10주 진단받음

■ 제시된 문제

클라이언트는 2018년 7월 9일에 교통사고를 당해 전치 10주의 진단을 받았다. 두 달 이상 입원을 해야 하는 상황에서 두 자녀를 돌보아 줄 사람이 없어 많이 걱정하고 있고, 심리적으로 매우 불안한

상태이다. 겉으로 드러나지 않았으나 그동안 남편과 시댁문제로 스트레스를 심하게 받고 있었으며, 힘들어 했다. 시어머니가 남편에 대해 과도한 기대와 역할을 요구하고 있으며, 경제적으로도 크게 의존하고 있는 상태이다. 클라이언트는 자신의 가정에 대한 시어머니의 간섭과 기대에서 벗어나지 못하면 부부갈등 및 시댁과의 관계가 더 악화될 것에 위기의식을 느끼고 있었다.

■ 가족상황

- 남편(장○○, 35세, 회사원)
  밤에 아이를 돌보고 있으나 회사에서 늦게 돌아오는 일이 많고 출근을 해야 하므로 아이를 더 이상 돌볼 수 없다.
- 아들(장○○, 4세)
  여동생을 잘 돌보고, 놀아준다. 가끔 동생에 대해 질투를 하지만 큰 말썽은 없다.
- 딸(장○○, 2세)
  오빠와는 달리 투정이 심하고 욕심이 많다. 엄마와 떨어져 지낸 적이 없어 요즘처럼 이웃이 돌봐주는 것에 대해 낯설어하고 다소 경계를 보인다.
- 계입 계획 : 향후 구체적으로 세워야 함
- 면담일시 및 내용
  - 1회기(2018. 7. 14) : 주 호소 문제 탐색(입원기간 동안 자녀를 돌보아줄 서비스 요청함)
  - 2회기(2018. 7. 21) : 정보전달
  - 3회기(2018. 7. 28) : 시댁과의 관계 및 문제 탐색
  - 개입 결과 : 향후 구체적으로 작성해야 함

3) 사례노트

사례노트는 클라이언트에 대한 사례에 개입 기간 동안 매일의 면담 내용 등을 간략하게 기록해 두는 것을 의미한다.

표 11-1 사례노트

면담 대상				면담 유형				일시	내용
클아이언트	남편	자녀	기타	전화	방문	이메일	기타		
0					0			2018. 7.14	1회기 주된 문제 탐색 및 관계형성 : 교통사고로 입원이 길어짐에 따라 어린 자녀를 돌보아 줄 서비스 및 정보를 제공받기 원함
0					0			2018. 7.21	2회기 클라이언트 거주 지역 근처에 있는 24시간 놀이방에서 아이들을 맡아 줄 수 있고 비용은 병원의 후원회에서 지원할 수 있음을 전달 3회기 면담 약속 : 2018.7.28

자료: 나눔의집(2018). pp. 392.

4) 문제중심기록(problemoriented recording)

(1) 문제중심기록의 내용

문제중심기록은 병원 또는 의료적 프로그램에서 자주 사용되는 기록형식의 한 방법이며, 사회복지기관에서도 널리 사용하고 있다. 문제중심기록은 문제들을 나열하는 구체적인 양식과 문제해결을 위해 이루어지는 진행을 노트에 기록하는 다른 양식을 사용하는 것을 의미한다(김윤재 외, 2011 : 322~323).

❶ 데이터베이스

데이터베이스는 주로 인테이크 단계 동안 수집한 정보로 구성되며 클라이언트가 기관에 찾아와 서술한 문제를 포함한다. 왜냐하면 이 자료들이 클라이언트의 문제를 확인하고 개념화시키기 위한 근거를 제공하고, 예비적인 문제목록을 만들어내기 때문이다.

❷ 문제목록

문제목록은 사정과정 동안에 클라이언트와 사회복지사가 분명히 밝힌 것 외에 클라이언트가 관심을 두고 있는 어떤 문제라도 포함할 수 있다. 클라이언트와 사회복지사 모두 문제의 우선순위와 수행에 초점을 두어야 할 문제에 관해 동의를 할 필요가 있다. 각 문제는 번호가 매겨지며, 행동적인 언어로 기술한다. 가능하면 진단적 유형화는 피한다. 문제목록은 사례계획과 개입의 초점을 제공한다. 사회복지사는 목록에 있는 특정한 문제와 관련된 일을 논리적으로 수행하여야 한다.

❸ 서비스제공자

서비스제공자들은 목록으로 작성된 문제의 각각에 대한 계획을 세운다. 계획에는 번호가 붙여지고 관련 문제를 대표할 수 있게 이름이 주어진다. 각 계획은 필요할 때마다 진행노트에서 최초의 정보로 바뀐다.

❹ 진행노트

진행노트는 사회복지사가 서비스제공에 영향을 미치는 새로운 정보를 기술하고, 활동계획이나 활동방향에 있어서 변화를 시키고, 종결계획을 수립하고, 활동의 효과를 평가하고, 책임성을 유지하고, 활동절차를 작성하고, 슈퍼비전이나 자문에 필요한 자료를 제공한다. 그리고 목적을 결정하기 위해 행정에 요구되는 정보를 제공하는 등과 같은 많은 목적들을 위해 사용된다.

(2) 문제중심기록의 예시

문제중심기록의 사례는 다음과 같다(나눔의 집, 2018 : 395).

❶ 사례(SOAP 기록)

클라이언트 : ○○○(30세, 여)

의뢰자 : 외과 간호사 ○○○

면담일시 : 2018. 7. 14.

면담장소 : 사회사업과 상담실

의료적 상태 : 2018. 7. 9. 교통사고로 전치 10주 진단 후 입원함

S : 입원기간 동안 자녀를 돌보아 줄 사람이 없어서 매우 걱정함

O : 낮에는 이웃이, 밤에는 남편이 자녀들을 돌봄

자녀를 이웃에 맡기는 것에 대해 부부가 매우 불편해함

클라이언트는 2개월 이상 입원해야 함

A : 아이들을 돌보아 줄 보육서비스 및 비용문제를 해결할 수 있는 대안을 마련해야 함
P : 자녀를 돌보아 줄 수 있는 지역사회 자원 찾아보기
보육서비스 이용을 지원해 줄 수 있는 자원 찾아보기

5) 녹음 및 녹화기록

음성녹음과 화면녹화 등을 이용하여 면접과정을 관찰하고 재조사하며, 분석하는 방법으로 면담이나 개입장면 전체를 기록하는 것으로 직접 필기하는 것보다는 효과적이다. 또한 기록보관의 보충적 방법으로도 사용할 수 있다. 녹음이나 녹화기록은 교육용 자료로 유용하게 활용되며, 가족치료 및 실천에 대한 과정 지향적인 접근법을 지도, 감독할 때 유용하다.

그러나 클라이언트나 사회복지사가 녹음이나 녹화를 지나치게 의식하면 집중력이 떨어지거나 평소처럼 자연스럽지 않고 어색할 수 있다. 녹음이나 녹화 시 클라이언트에게 사전에 알리고 반드시 동의를 구해야 한다(이태희 외, 2019 : 289).

03 기록을 위한 지침

좋은 기록과 나쁜 기록의 특징은 다음과 같다(이미선·강우진·권향임, 2008; 김윤재 외, 2011 : 323~324).

1) 좋은 기록과 나쁜 기록

(1) 좋은 기록

❶ 서비스의 결정과 행동에 초점을 둔다.
❷ 사정, 개입, 평가의 기초가 되는 클라이언트와 상황에 관한 정보가 들어 있다.
❸ 각 단계에서 목적, 목표, 계획, 과정과 진행을 포함하여 서비스전달에 관한 정보가 들어 있다.

❹ 상황묘사와 사회복지사의 견해가 명확하게 분리되어 별도의 제목하에 쓰여 있어 읽는 사람들이 사회복지사의 관찰사항과 해석을 구분하여 이해할 수 있다.
❺ 구조화되어 있어서 정보를 효과적으로 문서화할 수 있고 쉽게 색출해 낼 수 있다.
❻ 서비스 전달이 잘 묘사되고 모든 문서가 정확하여 유용하다.
❼ 기록이 간결하고 구체적이며, 타당하고, 명확하며, 논리적이고, 시기적절하며, 의미 있고 사실에 근거한다.
❽ 전문가적 윤리를 바탕으로 한다.
❾ 수용된 이론에 기초해 있다.
❿ 전문가의 견해를 담으면서도 클라이언트의 관점을 무시하지 않는다.

(2) 나쁜 기록

❶ 부정확한 사정, 잘못된 판단, 비윤리적 행동, 부적절한 개입을 담고 있다.
❷ 정보가 너무 많이 또는 너무 적게 기록되고 조직화되어 있지 않아 필요한 사람에게 정보를 제대로 제공하지 못한다.
❸ 뒷받침이 되는 관찰과 평가 없이 결론을 내려 기록상 과잉단순화가 나타난다.
❹ 초점이 없고, 모호하고, 편견에 치우쳐 있고, 추리에 의존하고 정확하지 않다.
❺ 맞춤법상의 오류가 있다.
❻ 반복적인 표현, 장황한 표현, 진부한 용어를 사용한다.
❼ 의미가 없고 비판적이며 과장되게 표현한다.
❽ 클라이언트와 상황에 대한 독단적 견해의 표현, 특히 클라이언트에 대해 비난하거나 부정적 낙인을 찍는다.
❾ 행위자가 식별되지 않는 수동태 문장으로 표현한다.

2) 기록 시 유의사항

좋은 기록을 위해서는 체계적으로 준비하고 문장력을 향상시킬 필요가 있다. 다음은 사회복지기록에 있어서 유의할 사항이다(김민경, 2017 : 311~312).

(1) 사회복지기록에 있어서 유의할 사항

❶ 서비스의 결정과 행동에 초점을 둔다.
❷ 사정, 개입, 평가의 기초가 되는 클라이언트의 상황에 관한 정보가 들어 있다.
❸ 각 단계에서 목적, 목표, 계획, 과정과 진행을 포함하여 서비스 전달에 관한 정보가 들어 있다.
❹ 구조화되어 있어서 정보를 효과적으로 문서화 하고, 쉽게 색출해 낼 수 있다.
❺ 서비스 전달이 잘 묘사되어 모든 문서가 정확하여 유용하다.
❻ 기록이 간결하고, 구체적이며, 타당하고, 명확하여, 논리적이고, 시기적 적하며, 의미 있고, 사실에 근거한다.
❼ 전문가적 윤리를 바탕으로 한다.

(2) 사회복지기록에 있어서 피해야 할 사항

❶ 부정확한 사정, 잘못된 판단, 비윤리적 행동, 부적절한 개입을 담고 있다.
❷ 정보가 너무 많거나 너무 적고 조직화되어 있지 않아 필요한 사람에게 제대로 제공하지 못한다.
❸ 초점이 없고 모호하며, 편견에 치우치고, 추리에 의존하며, 정확하지 않다.
❹ 맞춤법상의 오류가 있다.
❺ 행위자가 식별되지 않는 수동태의 문장이다.
❻ 의미가 없고, 비판적이고, 과장되었다.
❼ 반복된 표현과 장황한 표현, 진부한 용어를 사용한다.

13 CHAPTER

사회복지실천 평가기술

01 평가에 대한 이해

1) 평가의 개념 및 필요성

사회복지실천에서 평가란 사회복지 프로그램 또는 기관의 계획, 수행, 활용 등 포괄적 활동 등을 체계적으로 판단하는 것을 의미한다. 사회복지실천에서의 평가는 개인, 가족, 집단, 지역사회를 대상으로 한 사회복지사의 개입 활동의 효과성과 효율성, 변화의 정도 등을 검증하는 것을 말한다.

그러므로 사회복지실천 평가를 위해서는 절차와 내용 등에 대한 계획을 세우는 것이 필요하다. 사회복지서비스와 실천의 영역에서 실천 평가가 필요한 이유는 다음과 같다(이태희 외, 2019 : 295~296).

첫째, 제공된 자원이 효과적으로 사용되고 있는지에 대한 신뢰성 검증이 가능하다.

둘째, 평가를 위한 법적 근거가 마련되었다. 1997년 사회복지사업법에서 3년마다 1회 이상 사회복지시설 종사자의 전문성, 시설환경, 서비스의 만족도 등에 대하여 평가하도록 규정하고 있는데, 이는 평가 이후 다양한 부가 급부로 활용되고 있다(사회복지사업법 제43조의 2).

셋째, 평가의 필요성과 이해의 증대로 인한 내부적 성숙을 볼 수 있다. 사회복지사는 클라이언트, 자기 자신 그리고 타 전문가들에게 자신이 실천한 방법과 기술의 효과성을 입증할 수 있어야 한다(금기윤 외, 2013 : 274~275).

2) 평가의 기준

사회복지 평가의 기준이란 평가대상이 되는 프로그램이나 조직 혹은 정책의 무엇을 평가할 것인가라는 질문에 관한 것이며, 평가설계의 핵심적인 부분이라고 말할 수 있다(황성철 외, 2005 : 289).

(1) 노력성

프로그램의 수행을 이해 혹은 목표달성을 위해 얼마나 많은 노력을 기울였는가를 평가하는 것이다. 프로그램의 수행 및 목표달성에 필요한 인적·물적 자원 등을 기준으로 얼마나 투입하였는가를 보는 것이다. 때로 기관들은 서비스를 제공받은 클라이언트 수, 프로그램 진행에 소모된 시간 수 등의 투입량을 보기도 한다. 노력성에는 프로그램 자체의 효과성에 대한 평가자의 신뢰 여부가 가치판단의 기준이 되는데, 이는 신뢰도와 타당도가 떨어질 수가 있다(정무성, 2017 : 325).

(2) 효과성

효과성이란 목표달성의 총량에 기여한 성취 정도를 측정할 때의 산출결과를 말한다. 투입된 비용에 관계없이 성취한 양이 많을수록 해당 프로그램의 절대적 효과성은 증가한다고 보는 개념이다. 하지만 실제 대안 선택에서는 여러 프로그램들 사이에서 효과의 크기를 비교할 수 있는 상대적 효과성이 더욱 중요한 개념으로 부각되며, 효과성 측정 시의 고려할 점은 다음과 같다. 첫째, 프로그램의 하위목표, 중간목표, 성취목표를 종합적으로 고려해야 한다. 둘째, 사회복지사가 세운 목표에 따른 효과성도 중요하지만 서비스전달을 통해 이루고자 하는 클라이언트의 변화, 성과도 측정되고 평가되어야 한다(정무성, 2017 : 325).

(3) 효율성(efficiency)

효율성(efficiency)은 프로그램의 결과로 이루어진 성과물들이 프로그램에 투입한 자원과 비교하여, 최소비용으로 얼마나 최대의 산출을 얻어냈는가를 평가하는 것이다. 가장 일반적으로 산출대비 투입으로 분석하게 되는데, 효과를 비용으로 나누어 분석하면 비용효과성이 되며, 비용에 따라 발생된 이윤을 대상으로 분석하면 비용편익분석이 된다.

(4) 서비스질

서비스질(quality)은 사회복지기관이 서비스 목적을 달성하기 위해 필요한 방법과 기술을 얼마나 적절하게 사용하였는가와 관련된 것이다. 이는 사회복지사의 전문성과도 관련한 것이다. 프로그램의 질을 평가함에 있어서 전문성은 클라이언트의 서비스 만족도 조사, 단일사례분석, 프로그램 운영자들의 교육수준, 경험연수, 특정 자격증의 취득 여부 등을 통해 판단할 수 있다.

(5) 클라이언트 만족도

클라이언트 만족도는 서비스의 주체가 클라이언트라는 관점에서 서비스의 질을 측정한 것으로, 클라이언트가 직접 서비스의 효과성과 질을 평가하는 것과 관련된다. 클라이언트 만족도는 단순히 이용자의 서비스에 대한 만족 여부만 묻는 것이 아니라 불만 및 고충이 무엇이었는지, 그에 대한 해결이 얼마나 되었는지, 어떤 욕구를 가지고 있었는지에 대한 것까지 포함한다.

(6) 과정

과정은 노력이 산출로 옮겨지는 절차를 말한다. 산출물이 만들어지기 위한 이전 단계로써의 중간과정이 체계적이고 합리적으로 어떻게 구조화되어 있는지 그리고 미리 정해진 절차나 규정에 따라 서비스가 제공되는가 등에 초점을 둔다. 이들 과정적인 요소들은 결국 프로그램 효과에 영향을 주기 때문에 현재의 서비스제공 방식 혹은 조직운영 방식에 대한 내부 분석적 및 진단적 특성을 갖는다(황성철 외, 2005 : 291).

(7) 접근성

프로그램의 접근성은 참여나 활동에 있어 클라이언트의 접근이나 이용이 용이한지를 평가하는 것으로써, 이것은 물리적인 접근성과 함께 정보접근성, 심리적인 접근성, 비물리적 접근성을 포함한다. 장애인을 위한 재활 프로그램을 실시하는 장소에 휠체어가 들어갈 수 없거나 오르막길이 심하거나, 교통편이 불편하지는 않은지와 같은 물리적인 접근성과 함께 프로그램에 대한 홍보 미숙 등의 이유로 이용자가 프로그램에 대해서 불편함을 느끼면 심리적인 접근성이 낮은 경우라 할 수 있다(정무성, 2017 : 328).

3) 평가의 원칙

사회복지평가의 원칙은 다음과 같다(지은구, 2009 : 349-350; 김윤재 외, 2011 : 327~329).

(1) 평가는 가치에 기초한다.

가치는 바람직한 것과 바람직하지 않은 것, 중요한 것과 중요하지 않은 것, 옳은 것과 옳지 않은 것에 관한 견해나 신념이다. 사회복지사들의 개입이나 사회복지프로그램의 목적은 사회문제에 영향을 받은 개인이나 집단 또는 지역에 개입하여 그들의 문제를 해결하는 것을 목적으로 한다. 따라서 개입행동이나 프로그램을 평가하는 것의 일차적인 목적은 얼마나 또는 어느 정도 문제가 해결되었는지를 조사하는 것이기 때문에 해결하기를 원하는 바람직하지 않은 상황이나 조건 또는 문제에 기초하는 가치 중심적인 조사가 필요하게 된다. 결국 어떤 문제가 어떻게 해결되었는지 그리고 어느 정도 해결되었는지를 판단하기 위해 평가를 실행한다는 측면에서, 즉 평가의 일차적인 목적이 어떻게 그리고 어느 정도 개입이 사회문제를 해결하였는지를 조사하는 것이기 때문에 가치에 기초하는 것이다.

(2) 평가는 정치적이다.

한정된 자원을 강조하는 희소성의 원칙에 기초해서 모든 자원에 대한 분배가 힘의 여부에 의해서 결정된다고 했을 때, 결국 힘의 분배 여부를 결정짓는 데 평가가 중요한 정보를 제공하기 때문에 정치적이 될 수밖에 없다. 이러한 의미로 데포이와 길슨(DePoy & Gilson, 2003)은 결국 평가가 조사의 정치화라고 강조하였다. 결국 평가에 있어 정치적 의도가 평가결과의 이용에 영향을 미치고 정치적 힘이 평가결과의 사용, 실행 그리고 개념화에 있어 결정적인 역할을 담당하게 되는 것이다. 이런 의미에서 정치적 숙고는 평가과정의 여러 단계와 사고에 영향을 미치고 평가는 정치적이 된다.

(3) 평가의 목적도 복합적이다.

평가의 목적은 복합적이다. 왜냐하면 평가에 개입되어 있는 이해관련 당사자들이 가지고 있는 각각의 평가의 목적이 다를 수 있기 때문이다.

(4) 평가는 문제의 확인, 과정 그리고 산출, 성과의 검사를 향한 사고와 행동에 기초한 정밀한 조사의 의도적인 과정이다.

평가는 개입행동이나 프로그램이 어떤 한 문제를 해결하려고 하는지에 대한 문제의 확인과 욕구의 확인, 진행과정 그리고 결과에 대한 종합적이고 통합적인 내용을 포함해야 한다. 해결하려고 하는 문제가 무엇인지에 대한 정확한 분석과 해결하려고 하는 개인이나 집단의 욕구가 무엇인지에 대한 숙고 없이 평가는 이루어질 수 없으며, 프로그램이나 개입행동들의 진행과정에 대한 사정없이 평가가 완전하다고 할 수 없다는 점이 강조된다. 이는 과정평가와 성과평가를 통합적인 평가과정으로 그리고 평가를 구성하는 구성요인으로 바라보는 시각을 제공한다.

02 평가의 유형

평가는 일반적으로 총괄평가와 형성(과정)평가로 나누어진다. 결과를 평가대상으로 한 것이 총괄평가이며, 운영과정을 평가대상으로 한 것이 형성(과정)평가이다. 즉, 프로그램 평가는 시간을 기준으로 보아 총괄평가와 형성평가로 구분되는데, 총괄평가는 프로그램 운영이 끝날 때 내리는 평가이며, 형성평가도 운영 도중에 이루어지는 평가로서, 운영의 관리 및 전략의 수정·보완을 위한 것이다(황성철 외, 2008; 정무성, 2005; 김윤재 외, 2011 : 331~332).

1) 총괄(결과)평가(summative evaluation)

(1) 총괄(결과)평가

총괄(결과)평가는 일반적으로 프로그램 평가의 핵심은 최종 효과를 파악하는 총괄평가에 있다. 총괄평가는 프로그램이 집행되고 난 후에 프로그램이 사회에 미친 영향(impa 클라이언트)을 추정하는 조사활동이다. 프로그램이 사회에 미친 영향·충격은 프로그램 효과도 있고 부작용인 손해도 있다. 총괄평가(summative evaluation)는 프로그램의 효과를 파악하는 것이 핵심이나, 비용까지도 감안하는 효율성평가도 포함될 수 있다.

❶ 효과성평가

프로그램의 효과성(effectiveness)은 프로그램 목표의 달성 정도를 의미하는데, 효과성을 판단하는 것이 총괄평가의 가장 중요한 작업이다. 효과성평가는 다음과 같은 내용을 파악하는 것이 중요하다.

- 의도했던 프로그램 효과가 과연 그 프로그램 때문에 발생했는가?
- 발생한 프로그램 효과는 프로그램 목표와 대비하여 어느 정도인가?
- 프로그램 효과의 크기는 해결하고자 했던 원래의 사회문제를 해결하는 데 충분한가?

❷ 효율성평가

효율성(efficiency)은 흔히 투입과 산출의 비율로써 표현되는데, 투입을 프로그램의 비용으로 하고 산출을 프로그램의 효과로 한다면, '효율성=효과 / 비용'이라는 효율성의 개념이 성립된다. 그리고 프로그램의 확대 여부를 결정할 때 효율성을 기준으로 하는 것은 프로그램의 비용을 고려하는 것을 의미한다. 즉, 효율성평가는 다음과 같은 사항을 파악하는 것이 중요하다.

- 프로그램의 직접적 비용은 얼마인가?
- 부작용이나 사회적 충격을 포함한 사회적 비용은 얼마인가?
- 프로그램 효과는 비용을 상쇄시킬 만큼 큰 것인가?

❸ 공평성평가

프로그램이 집행된 후에 나타난 프로그램 결과를 평가하는 데는 프로그램 효과와 비용이 사회집단 간에 또는 지역 간에 공평하게 배분되었는지를 평가하는 공평성(equity)평가가 있어야 한다.

(2) 형성평가(formative Evaluation)

형성평가(process evaluation)는 집행과정을 검토하여 프로그램 효과 발생과정을 밝히고 바람직한 운영전략을 수립하는 데 그 목적이 있다. 형성평가는 프로그램의 운영 및 활동을 분석하여 이를 근거로 해서 보다 효율적인 집행전략을 분석하거나, 프로그램 내용을 수정·변경하거나, 프로그램의 중단·축소·유지·확대 여부를 결정하는 데 도움을 준다. 형성평가는 현재와 미래에 관련된 프로그램 수행상의 문제해결이나 결정을 내리기 위한 자료의 확보를 위해 채택될 수 있으며 대체로 4단계의 과정을 거친다(김형식, 1999; 최호윤, 2007; 김윤재 외, 2011 : 335~336).

❶ 좁은 의미의 형성(과정)평가

좁은 의미의 형성평가는 프로그램이 구체적으로 어떠한 경로를 거쳐서 효과를 발생하는지 파악하는 것이다. 즉, 프로그램 효과를 결과로 하고 프로그램을 원인으로 하여 인과관계를 파악하되 개입과정에 영향을 미치는 매개변

수들을 확인하려는 것이다.

- 효과는 어떠한 경로를 거쳐서 발생하게 되었는가?
- 효과가 발생하지 않는 경우 어떤 경로에 잘못이 있었는가?
- 효과에 보다 강한 영향을 미치는 경로는 없는가?

❷ 운영과정평가

운영과정평가는 프로그램이 의도한 대로 운영이 되었는가를 확인·점검하는 것이다. 운영과정평가는 프로그램의 운영이 원래의 운영계획이나 설계에 따라 이루어졌는지를 확인하여 이에서 벗어난 부분을 파악하는 것이다. 구체적으로 활동을 계획에 비추어 점검하되 그 활동에 결정적인 영향을 주는 운영절차와 자원, 프로그램 대상자에 대한 서비스전달, 프로그램의 대상영역을 점검하는 것이다. 운영과정평가는 주로 평가의 대상이 프로그램 활동이며, 다음과 같은 질문을 한다.

- 원래 운영계획대로 활동들이 이루어졌는가(activity)?
- 계획된 양·질의 자원(인적·물적)이 계획된 시간에 투입되었는가(inputs)?
- 원래 의도한 프로그램 대상 집단을 상대로 실시되었는가(coverage)?
- 관련된 법규나 규정에 순응하였는가(compliance)?

❸ 통합평가

통합평가방법은 앞에서 언급한 총괄(결과)평가와 과정(형성)평가를 통합한 것으로, 주로 사후평가방식을 취한다. 이 방법은 대개 총괄평가적 접근으로 평가를 한 후 과정평가적 접근을 통해 프로그램 운영과정의 타당성과 인과관계를 정밀하게 검사함으로써 총괄평가에서 얻은 정보와 타당성과 신뢰도를 판정한다.

2) 평가의 유형

(1) 내부평가와 외부평가

사회복지프로그램 평가는 평가주체에 따라 내부평가와 외부평가로 구분될 수 있다.

내부평가(inside-evaluation)는 프로그램의 결정·집행을 담당하고 있는 사람들이나 같은 조직체 내의 다른 구성원이 행하는 평가이며, 외부평가(outside-evaluation)는 프로그램을 수행하는 조직체가 아닌 대학 전문교수, 조사 연구기관 등 제삼자가 행하는 평가이다(김윤재 외, 2011 : 336).

(2) 양적평가와 질적평가

양적평가는 획득한 자료의 속성이 계량화가 가능한 측정평가이다. 다시 말하면 평가를 위해서 수집되는 자료가 주로 계량화되어 실험조사와 같은 설계를 통해 객관적 자료가 연역적 방법으로 분석되는 것을 강조하는 평가방법이다.

질적평가는 획득한 자료의 속성이 계량화가 어려운 경우 나타나는 현상의 정도와 수준을 평가하는 것으로, 소수의 사례를 대상으로 한다. 이 평가는 자연스러운 상황에서 수량화되지 않는 자료를 수집하여 귀납적으로 자료를 분석하는 데 의미를 두는 조사 평가방법이다.

3) 욕구평가

욕구평가(evaluation of needs)는 일반적으로 프로그램이 수행되기 전에 실시되는 평가로서 프로그램의 계획을 수립하는 과정과 프로그램의 평가가 밀접하게 연관이 되어 있다는 전제에 기초한다. 가버(Gaber, 2000 : 139-147)에 따르면 욕구평가는 조직이나 지역 안에서 해결되지 않은 욕구의 수준을 측정하고 확인하는 것이라고 한다. 해결되지 않은 욕구를 사정하는 것이 프로그램의 계획을 수립하는 첫 번째 중요한 단계라고 인식한다면, 프로그램의 계획을 수립하는 것과 프로그램의 욕구평가는 밀접하게 연관이 있음을 알 수 있다. 이는 프로그램을 계획하는 과정에서 욕구를 해결하는 다양한 접근방법들에 대한 심사숙고가 이루어지고 해결책들이 포함되기 때문이다(지은구, 2009; 김윤재 외, 2011 : 337).

4) 프로그램 평가

사회복지프로그램은 사회복지행정의 실천을 위한 주요 도구이다. 사회복지행정은 사회복지정책이나 그 목적들을 서비스 실천으로 연결하는 과정이다. 이 과정에 대한 구체적인 설계가 사회복지프로그램을 통해 나타난다(김영종, 2001 : 247; 김윤재 외, 2011 : 338).

(1) 프로그램 평가의 목적

배호순(2000)은 프로그램 평가의 목적을 다음과 같이 제시하였다(김윤재 외, 2011 : 338).

❶ 프로그램의 목표달성 정도를 파악하기 위한 목적

프로그램의 실시로 인한 변화를 평가하기 위한 상황에서는 그 변화를 프로그램이 미친 영향이나 프로그램의 효과라는 전제하에서 프로그램 실시 전·후 간의 차이를 그 효과로 간주한다. 이와 같이 프로그램의 효과나 영향을 사정 및 측정하는 것을 목적으로 삼는 평가는 프로그램 실시로 인한 변화를 프로그램으로 말미암아 발생한 것임을 정당화하는 데 중점을 두고 있다. 또한 국가 사회적 차원의 정책이나 복지 프로그램에 대한 투자를 정당화하고자 하는 경우 등에 이 평가목적이 주로 적용된다.

❷ 프로그램의 장점 및 가치를 파악하기 위한 목적

특정 프로그램을 확대 보급할 것인지, 그에 대하여 투자할 것인지, 특정 목적 및 상황에 적용할 것인지 등을 결정하기 위한 경우, 대상 프로그램이 어떤 장점과 가치를 지니고 있는가를 확인하고자 하는 목적으로 평가를 요구하게 된다. 이런 경우에는 대상 프로그램의 가치를 파악하거나 장점을 발견하는 것이 평가의 주목적이 된다.

❸ 프로그램의 존속 및 폐지를 결정하기 위한 조직

프로그램에 관한 중대한 의사결정을 내려야 하는 상황에서 기존 프로그램을 계속해서 실시할 것인지, 확대 또는 축소해서 재실시할 것인지, 수정하여 실시할 것인지, 아니면 폐지할 것인지 등을 결정하기 위한 목적으로 평가를 하는 경우가 이에 해당된다.

❹ 프로그램의 지지 및 그 안정을 위한 목적

프로그램이 의도하는 목표를 어느 정도 달성하고 있는가를 확인하거나, 프로그램의 효과가 어느 정도인가를 파악함으로써 프로그램의 존재와 가치를 인정하고, 그에 대한 투자를 지지하기 위한 목적으로 평가를 실시하는 경우가 있다. 이러한 목적으로 평가를 실시하여 평가 결과가 프로그램의 존재를 정당화해주는 효과가 있어 그 프로그램에 대한 투자와 지지를 얻어낼 수 있게 된다.

❺ 프로그램 수행의 점검 및 통제를 위한 목적

대국민 공공복지 프로그램이 제대로 작동하고 있으며 프로그램 관련자들이 맡은 바 임무에 충실하고 있는지를 평가하기 위한 목적으로 실시하는 것이다. 이러한 경우의 평가는 행정적 역할 및 사회적 역할을 중시한 것으로서 평가를 실시함으로써 프로그램 실시의 질적 관리를 기하고 관련자들을 감독 및 통제하는 효과를 얻게 된다.

❻ 프로그램 담당자의 책무성(accountability)을 과시하기 위한 목적

프로그램 운영 및 관리 자체에 대한 인정과 지지를 획득하는 데 중점을 두고, 프로그램을 개발하여 실시하는 담당자 입장에서 프로그램에 대한 평가를 실시함으로써 자신들의 책무를 충실하게 다하고 있다는 것을 과시할 수 있게 된다. 이러한 경우의 평가에서는 평가 결과를 통하여 자신들의 프로그램 운영 및 관리 자체를 인정하기 위한 평가의 심리적 역할 또는 사회적 역할을 강조하게 된다.

❼ 프로그램의 홍보를 위한 목적

프로그램의 목적 및 내용을 대중에게 알리기 위한 목적으로 평가를 실시하는데, 이때 평가의 심리적 역할과 정치적 역할을 강조하고 그것을 중시해야만이 평가목적을 달성할 수 있다. 그러므로 프로그램이 실시되고 있다는 사실을 홍보하는 수준, 프로그램의 목표 및 내용을 홍보하는 수준, 프로그램의 가치와 효과를 홍보하는 수준 등을 상정할 수 있으며, 어느 수준의 홍보를 의도하느냐에 따라 평가의 내용 및 방법이 달라질 수 있다는 점을 중시해야 한다.

❽ 프로그램을 정당화 및 타당화하기 위한 목적

새로운 프로그램을 개발하여 실시하는 경우 그 프로그램이 의도하는 바를 제대로 충실하게 달성하고 있는가를 확인하기 위한 목적이나 프로그램 실시 결과를 바탕으로, 프로그램이 제대로 목적을 달성했다는 것을 확인하기 위한 목적으로 평가를 실시할 수 있다. 정당화(justify)는 프로그램의 목적 및 내용과 관련된 근거자료를 통하여 프로그램의 필요성과 활용 가능성을 합리적인 근거를 바탕으로 확인하는 절차를 중시한다. 한편 타당화(validation)는 프로그램의 결과로써 효과와 가치를 바탕으로 프로그램이 의도하는 대로 유용한 결과를 산출시켰음을 확인하거나 산출시킬 가능성이 높다는 것을 판단하는 절차를 강조한다.

❾ 프로그램에 관한 연구를 위한 목적

특정 프로그램이 어떤 내용으로 구성된 것이며 효과와 영향은 어떤가 등에 관한 관심을 가지고 프로그램에 대하여 체계적으로 연구하고자 하는 경우의 평가를 의미한다.

(2) 프로그램 개발 시 고려요소

프로그램 관리자들은 다음의 5P를 고려해야 한다(신복기 외, 2002; 김윤재 외, 2011 : 341~342).

❶ Person(능력수준과 흥미에 대한 적합성)

프로그램 내용은 무엇보다도 지도 대상자를 고려하여 선정되어야 한다. 프로그램의 내용에는 지도 대상자의 필요, 흥미 및 능력수준뿐만 아니라 친밀감도 고려되어야 한다. 따라서 프로그램의 대상자는 물론 참여자 및 그 가족들을 포함하는 것이 보다 바람직하다.

❷ Problem(프로그램의 통합성)

프로그램의 통합성이란 프로그램에 참여하는 대상자의 문제해결이나 목표달성을 위한 단편적인 프로그램이 아니라 인간의 경제적, 사회적, 심리적, 문화적 제반 측면들을 통합적으로 고려하는 프로그램이다.

❸ Purpose(합목적성 및 목표의 일관성)

프로그램 내용은 목표에 입각하여 결정되어야 한다. 참여자로 하여금 협동심을 고취시킨다는 목표를 세워놓고 그 내용에는 경쟁상태의 활동 내용만을 포함시켰다면, 프로그램의 내용과 목적이 일치하지 못한 경우이다. 따라서 프로그램 내용에 지나치게 치중하여 수단이 목적이나 목표에 전도되는 '목표전치' 현상이 발생되지 않도록 유의하고 프로그램을 진행하는 도중에 목적과 목표에 대한 점검이 필요하다.

❹ Process(프로그램의 지속성과 네트워크화)

프로그램은 지속적이고 제도적인 안정성을 가져야 한다. 프로그램들은 일시적이고 일회적인 것이 아니라 장기적이고 체계화된 일정 계획 아래 지속적이고 제도적인 것이 되어야 한다. 또한 프로그램 내용의 구성에 있어서도 지식, 이해, 기능, 태도 등의 측면이 프로그램에 반영되게끔 하여 공통 목표달성에 기여할 수 있어야 한다.

❺ Place(지역성)

프로그램 실시기관의 지역적, 문화적 상황이 다르기 때문에 프로그램의 내용 선정에서도 지역적 특성을 반영하고, 각 지역의 독특한 특성을 발굴해내는 것이 중요하다. 특히 그 지역의 문화적 특성이나 전통, 관습, 방언 등을 발굴하여 프로그램명이나 집단명으로서 활용할 때, 프로그램 참여자나 팀 구성원 및 지역사회주민들이 프로그램에 보다 쉽게 접근할 수 있고 많은 호응도를 불러일으킬 수 있는 이점이 있다.

(3) 프로그램 개발과정

평가의 절차는 평가모형에 따라 각기 달라질 수 있고 학자마다 약간의 차이를 보이는데, 배호순은 보편적인 평가절차를 다음과 같이 여덟 단계로 정리하고 있다(정무성, 2017 : 336~337).

❶ 평가근거와 목적의 확인

평가를 실시하는 이유 또는 목적을 구체적으로 정확하게 기록하고, 평가를 실시하는 목적에 비추어 평가하고자 하는 내용과 그 하위요소 또는 항목도 결정하고, 평가내용이 그 하위요소를 명시할 때 평가내용의 범위를 밝히고 동시에 범위선정의 적절성과 타당성을 밝혀야 한다.

❷ 평가목표 진술

평가의 목적에 따라서 구체적인 평가목표들을 나열한다. 프로그램의 규모가 아주 크면 평가계획서를 작성할 때 평가목표의 진술방식 중에 하나를 선택하여 진술하고 프로그램의 규모가 작으면 계획수립단계에서 목표도 진술하고 이원 분류하여 평가계획서에 첨부해야 한다.

❸ 평가설계 선정

평가설계는 평가목적에 비추어 자연과학 분야에서 실험을 설계하듯이 필요한 데이터를 효과적이고 정확하게 수집, 분석, 비교할 수 있는 가장 적절한 절차를 선정한다.

❹ 평가도구 선택

이미 제작되어 널리 사용되고 있는 측정도구를 그대로 사용할 것인가, 일부 수정·보완해서 사용할 것인가 또는 완전히 새로 제작해서 사용할 것인가를 결정한다.

❺ 평가자료 수집

평가를 실제로 수행할 때에 측정도구를 사용하여 자료를 언제 어떻게 수집할 것인지 결정하여 실행한다.

❻ 평가결과분석

수집된 자료를 가지고 통계적인 처리를 하거나 정리 및 요약하여 도표를 활용하여 결과를 분석하기도 한다. 수리적인 통계기법뿐만 아니라 SPSS 등 통계적 수단이 많이 동원되므로 여기에 대해서도 알고 있어야 한다.

❼ 평가결과의 보고서 작성

평가결과를 분석한 것을 정리 및 요약하여 일정한 형식을 갖추어서 보고서를 작성한다. 이러한 보고서 작성은 보고해야 할 이해당사자에 따라서 조금씩 다른 형식을 가지게 된다.

⑧ 평가결과의 활용

평가를 통해서 얻어지는 정보를 가능한 잘 활용하는 것이 좋다. 이러한 평가서의 활용을 통해서 외부의 제3자에게 합리적인 답변이 가능하며, 기관 혹은 프로그램의 필요성을 확인하고 계속적인 유지를 가능케 한다. 나아가 불필요한 외부 간섭까지 평가를 통해서 배제할 수 있다.

03 단일사례설계

1) 단일사례의 개념

단일사례는 개인, 가족 및 소집단 등을 대상으로 문제해결을 위한 개입의 효과를 과학적으로 입증하기 위해 통제된 환경 하에서 개입하기 전과 후의 변화를 반복해서 개입의 효과성을 측정하는 조사 설계 방식이다. 즉, 클라이언트에 대한 개입 및 결과의 인과관계를 살펴보기 위해 통제된 환경에서 개입 전과 후의 변화를 시계열적으로 반복해서 측정하여 평가하는 것이다. 대부분의 한 사람, 하나의 집단, 하나의 가족, 하나의 기관 등이 평가의 대상이 되지만, 때로는 집단 전체의 평균이나 빈도 등으로 요약되어 하나의 사례로 적용될 수 있다.

단일사례설계의 일차적 목적이 표적행동에 대한 개입의 효과성을 분석하는 것으로 경향과 변화 정도를 알기 위해 반복적 관찰을 한다. 단일 클라이언트나 클라이언트 체계를 대상으로 개입 전, 개입 동안, 개입 후를 반복적으로 관찰함으로써 변화를 평가할 수 있으며, 결과의 성취 정도뿐만 아니라 그 변화가 개입으로 인한 변화인지 관찰을 통하여 기록과 평가하기 때문에 사회복지실천에서 결과를 평가하고자 할 경우에 부합되는 방법이다(이태희 외, 2019 : 300~301).

2) 단일사례설계의 기본특징

(1) 사례수 = 1

단일사례설계는 통제된 환경하에서 하나의 클라이언트 체계에 대해 개입 전과 후의 변화를 반복해서 측정하는 연구방법이다. 집단을 대상으로 측정하는 평가방법은 대개 개별 클라이언트 체계에 대한 구체적인 정보는 거의 제공하지 못하는 반면, 단일사례설계는 실천과정에서 하나의 클라이언트 체계에 초점을 두고 있기 때문에 개별 클라이언트 체계의 클라이언트의 독특한 변화를 알 수 있게 한다.

(2) 개입 전·후의 변화 비교

단일사례설계는 개입 전과 개입 중 또는 개입 후를 비교하기 위하여 각 단계별 구분을 분명히 하고 있다. 개입 전의 단계는 "기초선단계"라 한다. 클라이언트의 대상문제에 영향을 미치기 위해 실시된 계획된 노력의 단계는 "개입단계"라 한다. 기초선단계의 정보는 문제의 정도에 대해 체계적인 정보를 제공하고 개입결과와 비교되는 기준이 되므로 중요하다.

(3) 반복측정

각 단계에서 반복측정을 하지 않고, 즉 개입 전과 개입 후에 각 한 번씩만 측정을 한다면 개입과 무관하게 계속 진행되는 과정을발견할 수 없기 때문에 단일사례설계는 반복측정을 특징으로 한다. 단계별 반복 측정의 횟수는 기초선 기간의 자료가 안정된 형태를 나타낼 때까지 측정하는 것이 좋으며, 통계학적으로는 적어도 10번 정도가 바람직하고, 매일 한 번씩 측정이 이루어지는 경우 일주일이 실용적이며, 최소한 3번 정도의 측정이 필요하다고 여겨지고 있다(Bloom Fischer & Orme, 1999).

3) 단일사례설계의 목적

사회복지실천 평가에 있어서 블룸, 피셔, 옴(Bloom, Fischer, Ome, 1995) 등은 단일사례연구설계를 사용하는 목적에 대하여 다음의 네 가지로 제시하고 있다(이미선 외, 2008 : 234; 금기윤 외, 2013 : 283~284).

첫째, 시간의 변화에 따른 사건과 사람의 변화를 점검하고 사례 상황을 사정한다.

둘째, 표적 사건에 긍정적 혹은 부정적 변화가 일어났는지를 평가한다.

셋째, 실천가의 개입이 변화와 원인적으로 연결되는가를 평가한다.

넷째, 실천가가 개입 간의 효과를 비교한다.

4) 사회복지실천 평가에 있어서 단일사례설계 이용의 장점

단일사례설계가 사회복지실천 평가의 적용에 있어서 이용할 수 있는 장점은 다음과 같다(Bloom, Fischer & Orme, 1999; Blythe, 1995; 김윤재 외, 347~348).

첫째, 전통적인 조사연구는 대개 개입 전과 개입 후에만 측정을 하므로 중간과정에서 어떤 변화가 있었는가에 대한 정보는 거의 제공하지 못한 반면, 단일사례설계는 개입의 전 과정에 걸쳐 규칙적인 간격으로 반복측정이 이루어지므로 기대했던 개입의 효과성이 나타나지 않는 경우 개입내용을 수정할 수 있다.

둘째, 단일사례설계는 사회복지실천과정상의 주요 결정에 필요한 정보를 체계적으로 제공해줄 수 있다.

셋째, 단일사례설계는 단일사례설계의 기본 특징을 이해하면 상황 또는 사례에 맞게 다양하게 발전시켜 이용할 수 있다.

넷째, 단일사례설계는 클라이언트로 하여금 자신의 문제에 대해서 반복측정을 하게 함으로써 자신의 문제해결을 위해 노력하리란 기대를 가질 수 있다.

다섯째, 단일사례설계를 사회복지기관 전체 차원에서 이용하게 되면, 외부조사연구자가 기관업무를 평가하는 대신에 기관 내부적으로 평가역량이 증가하게 된다.

5) 단일사례설계의 제 유형

단일사례는 몇 개의 알파벳으로 표시하는데, 예를 들면 A라는 문자는 기초선으로 자료가 수집되는 시기를 뜻하며, B라는 문자는 개입기간을 말한다고 했을 때 AB 단일사례설계는 기초선의 설정 후에 개입이 뒤따른 것을 말한다. 기초선에서와 다른 변화가 측정된 것을 개입의 영향으로 보는 것이다(김윤재 외, 2011 : 348~350).

(1) AB 설계

AB 설계는 가장 기본적인 유형으로 기초선 설정 후에 개입이 뒤따르는 것을 말하며, 반복측정을 통해서 개입의 필요에 따라 서비스전달을 변경시킬 수 있도록 즉각적인 피드백을 제공한다는 점에서 유용하다. 반면 인과관계를 추론하는 데 있어 외부사건이 영향을 미쳤는지를 통제하지 못하는 단점이 있다.

(2) ABAB 설계

ABAB 설계는 기초선단계와 개입단계가 각각 2개로 구성되어 있어서, 같은 방법을 적용하여 같은 결과가 반복되어 나오면 개입이 문제개선의 원인으로 확실히 입증된다고 보는 유형이다.

(3) 다중기초선설계

다중기초선설계는 둘 이상의 클라이언트 체계, 둘 이상의 상황 또는 문제에 대해 AB 설계를 반복하여 외부사건을 통제한다. 둘 이상의 기초선을 정하기 위해 개입을 중단하는 대신에 둘 이상의 기초선을 동시에 시작하고, 개입은 각 기초선의 다른 시점에서 시작한다. 다중기초선설계의 주요 논점은 어떤 외부적 사건이 개입 시작 시기와 일치하여 클라이언트의 문제가 개선되기 시작한다면 개입을 받지 않은 다른 클라이언트의 기초선단계에서도 동시에 개선이 나타나리라는 것이다. 반면, 클라이언트의 문제 또는 상황이 개입으로 효과가 나타난다면 개입이 아직 도입되지 않은 다른 클라이언트의 기초선단계에서는 아무 변화가 없고 개입이 있은 후에만 개입단계에서 효과가 나타난다는 것이다.

04 평가의 한계

평가란 사회복지실천이 클라이언트에게 어떤 영향을 주었는지에 대해서 그 성과를 드러내는 데 있어 사회적으로 책임성과 과학성을 확보하기 위하여 전설적 대안과 방향을 도출하기 위한 노력이다. 그러나 때로는 이 평가들이 오용되거나 잘못 해석될 가능성도 있기에 평가의 한계를 제시하면 다음과 같다(금기윤 외, 2013 : 293).

첫째, 일반화의 한계가 있다.

둘째, 잘못된 평가도구 선택 시 잘못된 결과를 도출한다.

셋째, 평가과정에서 클라이언트를 베제하는 윤리적 문제가 야기된다.

넷째, 평가에 대한 직원들의 불만이 생긴다.

다섯째, 평가과정에서 서비스의 제공을 방해한다.

여섯째 프로그램 성과에 대한 대안적 설명이 필요하다.

일곱째, 예측하지 못한 평가결과의 도출에 대한 책임성 등의 문제를 야기시킨다.

그러므로 이러한 다양한 한계와 문제점들을 극복하기 위해서는 사회복지사에게 전문적 지식의 개발과 서비스의 효과성을 입증하기 위해 평가 및 설계 등의 중요성을 일깨워주는 것이 필요하다.

참고문헌

감정기 · 백종만 · 김찬우(2005). **지역사회복지론**. 서울: 나남출판사.

구혜영(2010). **사회복지실천기술론**. 서울: 신정.

권진숙 · 김상곤(2006). **가족복지론**. 경기: 공동체.

금기윤 · 김미연 · 김윤희 · 류동수 · 이태희(2013). **사회복지실천기술론**. 경기: 공동체.

김경호(2010). **사회복지실천-이론과 모델**. 서울: 청목.

김민경(2017). **사회복지실천기술론**. 경기: 양서원.

김성이 · 조학래 · 노충래(2004). **청소년복지학**. 경기: 집문당.

김영종(2001). **사회복지행정**. 서울: 학지사.

김용환(2016). **사회복지실천기술론**. 서울: 동문사.

김우호 · 성시한 · 오승환 · 이송희 · 이용환(2019). **사회복지실천기술론**. 서울: 동문사.

김윤재 · 박남오 · 신영진 · 염일열 · 이경재 · 임순길(2011). **사회복지실천기술론**. 서울: 동문사.

김종일(2007). **지역사회복지론**. 서울: 청목.

김향선 · 김봉순 · 김현호 · 박영국 · 오정옥 · 이기량 · 이남순 · 이연복 · 이채식(2015). **사회복지실천의 이해**. 서울: 창지사.

김현호 · 어홍선 · 이용환 · 전대성 · 현영렬(2017). **사회복지실천기술론**. 경기: 정민사.

김형식(1999). **사회복지프로그램 평가**. 서울: 아시아미디어리서치.

김혜란 · 홍선미 · 공계순(2001). **사회복지실천기술론**. 서울: 나남출판.

김혜영 · 석말숙 · 최현미 · 신인순 · 홍나미 · 황미영(2018). **사회복지실천기술론**. 경기: 공동체.

나눔의 집(2018). **사회복지실천기술론**. 서울: 나눔의 집.

남원석(2001). 지방정부와 주민운동조직의 협력에 대하 평가: 임파워먼트와 제도의 상호작용을 중심으로. 도시연구, 제7호, 20001. 12, 178-208.

남진열 외(2009). **지역사회복지론**. 경기: 공동체.

노혁(2013). **사회복지실천론**. 서울: 학지사.

도광조(2018). **사회복지실천기술론**. 경기: 양서원.

박병금 · 최은희(2016). **사회복지실천기술론**. 경기: 정민사.

배은숙 · 문혜숙 · 김준환 · 이금옥 · 박주현(2013). **사회복지실천기술론**. 서울: 창지사.

서강훈(2013). 사회복지용어사전. 서울: 아담북스.

서울대 사회복지실천연구회 역(2001). 사회복지실천기법과 지침. 서울: 나남출판.

서울복지재단(2005). 가족복지실천방법 : 가족기능 강화사업. 서울복지재단 연구개발부.

서혜석 · 이혜숙 · 이윤형 · 한경리(2019). 사회복지실천기술론. 경기: 양서원.

설진화(2013). 사회복지실천기술론. 경기: 양서원.

손광훈(2009). 사회복지실천기술론. 경기: 공동체.

신복기 · 박경일 · 장중탁 · 이명현(2007). 사회복지행정론. 경기: 양서원.

신성자 · 고유나 · 권신혜 · 김수정 · 박용권 · 성희자 · 이현정 · 전보경 · 정숙희 · 최은지 (2007). 사회복지실천기술론. 경기: 양서원.

신성자 · 고유나 · 권신혜 · 김수정 · 박용권 · 성희자 · 이현정 · 전보경 · 정숙희 · 최은지 (2012). 사회복지실천기술론. 경기: 양서원.

신현기 · 박억종 · 안성률 · 남재성 · 이상열 · 임준태 · 조성택 · 최미옥 · 한형서(2012). 경찰학사전. 경기: 법문사.

양옥경 · 김정진 · 서미경 · 김미옥 · 김소희(2000). 사회복지실천론. 서울: 나남출판.

양옥경 · 김정진 · 서미경 · 김미옥 · 김소희(2009). 사회복지실천론. 서울: 나남출판.

양정하 · 황인옥 · 김정희 · 배의식 · 박미정 · 김남숙 · 강가영(2019). 지역사회복지론. 경기: 공동체.

엄명용 · 노충래 · 김용석(2011). 사회복지실천기술의 이해. 서울: 학지사.

엄명용 · 노충래 · 김용석(2005). 사회복지실천기술의 이해(2). 서울: 학지사.

엄명용 · 김성천(2007). 사회복지실천의 이해. 서울: 학지사.

엄명용 · 김성천 · 오혜경 · 윤혜미(2005). 사회복지실천기술의 이해. 서울: 학지사.

오봉욱 · 한주빈 · 전수미 · 이효순 · 성치상 · 최종복 · 최세영(2013). 사회복지실천기술론. 서울: 동문사.

오정수 · 류진석(2018). 지역사회복지론. 서울: 학지사.

이광재(2019). 사회복지실천론. 경기: 정민사.

이미선 · 강우진 · 권향임(2008). 사회복지실천기술론. 경기: 창지사.

이영분 · 최신령(2008). 가족치료모델과 사례. 서울: 학지사.

이영철(2014). 지역사회복지론. 경기: 양서원.

이영호(2008). 사회복지실천기술론. 경기: 공동체.

이영호(2014). 사회복지실천기술론(2판). 경기: 공동체.

이용석(2016). 사회복지사1급 수험서. 서울: 시대고시.

이원숙(2004). 가족복지론. 서울: 학지사.

이윤로(2007). 사회복지실천기술론(2판). 서울: 학지사.

이윤로(2009). 사회복지실천기술론. 서울: 학지사.

이재선·김성철·순덕기·신철민·정용충·조순일(2018). 사회복지실천기술론. 경기: 양서원.

이종복·전남련·나예원·김경희·강장미(2015). 사회복지실천론. 경기: 정민사.

이준우(2009). 사회복지실천기술론. 서울: 파란마음.

이준우(2004). 사회복지실천론. 서울: 인간과 복지.

이철수(2009). 사회복지학사전.

이태희·류동수·박희숙·오하나·황동섭(2019). 사회복지실천기술론. 경기: 지식공동체.

임상록·박주현·배은숙·오세숙·이명순·이영주·이혜자·최덕경(2010). 사회복지실천기술론. 서울: 파란마음.

임은희(2004). 사회복지실천론. 서울: 학지사.

장성란·고기홍·김정희·권경인·이윤주·이지연·천성문(2013). 집단상담. 한국상담학회 상담학 총서, 4.

장수미·이선민·문용준(2006). 성폭력이 의심되는 아이의 위기개입. 정신보건과 사회사업, 22, 287~303.

장수미·최정숙·박형원·김주현·홍현미라·이혜경·이영선·한인영(2010). 사회복지실천기술론. 서울: 학지사.

장수미·최정숙·박형원·김주현·홍현미라·이혜경·이영선·한인영(2018). 사회복지실천기술론. 서울: 학지사.

전재일 외(2002). 사회복지실천론. 서울: 형설출판사.

전재일·이성희(2006). 사회복지실천기술론. 서울: 형설출판사.

전재일·이성희·김연희(2015). 사회복지실천기술론. 경기: 공동체.

정무성 외(2005). 사회복지프로그램개발과 평가. 경기: 양서원.

정순돌·김고은·김미영·김지혜·김은정(2011). 임상사회복지이론. 서울: 학지사.

조추용 외(2018). 지역사회복지론. 경기: 양서원.

조휘일·이윤로(2000). 사회복지실천론. 서울: 학지사.

지은구(2008). 사회복지평가론. 경기: 학현사.

최선화(2012). 풀어쓴 사회복지실천기술. 경기: 공동체.

최일섭·이현주(2008). 지역사회복지론. 서울: 서울대학교출판부.

최은희·한애경·오정아·김경은·조윤정(2017). 사회복지실천론. 경기: 양서원.

통계청(2019). 가족 관계 만족도, 분거 가족, 가사 분담, 부모와 동거, 부모 생활비 주 제공자, 부모 부양에 대한 견해, 결혼문화에 대한 태도, 결혼식 문화에 대한 인식, 결혼·이혼·재혼에 대한 견해.

표갑수(2007). 지역사회복지론. 서울: 나남.

한국기업교육학회(2010). HRD용어사전.

행정안전부(2018). 주민등록 인구통계, 연령별 인구현황.

황성철 외(2008). 사회복지행정론. 경기: 학현사.

Ballew, J. R. & Mink, G.(1986). *Case Management in the Human Services*. Springfield Illinois: Charles C Thomas Publisher.

Berg. I. K. & Miller, S. D.,(1995). 해결중심적 단기가족치료(가족치료연구모임 역). 서울: 하나의학사.

Bisman, C. D. & Hardcastle, D. A.(1997). *Integrating research into practice: a model for effective social work*. Belmont, CA: Brooks/Cole.

Bloom, M., Fischer, J. & Orme, J. G.(1999). *Evaluating practice: guidelines for the accountable professional*(3rd, ed.). Needham Heights, MA: Allyn & Bacon.

Blythe, B. J.(1995). Single system design, In R. L, Edwards et al.(Eds). E*ncyclopedia of Social Work*. New York: NASW press.

CCETSW(1995). *Assuring Quality in the Diploma in Social Work-I: Rules and Requirements for the DipSW*(revised). London: CCETSW.

Cournoyer, B.(2006). 사회복지실천기술 연습(김인숙·김용석 역). 서울: 나남.

Hardina, D.(2002). *Analytical skills for Community Organization Pratice*. New York Columbia University Press.

Hepworth, D., Rooney, R., & Rooney, G. D.(2004). 사회복지실천이론과 기술(허남순·한인영·김기환·김용석 역). 서울: 나눔의 집.

Hepworth, D. H,. Rooney, R. H., Rooney, G. D., Strom-Gottfried, K., & Larsen, J. A.(2010). *Direct Social Work Practice: Theory and Skills*(8th ed). Pacfic Grove, CA: Brooks/Cole.

Hill, C. E.(2012). 상담의 기술: 탐색-통찰-실행의 과정(주은선 역). 서울: 학지사.

James, R. K. & GilliLand, B. E.(2008). 위기개입(한인영·장수미·최성숙·박형원 역). 서울: 나눔의 집.

kagle, J. D.(1997). 사회사업 기록: 이론과 실제. Social Work Records(홍순혜 · 한인영 역). 서울: 학문사.

Loewenberg, M. & Dolgoff, R(1996). *Ethical Decision for Social Work Practice*(5th ed.). Itasca, IL: F. E. Peacock.

Maguire, L., 장인협 · 오세란 역(1996). 사회지지체계론. 사회복지실천연구소.

Moore, S.T.(1990). A Social Work Practice Model of Case Mamagement: The Case Mamagement Grid. Social work, 35(5). Silver Spring. MD: National Association of Social Workers.

Moxley, D. P.(1989). *The Practice of Case Management*. Sage Publications: The Internationnal Professional Publishers.

NASW(1981). *Standards for the Classification of Workers*. NASW Code of Ethics, Washington, DC: Author.

NASW(1996). *Standards for the Classification of Workers*. NASW Code of Ethics, Washington, DC: Author.

NASW(2008). NASW윤리강령 2008년 개정 내용.

Northen, H., & Kurland, R.(2001). Social work with groups(3rd ed.). New York: Columbia University Press.

Peller, J., & Walter, J.(1998). Chapter 4: Solution-focused brief therapy, In R. A. Dorfman(ed), Paradigms of Clinical Social Work: Vol. Ⅱ(pp. 71-92). New York: Brunner Mazel.

Reid, K. E.(1997). *Social work practice with Groups: A Clinical perspective*(2nd ed.). Pacific Grove, CA: Brooks/Cole.

Rosenthal, L.(1987). *Resolving Resistance in Groyp Psychotherapy*. NY: Aronson.

Rubin, Herbert and Irene Rubin.(2001). *Community Organizing and Development*, 3rd ed. Boston: Allyn and Bacon.

Sheator, B. W., Horejsi, C. R, & Horejsi, G. A.(1998). 사회복지실천기법과 지침(서울대사회복지실천연구회). 서울: 나남(원서 1997년 발행).

Toseland, R. W., & Rivas, R. F.(2001). *An introduction to group work practice*(6th ed.), Needham Heights, MA: Allyn & Bacon.

Trevithick, P.(2004). 사회복지실천기술: 실천을 위한 핵심기술 50(우국희 · 최경원 · 황숙연 역). 서울: 사회복지실천연구소.

Woods, M, & Hollis, F.(1990). Casework: A Psychosocial Therapy(4th ed). New York : The Free Press.

Zimmerman, M. A.(2000). "Empowerment Theory". In J. Rappaport & Seidman(eds.), *Handbook of Community Psychology.* New York : Kluwer Academic, 43-63.

Zastrow, C. H.(2010). *The Prsctice of Social Work.* Brooks/Cole, Cengsge Learning.

https://koc.chunjae.co.kr

찾아보기

ㄱ

ㅈ

ㅊ

ㅋ

P

S

W

기타

저자약력

■ **이광재**

상명대학교 대학원 석사(사회복지학)
서울사회복지대학원대학교 석사(사회복지학)
서울한영대학교 대학원 박사(사회복지학)
국립목포대학교 대학원 박사(체육학)
현, 한국열린사이버대학교 사회복지학과 교수

■ **이수영**

안양대학교 학사(목회학)
수원대학교 대학원 석사(행정학)
국제신학대학원대학교 석사(사회복지학)
서울한영대학교 대학원 박사(사회복지학)
현, 서울한영대학교 사회복지학과 교수

■ **금기윤**

명지대학교 대학원 석사(사회복지학)
서울한영대학교 대학원 박사(사회복지학)
명지전문대학교 전담교수
한국코이카 기술 위촉위원
현, 건국대학교 위촉교수(사회복지학)

■ **임정숙**

우석대학교 학사(경영학)
인하대학교 대학원 석사(사회복지학)
서울한영대학교 대학원 박사과정(사회복지학)
인천광역시 시설평가위원/사회복지시설경력 16년
현, 진남요양원 원장

사회복지실천기술론

초판 1쇄 인쇄 / 2019년 7월 25일
초판 1쇄 발행 / 2019년 7월 30일

•

공저자 / 이광재 · 이수영
금기윤 · 임정숙
발행인 / 이 중 수
발행처 / **동 문 사**

•

서울특별시 서대문구 홍제원 1길 12
(홍제동 137-8)
Tel : 02)736-3718(대), 736-3710, 3720
Fax : 02)736-3719
등록번호 : 1974.04.27. 제9-17호
가격 : 21,000원

•

ISBN : 979-11-6328-106-1(93330)
E-mail : dong736@naver.com
www.dongmunsa.com